U0003148

Demystifying Shambhala

The perfection of peace and harmony as revealed

進入香巴拉之門

時輪金剛與覺囊傳承

堪祖嘉培珞珠仁波切◎著

Khentrul Jamphel Lodrö

葉馥◎譯

更尕丹貝嘉千/盛喜法教勝幢◎英譯者

(Kunga Tenpa'i Gyaltsen)

目次

第二部　覺囊香巴拉法統

敬禮頌

諸佛總體三界法主慈愛大悲藏，
恩德於我更勝佛陀眾生恆常伴。
無止追求永世於汝蓮足我頂禮，
自顯深義香巴拉域淨土培我眾。

諸佛皆讚其如優曇花，
法教大秘密咒續部王。
尊祥時輪外內密三部，
語自佛德怙主我敬禮。

慈悲無量藉十萬誓二資威神力，
北香巴拉一切妙域難勝無可比。
以眾福德匯於淨地菩薩願力海，
為此世間眾生利故妙建香巴拉。

然而欲得安樂唯獨時輪金剛道，
沉穩串習勝妙緣起要點皆需之。
源於聖王法胤傳承覺囊湛深法，
雖自彼地印藏根承師傳妙莊嚴。

月賢為始香巴拉國眾聖王法胤，
大小時輪足師聖地成就雪域尊，
遁世傳承覺囊上師等眾我敬仰，
尤向全知俱四依者恆時誠禮拜。

北香巴拉美譽盛名世間廣域傳，
古籍聖典當今學賢皆共許稱歎。
貫通東西不分尊卑高低同讚頌，
然而明示甚難得見猶如嚴冬蓮。

禪證自顯赤裸兼離言，
咬文嚼字迂學境莫及。
僅以孤信難達自性義，
堪問石女產女可行乎？

北香巴拉深密義，
此地眾生憑福受。
然因莫明而陷疑，
在世難得明尤關。

離無際淵知此涵。
所言縱非金剛詞，
久日如理修與證，
爲眾明釋如實撰。

緣起法因眞諦義，
解惑重擔願背負。
眾生利樂見實現，
三寶悲力尊賜我。

堪祖仁波切
二〇一六年一月

英文版編輯前言

在二〇一五年底，堪祖仁波切爲期半年之世界巡迴弘法旅程來到了最後階段。在這段期間仁波切進行了多場介紹時輪金剛概念以及香巴拉起源的演講。從與參加講座之群眾的對談當中他留意到，能夠眞正知道香巴拉以及其是什麼的人實在少之又少。儘管每個人都似乎聽聞過香巴拉，但卻沒有一個清楚知道其跟自己人生到底會有什麼相干之處。

返回澳洲之後，仁波切便生起了一個新的願心，希望撰寫一本能夠釐清香巴拉之疑惑，以及讓人跟其甚深本質產生連繫的簡明短篇著作。當我們坐下來並開始縱談本書架構的時候，我很快便發現到，仁波切所談及的範疇遠遠超過之前我所知道的一切。僅僅環繞這個課題，他提供了不單是香巴拉的詳細和具體層次解說，同時亦包括了業力本質的深義教法，以及讓人投入心靈參修的基本方法。

在剛開始撰寫時，我們便決定要將本書跟另一套已經籌備多時的著作整合爲一。多年以來，仁波切一直想撰寫一部覺囊法統歷史的著作，希望能讓弟子們洞悉時輪金剛教法的演進，並同時讓他們受到啓發而將這些教法付諸實修。通過把香巴拉的展示與覺囊的故事相互整合，理論與實修的結合也就變得可行。我們要將香巴拉帶出概念領域，並且立即便呈現其無窮能力以利益世間了。

對於熟悉傳統西藏高僧傳記形式的讀者而言，本書或許會讓人感覺有點不太傳統。我們選擇了將諸位覺囊大師們的故事相互交織展示，以作爲這個法統本身的宏大敘述方式，而非把他們分別獨立描寫。我們相信這種方式會讓人更加明確知道覺囊的演進過程，並且同時可爲大家提供機會去討論隨著時間而出現的各類重要議題。

您或許會留意到我們亦將不少「世俗」歷史點綴至原本爲純粹的心靈故事主線當中。這樣是爲了能夠將曾經塑造覺囊與西藏其他法統之間關係的複雜因緣加以標明。採用這種方式能夠凸顯我們世間的本質，以及爲不同心識框架將如何產生和平或紛亂而提供例子。我們希望藉此廣闊的內容範疇不單只是去展示覺囊的演進，而是更加能讓讀者明白到時輪金剛教法的演進，以及我們世間與香巴拉之間的關係爲何。

我感到極爲榮幸，能夠有此機會與堪祖仁波切一同共事，以活現這些非凡教法。我想在此向他表達至深的感激之意，感謝他在我提出無數問題時仍然是那麼耐性對待，以及他對佛法的無盡熱誠爲我所帶來的日常啓發。他給予我的富智慧和慈悲指導讓我實在難以用任何方式形容。

我也要感謝貝爾格雷夫這裡的社群所給予的支持讓此事得以實現。感謝豪利、多樂絲、茱莉、帕特、卡露與莎拉的寶貴反響。亦要特別感謝范尼莎．梅森（Vanessa Mason）爲編輯本書而提供的盡心協助，促使當中一切都盡可能讓人感覺簡單易明。

就跟我們其他的出版著作一樣，我們會認爲本書的書名純屬「暫待確定」並會一直期待反響以讓我們將此做得更好。如您在閱讀本書時發覺有任何不明或須要改進之處，請您不要遲疑聯絡我們並讓我們得知。儘管我已盡最大努力將仁波切所授教法作忠實表達，但很不幸地由於我的個人能力所限，我要爲因我自身過失而導致出現的任何錯處或曲解表示歉意。

願著作本書所生之功德，成爲香巴拉和平與和諧綻放於這個地球上每一個眾生心裡之因。願我們全部皆與正誠心靈上師們建立起深厚法緣，以及會在時輪金剛法道之上引導我們。但願本書成爲讀者能夠投生黃金時代並且解脫痛苦與紛亂之因。

祖．佛洛默非特（Joe Flumerfelt）

澳洲　貝爾格雷夫（Belgrave, Australia）

二〇一六年四月

僅以此書向至愛上師深表思念之意。

至尊上師智賢佛業

簡介

香巴拉、時輪金剛與覺囊。這些名字對您而言可能會感到非常陌生。很大機會您曾經在某次談話間聽過，又或者曾在某本書或網頁中看到過它們。或許在您聽到它們的時候，感到好奇並開始心生疑問——到底這些名字是什麼意思？它們之間又有著什麼關係？為什麼它們會與我相干？

在開始回答這些疑問之前，請您先將自己所知的一切拋諸腦後。您須要從新開始並將您已有的任何先決概念放下。想了解覺囊的話，您須要了解時輪金剛。而若要了解時輪金剛的話，您亦必須對香巴拉有所了解，這無疑便是我們開始的起點。然而香巴拉卻因有著諸多不同的體驗形式，其很快亦會讓人覺得異常複雜和難以應對。所以我們也就須要先有一個基礎見解，好讓我們能夠初步洞悉到香巴拉的眞正精髓本質。

此時不妨先想像有人向您提供兩種體驗選項，一邊爲艱難與痛苦，而另一邊則爲歡欣與悅樂。請問您會選擇哪邊？答案顯而易見。不論我們是誰又或者身處何方，我們總想感覺快樂而不想受苦。就算是小如螻蟻亦會本能地要避免危難以及追尋所欲。

儘管在大體上這並不爲假，但我們從電視、報紙以及社交媒體上所得到的大部份資訊，皆將此世間描繪成一幅被焦慮所狹持，充滿負面、絕望和表面化的畫象，一個跟我們極爲渴求之具義快樂完全相反的景象。人們毫無疑問都在受苦，戰爭與饑荒、自然災害與疾病、赤貧與極貪比比皆是。這些都是我們所處世間的眞實境況。假若我們的最深渴求是爲了得到快樂，但實際上卻是在承受痛苦的話，那麼我們不禁便要問道：「我們是否可做什麼去改變這種狀況？」

爲了找出問題的解決方法，我們首先便須細看其眞正原因到底爲何。在表面上，戰爭看似是因暴力而導致，饑荒看似是因缺乏食物而造成，自然災害看似是因地水火風失調而引起，貧窮看似是因資源不足而產生，疾病看似是因身體失衡而出現。儘管以上這些全部皆是甚具威力的因緣條件，但我卻不認爲它們會是根本原因。此處一切問題的根源事實上應是歸咎於某種心識境界，而每種受苦形式能夠生起的助緣亦皆由其所致。

就舉戰爭問題爲例。儘管某一群人會爲了另一群人而使用暴力的動機或許有諸多種類，但較爲普遍的態度則是欲求更大權力和更多資源所致。這種欲望可以是如此巨大，使人們願意爲了得到所欲而作出殺戮。試想想假如這種欲望消失的話又將會如何。假若同一群人對自己已有的一切感到滿足，並且同時還選擇去敬守其鄰人的權利呢？如此，戰爭的根本主因便是皆由貪欲、恐懼、不容與憎恨等心識狀態而起。

現在不妨亦想一下如自然災害。自然的力量固然難以讓人準確預料和控制，每當有海嘯或地震侵襲，我們在面對其破壞時總會感到極爲無助。我們之所以會體驗如此苦況皆是因爲對身處環境的態度的直接結果。在過去數百年間，我們總是把焦點放在無窮索取以滿足我們的無盡欲求，而不是著重怎樣去跟自身環境和諧相處。在我們取得越多的同時，大自然也就變得越失衡。而當大自然無法避免對其自身作出「修正」之時，我們所體驗到的苦果亦會變得更加極端。試想想我們若是改變態度，並以更多人性與愛心對待所處地球的話又將會如何。假如我們放下以貪欲爲動機，將重點放在眞正去爲這個大自然帶回平衡的話又會是如何？

從以上幾個例子可見，我們所體驗到的一切問題皆不是獨自發生的。我們如何想也就成爲了之後如何行動的根本主因，而讓我們之所以會墮入痛苦與衝突，其因緣條件便就是由我們的行動所生。這就表示我們每一個人其實都有能力和責任促使自己不要生起那種將會招至苦果的心境。我們絕對有力量去克服自身的局限，並去展現一個眞正與自己對永久無僞快樂之最深層渴求所相符的世界。爲了做到這一點，我們便須對本身已形成的習氣認眞檢視，並繼而讓自己可以繼續進步前行。

極端的弊病

在我的另一著作《多樣化之海》（*Ocean of Diversity*）一書裡面，我爲大家提供了現今世界當中某幾個主要信仰法統的歷史、理念與修法的鳥瞰總覽。取此綜覽的好處之一便是讓我們能夠得見其所浮現的各式範樣。儘管每個法統皆發展出其自身的獨有特色，這卻普遍都是它們與其他法統相互交流與產生關係的結果。它們當中沒有一個是完全獨自發展而得出的。

長久以來，有兩種見解一直在主導著這個現世的大部份思想。當這兩種見解變得越來越極端化的同時，人們亦因此而趨向於被分化爲兩個陣營，亦即「與我同道」，抑或「與我爲敵」。我認爲如此極度偏頗的態度，就是燃起當今我們所見眾多紛亂的因由所在。

第一類極端見解便是科學物質主義。這種見解認爲現實的本質純粹是物理性的，故此一切須要得知的事物皆可透過科學方法而知。其跟傳統物理學對宇宙所展示的理解密不可分，認爲宇宙僅是一個有限、恆定以及機械性質的系統。所有現象皆爲客觀存在，並且可以透過我們人類的智識運用邏輯推理而全部得知。

作爲假設，這種思想方式也成爲了諸多重大發現的基礎，而我們的現代文明亦因能夠善用這個物理宇宙的力量，而取得了眞正的非凡成果。單在過去的數百年間，我們便見到了這個地球上前所未有的科學和科技進展大爆發。然而這種進展也伴隨了重大代價。

隨著對這個宇宙的物質性理解過度著重，我們不免讓自己的視野被局限於實相的極小部份之內。我們作繭自封，並且選擇去漠視這個繭囊所不能容納的一切事物。因於曾經善用智識而取得成功，我們變成了只會相信如此便是全部，認爲我們所體驗的一切皆可被量化成數據以作測量和學習。而每當我們遇到一些不相應於該科學模型的事物時，便會將之標籤爲「僞科學」，並且對其漠視。

如此極端方式以管窺豹的結果，人類便被看成僅以決定論原理操作的機械性個體。這類思想竟將人類物化以及非人性化至某一程度，致使對他人施以暴力與剝削的行爲亦似乎變得理所當然。如此的消費者心態亦讓人變成了可任以使用的物件，當變得不再能夠爲社會創造價值之後便可隨意棄之。而主導著大部份工業化世界的便往往就是這種心態。

如此極端物質化見解的破壞性副作用之一，便是引致在諸多宗教團體當中也產生出同等極端的狀況。其見解被視作跟科學完全相反，認爲科學物質主義是令我們世界道德淪落的元凶。該組思想群體會覺得現代社會皆是腐敗不堪而須捨棄。我們或可稱此類形式的極端見解爲宗教極端主義。

正如科學物質主義，這種見解亦是建基於對實相的極片面理解之上。此乃不以智識求是，而是依於某種特定見解，認爲實相是如何存在的不受動搖信心之上。在這些宗教的教導當中，一切眞諦皆已得知，故此人們亦不須於教法之外再作尋求。而對任何不苟同該信仰者則須使之歸化，不然的話便會被視爲「信仰的敵人」。

這類極端偏頗的結果，就是令人趨於對其所隨教法只是流於字面的演繹之上。信者往往只會對事物望文生義以及固守特定想法，而不是透過積極提問以及對教導作思維去獲取更加深入的理解。如此不具彈性的思想方式，而造成不容別人以及引致紛亂的因緣條件。

在這裡我並不認為問題是出於科學和宗教信仰的準則本身，但我卻相信當任何信仰體系都從極端角度去看待事物的話便會造成極化影響。其所造就的會是一個對外排斥的信仰光譜，並會硬將一切分成兩方。而當人們變得越是極化，便越不會嘗試去置身於對方的視野角度，更妄論能夠去跟不同信仰者產生共鳴了。

然而可幸的是，相反的取道亦見可行。當我們越是移向光譜中心，便會越能夠攝受和凝聚雙方。我們將領悟到「此」與「彼」的分野其實都是人為造成的。這種分野的作用無非就是局限個人甚至是整個社會的能力而已。

尋找中間之道

那麼我們又該如何將焦點由極端見解轉移至較為平衡的生活方式之上——亦即能夠真正為我們全部人都帶來所追求之無偽快樂的生活方式呢？要解答這條問題，我們便須依靠能夠專門針對這個問題的智慧。而在時輪金剛密續的教法當中，我們或可找到這種強大的智慧本源。要了解該古老法統到底是如何合適地套用至這項任務之上的話，我們或許先要對其產生和發展的背景稍作討論。

造成社會現今觀點極化的原因之一，乃由於西方科學是以對歐洲基督教會所持之見解進行反向運動所演化而成。儘管並非每一個案皆是如此，但科學卻經常會被視作爲宗教的「對立」一方。然而這種分裂卻不見於世界其他地方有著同樣演變。尤其在眾多東方國家裡面，對智識與靈性的同時追求往往會被視爲相輔相成，而掌握其中技巧則會讓人能夠對自性以及所處世間之本質生起更大智慧。

在古印度，我們可以找到因這兩種元素相互交織而出現、極度多樣化思想源流的豐富例子。儘管有一些法統會較偏向某一方面，但大多數卻仍然會對這雙方面的合理性普遍有所認同。這種相互尊重與包容鼓勵人們開拓思想空間，以及擴展可至界限的因緣條件。

在此背景之下，一位名爲悉達多．喬達摩的人認識到若對任何敘述抱持極端見解的話，則會讓人的體驗受到限制，並且也會阻礙人獲得永久無僞的快樂。他以其觀察所得作爲基礎，開展出了一套於常見（投射妄想）與斷見（否定實相）這兩極之間取得平衡的中道哲學。通過其湛深洞見，悉達多最終達至能夠完全體驗實相的最高證悟層次，也就是成爲了一位圓滿覺者。自此，悉達多以廣爲人所知的「佛陀」之名而被尊稱於世。

佛陀的教法始於印度，並經由歷代學賢與行者對實相見解之辯論與驗證的細煉過程而不斷演進。曾幾何時，偉大學府如那爛陀寺便是由此而興起。從佛陀流傳下來之中道哲學至此亦達至了臻善，並與內外二明等理學加以整合，從而產生出一門經得起千錘百煉的心識科學。如此，信仰與理證的分界也就完全消失，而一種平衡圓融的狀況亦由此達至。

透過善用雙參方式的力量，佛法行者能夠對自身體驗作更細緻層次的深入探索。在這同時，他們亦因此而能夠更進一步理解佛陀在顯（經）與密（續）這兩部份教法的甚深意義。因於密續修法的不可思議成效之故，佛教密法亦逐漸得到廣泛流傳以及被人普遍參修，更造就了諸多被稱爲「大成就者」之超凡聖賢的證悟實例。

在這種大環境下，時輪金剛密續最終亦被引入印度。這部源自佛陀、深廣皆涵蓋的教法本身已於香巴拉淨土被參修超過一千五百年。對該淨土的人而言，此法原爲能否實證和平與和諧之至高層次的關鍵所在。在短時期內，時輪金剛已被公認爲一套獨特而強大的修法體系。

時輪金剛跟其他佛教密法體系有三點明顯分別。首先是其涵蓋範疇。僅僅只是一部續典，其中便已涵蓋了不同學科知識如天體學、星相學、醫學、心理學與哲學等的詳細解說。在很多方面，時輪金剛可以說是「包含一切的理論」。其次便是其展述極爲清晰。在其他密續裡面，所觸及的智慧越湛深，所使用的詞句越隱晦和象徵化。而時輪金剛卻正好相反，在說及至深層次智慧方面的描述則是非常詳細和清楚。最後一點就是其所能夠讓人達至了悟實相究竟本性的深義修法。其他法系當中有傾向以如是展現實相爲重點者，亦有傾向以如是展現之本性爲重點者，唯獨時輪金剛則是屬於

「不二」的修法。其特點便在於能夠平衡兩方並且達至無異無別的圓融境界。根據以上原因，時輪金剛亦被認爲是「密續之王」。

時輪金剛爲我們提供了一道能夠調和矛盾見解，以及盡除一切局限的強大法門。以中道爲法，其獨特定位亦成爲了打通主導我們世間之眾多極端見解的橋樑。我們將在接下來的章節中看到，前進的道途並不是非黑即白，又或是好壞對立的，而是藉著我們自身證悟本性而從周遍圓融境界所生起（佛法用語）的多樣性無窮展現。時輪金剛就是用於證悟如此實相的法道，能夠如鑰匙般去開啓香巴拉的大門，就在您自身體驗當中圓滿展現。

生起對香巴拉意義的理解

到目前爲止，「香巴拉」一詞已經被提及多次。在多數情況之下，該詞所指的是時輪金剛教法所源自的淨土，然而在某方面亦代表著個人所能體驗的心識境界。我們在閱讀本書時必須將此分別了然於心，這樣的話我們便會免掉很多不必要的困惑。按照不同範疇，「香巴拉」的意義亦會因應而改變。

儘管了解香巴拉教法的出處會對我們啓發自心甚有幫助，但此同時亦會讓人產生其到底是如何存在的固執見解。我們的心識往往會偏向於執守某個特定敘述，並且會局限性地視之爲非此即彼。

若將意向放在香巴拉的精髓本質之上的話，我們亦必將對其所能夠展現的諸多方面理解更多，並且會對香巴拉如何跟我們的現今與將來處境產生共鳴而生起洞見。因此在淨土與心境這兩個方面，我們會將首要重點放在第二方面的意義之上，亦即視香巴拉爲可以透過參修心靈法道而培育得出的心識境界。

我相信採用這種方式在長遠而言會對我們更有幫助，皆因如此會讓我們對生命的可能性生起具義願心。藉著這顆願心，我們將會切身投入至能夠在究竟意義上爲自他帶來更大裨益的行止當中。我們或可先替香巴拉實質爲何設下一個簡單定義，繼而去對這個課題開始進行探索。

基本而言，我們可以認爲香巴拉便是和平與和諧的圓滿。在這裡，「和平」一詞所指的是我們自身的個人體驗。這是一種永久的無僞快樂狀態，一切形式的痛苦皆得解脫。而「和諧」一詞所指則是這種連結自身環境以及與別人關係之和平狀態的自然流露。這是一種完全沒有紛爭，從矛盾與分離當中迅即獲得解脫的境界。

香巴拉亦即「圓滿」乃因其爲和平與和諧的究竟展現，同時亦是對此兩者之最大潛能的了悟以及本俱能力的顯露。就如太陽隱於雲後，我們偶爾亦可得窺其一絲耀眼透光。同樣道理，香巴拉的圓滿光芒通常也是隱而不爲我們所見，但在遇上合適機緣時，則我們能夠體驗得到其部份光輝。假若所用法門適當，因緣條件也會增強，而其精髓亦將進一步地顯露更多。按照世俗層次說法，這種圓滿是須以漸進方式去成就的。但在勝義層次而言，這些功德卻是早已圓滿俱足。我們存粹只須撇去烏雲便可以讓太陽完整照耀。

若是如此的話，那麼又是什麼在妨礙香巴拉圓滿地展現呢？簡單而言，我們的阻障主要有兩種。第一種就是我們自身對實相本質的無明。由於欠缺覺知的緣故，我們繼而亦爲第二種阻障，亦即偏頗心識，創造了生起的因緣條件。這是一種執於現象的二元分別心識，並且會以好、壞和中性作標籤。以這些關係爲基礎，我們由此而對感覺好的事物心生貪執，對感覺壞的事物心生瞋恨，及對感覺爲中性的事物無動於衷。皆因偏頗心識的本質是分離，故此便使我們感到自己皆是獨立個體，並且也制約了自身體驗。

偏頗與無明兩者就如一道不可逾越的屏障，讓我們不能夠獲得圓滿的香巴拉體驗。當我們的連結關係越是缺失，便越不能夠看見自身的眞實本性，而我們對和平與和諧的體驗會越加受限。就在我們的自身見解變得更加局限的同時，我們也將變得更爲無明。猶如窮人屋子地下埋藏著巨大珍寶一樣，我們皆沒有將本身所俱足的潛能好好地加以捕捉。

所幸的是，這道屏障並非是不可逾越的，我們皆可透過培育慈愛與悲心而將之剋服。慈愛便是希望眾生能夠體驗快樂的願心，而悲心則是希望眾生能夠擺脫痛苦。由於一切有情眾生都會具有這兩種基本願心，所以能夠以此爲彼此之間生起正向連繫。就在我們增強這些連繫的同時，我們也會減低偏頗的分離作用，並將能夠打開心扉去迎接更加細緻的體驗層次。隨著體驗領域的擴展，我們會生起更大的智慧，從而把層層無明盡掃一空。

我們或可通過兩個家庭為例去將這些原理作具體說明。在第一個家庭裡，慈愛與悲心皆甚欠缺。當中的每個家庭成員幾乎全部都以自己的欲望為重，繼而甚少對其他成員有所關注。如此只以自己為重的結果，便是成員之間總是鬥爭不斷，致使家庭破裂，各人含恨。

接著我們便跟另一個會真誠關懷各個成員福祉的家庭比較一下。透過慈愛，每一個人都在為其他成員創造能夠產生快樂的因緣條件。在同時間，他們的悲心亦將促使對自己的行止格外留神，而避免為他人帶來負面影響。藉著開展以他人為重的心態，其結果便是得出一個平和的家庭，以及能夠讓每一個人都生活在和諧當中。

儘管該家庭的和平與和諧體驗並不能跟香巴拉的圓滿展現相提並論，但卻也算是「香巴拉」體驗的例子。此乃香巴拉面貌的一小部份，會在每一個人的日常生活裡展現。任何能夠助人培育慈愛與悲心的方法皆可視之為對證悟香巴拉有所貢獻，而香巴拉到底能展現至什麼程度，便完全有賴於所運用到的智慧水平為何。智慧越深，其展現越是圓滿。

本書概覽

在本書中我們將對香巴拉所能展現的眾多形式進行探索，並會講述這些展現形式將如何被不同類型的人們所理解。作爲整體架構我們將分別參看三個範疇：

1. **發現香巴拉眞相**：第一部分的重點主要是先去了解符合時輪金剛教法的香巴拉特有見解。我們會從多方面去看看人們目前對香巴拉到底是怎樣理解的，並將談及目前須要克服什麼局限。以此分析爲基礎，我們會藉著一種多層次的展示方式去明確介紹香巴拉圓滿展現的面貌，以及如此展現對個人心靈修持而言的意義爲何。然後我們會看看其中之一的特定展現形式，是如何隨著時間演進，從而曾經呈現（並將繼續呈現）出時輪金剛密續跟和平與和諧超凡證悟的甚深關係。
2. **覺囊香巴拉法統**：接著，我們會把焦點從香巴拉轉移至負責將教法帶到世間的非凡人物身上。我們將會追朔這些教法的演進過程，譬如到底是如何首先傳至印度，如何抵達西藏並在此處得到蓬勃發展，及最終如何在經歷過往五百年間的諸多挑戰之後仍然得以如實留存。

3. **塑造我們的未來：**在最後我們會以討論這個世間與香巴拉之間的特殊關係作爲總結。我們將對各自如何去實踐這些教法進行驗證，並會看看從中所能夠帶來的諸多裨益爲何。接著我會把「香巴拉黃金世代」的預言作簡單呈現，並會解釋我們可以如何去理解其中意義，從而能夠將之善用，以及持續推動我們的心靈成長。

能夠有機會與您分享這些教法讓我感到十分高興，皆因可以遇上它們實在是非常難得。在此我眞誠祝願您將會受其啓發而去努力發揮您的最大潛能，並於某一天能夠看到香巴拉的閃耀光輝在您自身體驗當中得到展現。

以相依緣起的力量，願一切眾生皆能圓滿解脫痛苦，並願他們能夠體驗恆久無僞快樂之不變大樂。願戰爭、饑荒、貧窮與疾病皆盡，並願本書成爲究竟和平與和諧能夠遍現世間之因。

| 第一部 |

發掘香巴拉真相

1 香巴拉神話

有關「香巴拉」的傳說已經在這世間流傳千年以上。它會在我們所聽過的故事中出現，做爲文學題材而歷久不衰；它的名字更讓無數人們的想像力得到啓發。儘管這個傳說甚爲廣傳，但大多數人卻對香巴拉的具體內容所知極少。正因爲缺乏這種認識，便導致了種種不同的解讀在多年間不斷湧現，讓人對應該以何方爲據而感到無所適從。爲了克服這種困惑，我們必須先生出能夠明辨種種看似相互矛盾觀點的分辨智慧；以此智慧爲基礎，便會得出什麼才是正統以及可靠的準則。

在本章節裡我們將會對任何跟香巴拉有所關聯，包括見於傳統中亞以及當今西方文化中的各種觀念做出整體介紹，藉此清楚認知並從而明白爲何時輪金剛的見地會是如此獨一無二。在這階段我暫時無意爲各種解讀的優劣做出判辯，然而在往後的章節裡將會更多地去辨別它們各自的優點與局限。此時就讓我們先把焦點放在現有的觀點範疇並對其先做一些基本認識。

| 右頁

香格里拉

某畫家對該神祕國度的描繪。

中亞國度的傳說

中亞國度因其獨特和多元不同的地貌而聞名於世。巍峨山脈連綿，隱谷不盡，荒原千里與長川激流相映成趣，如此多樣的地理環境亦孕育出甚爲多姿多彩而豐富的不同地域文化，各自因其獨特的歷史、神話與傳說而各有各的精彩。就在如此博大的文化汪洋當中，我們亦首次聽到了香巴拉這個奇妙國度的呼喚。在這個層面，香巴拉多被看作是位於某時某地的一處實質區域，一個擁有著遠古智慧的迷失王國。

這些不同的文化散播之地儘管彼此相距甚遠並且天然屏障重重，但卻無阻相關傳說之間的連貫和流通。由於眾多的記載以及題材都甚爲相似，人們不禁亦會認爲當中的所述就是同一地點。然而正因爲每則故事的源頭都已無法考證，因此到底所指是否同屬一處便也難以得到確認。但不容置疑的卻是，流傳各處的描述都已在數千年間令中亞地區的人們深深著迷，而當中較爲廣泛流傳的版本就如以下幾個：

1. **隱世天堂**：在各地的文化記載當中都有描述到一處與世隔絕的王國或地域，必須要歷經遙遠路途以及橫越艱險地勢才能到達。譬如遠古遊牧民族斯基泰人就曾提到有一個位於北方遠處的迷離屬地。據說要抵達此處必須先克服一段艱險路途，穿越多個部族的領土然後到達一個充滿冰峰險障的荒地。至於那些能夠成功攻克重重挑戰的旅人也必定會得到相應回報，亦即最終穿越以嚴寒和冷風爲守護的結界，並進入到這個樂園當中。

同樣在俄羅斯的一些地方亦有關於別洛沃滋耶（意謂「白水」或「白山」）的傳說記載。據聞位於阿爾泰山脈的某處，其中一個盛傳的故事裡就有一位名叫謝爾蓋神父的俄國修士，曾經隨同一隊三百多人的探索團跨過多座山脈，穿越無盡沙漠並走出一個由不同峽道所組成的迷宮。隨著路途前行，不少隊員都不勝艱辛而倒下或黯然回程，最終就只有謝爾蓋神父憑著強大決心和信念而獨自找到該處隱蔽國度的所在。

2. **神聖山峰**：另一個盛傳於中亞的神話則是關於一座住著具高證量行者的神山，或是由眾覺悟聖賢所建起的山城。這種說法所指的並不單單只是一處神祕地域的故事而已，其中更有遠古智慧在此處匯集流傳而蘊涵了多一層的神聖特質。

譬如源於象雄（位處現今藏西地區）的苯教就在其典籍中提到一處稱作沃摩隆仁的聖地。在該王國的中心有一座雍仲九層山，每一層所代表的是屬於苯教修道的不同成就階段，而其創始祖師辛饒米沃則居於這座山峰之巓。

除此之外，中國的道教典籍亦有記載崑崙山脈爲西王母或瑤池聖母的居住地。信眾認爲聖母所居之處乃是由快活果林所組成的天堂境域，而聖母每隔六千年就會邀請有緣凡人進入仙園，以及參與能夠讓人長生不老的蟠桃盛宴。

至於吉爾吉斯族的穆斯林信徒亦有類似故事，提到一處名爲耆那達爾的神祕城市。據說位於神聖慕士塔格山峰之巔有七十位穆斯林聖賢遺體埋葬在該處，而那些有幸能夠抵達耆那達爾並品嘗到仙果的人亦將會得到永恆長生。

3. **救世預言**：這個最後版本屬於啓示預言性質，描述在未來將有一場紛亂出現，而一群由覺悟賢士所組成的社群亦必會崛起，並擊退那班堅守無明和墮落知見的野蠻勢力。緊隨該戰之後，一個屬於和平與和諧的黃金時代亦必將降臨至這個世間。

至於吠陀的《迦爾基往世書》也算是最早講述到香巴拉的典籍之一。其中便提及當現世人們普遍被物質主義和無神斷見所支配之時，毗濕奴神就會化身爲「迦爾基」並降生在香巴拉的村落當中。這位迦爾基將會負起「清淨」所有負面勢力的責任，並且會把正統的心靈修法重新引入世間。而當迦爾基完成使命之後，他會返回香巴拉並以「世界君王」的身分統領人間。同樣地，在大乘佛教典籍當中也有類似預言提到彌勒佛陀的降臨。當歷經一段墮落時期之後，這個世間便會被謬見和極度無明所充斥。此時彌勒佛陀也會從兜率內院來到人間，然後透過展現其無盡之慈愛光輝，眾生亦將擺脫迷惑並會跟隨他踏上善德之道。故此彌勒佛陀的到臨，亦會創造出一個由慈愛和悲心所造就的黃金世代。

無論怎樣，或多或少地涉及到上述題材的傳說實在是多不勝數，然而卻只有時輪密續的典籍當中會將所有描述直接跟香巴拉連繫起來。跟大部分的民間口述傳說稍有不同，時輪金剛當中有關香巴拉的敘述是可明確見於三部典籍當中，分別爲《時輪簡續》、其評註《無垢光》，以及一部教人如何遊歷香巴拉的指引《迦拉波阿跋多羅》（意謂「入迦拉波」）。這三部典籍約於公元十世紀在印度出現，稱得上是當今關於香巴拉所知一切的主要出處。

時輪金剛在印度可算是最遲出現以及被修持的密續佛法，但其根本原文和評註卻明確指出該教法早於釋迦牟尼佛陀在世時的香巴拉國度裡便已經存在。有觀點認爲這些典籍本來是由多代香巴拉君王所保存，並且是在數百年後傳至印度聖賢的。除了香巴拉歷史的詳細描述，典籍當中更描述了這個國度的信仰體系、社會架構，以至所擁有的先進科學知識如天文學、醫學以及各類科技等。透過這些敘述，人們對這個做爲遍及中亞地區多元神話和傳說來源的遠古文化，亦便有了一絲窺見。

解說香巴拉的一個問題

以香巴拉爲題材的民間傳說實在多不勝數，因此針對該神祕國度之出現而有眾多不同的解說亦絕對不足爲奇，至於上述的觀點當中，亦不乏有一些曾被引入西方世界並跟當時當地的某些觀念有所連繫。然而我們也須知道，因其傳導者的不同意向和動機所及，對於當中核心意義的演繹，亦會爲了迎合個人需求而有所增減或歪曲。

為了能對這些不同解說的精要所在有深入的了解，我們劃分三組主要分類以做說明，分別是屬於片面性質、概念性質以及感驗性質的組別，每組所代表的分類是按照持見者本身跟時輪根本原文（如之前所述的三部典籍）信息的關聯性而劃分的。再者，我們更可透過每組分類而清楚認識到那些影響著該類觀點的背後動機爲何，而性質和動機亦是我們做爲分析參照的兩個基本方向。

片面性質的香巴拉

第一組別所代表的是當香巴拉觀念最初由中亞地區傳至西方世界時的群眾認知觀點，尤其是見於歐洲、俄國以及美國等地的流傳見解。在這時期信息並不十分充裕，而大多數的資訊也並不太可靠，當中就包括有由旅歷過印度或西藏的傳教士所提供的籠統報告，以及某幾份根據片面理解而撰寫，深度卻有所欠缺的學術文章。在此階段所得知的香巴拉僅僅只是一處神祕國度以及民間傳說而已。

但對當時一些甚具創意的人士而言，欠缺信息並不足以阻擋他們去選取以及修飾所需的故事細節。儘管已經完全脫離原本的意義所在，單單只看香巴拉的神話本身卻亦成爲一系列極具啓發性和吸引力概念的完美溫床。這種想像力的爆發儘管源於不同因由，但整體上我們卻可看到香巴拉神話被利用於三種方式，分別是文娛、哲學以及政治方面。

文娛方面

在十九世紀末，歐洲社會逐漸對「遠東異國」的神祕傳說、故事以及形象趨之若鶩。凡是屬於遠古、魔幻和外來的事物在當時都會成爲人們的渴求對象。僅僅在數十年間就有無數遠征隊伍組成，前往非洲、中東、印度以及亞洲的其他陌生地域並且做出繪述。大膽的探索者們在回國時往往會帶上各種各類依靠掠奪而得的珍品，以及種種冒險遊歷的紀錄。某些創作家們亦因受到這些奇異傳聞的啓發，而以小說及戲劇等浪漫化形式將之引入到當時的流行文化裡面。某些小說更會以香巴拉這類神話做爲故事的基本主幹。

在當時以香巴拉爲題材而編寫成的西方小說當中，最著名的應該就是由詹姆斯·希爾頓於一九三三年所著的《消失的地平線》了。希爾頓將各種關於香巴拉的零碎題材編織成一部講及一位名叫休·康威的英國外交家遊歷喜馬拉雅山脈深處，亦即迷城香格里拉的傳奇。康威在那裡遇上了一個有著長壽人口的種族，而該族人則嘗試要使康威也加入到他們的覺悟社群中。

該小說寫於第二次世界大戰前的幾年之間，故事似乎對之後的那場無可避免的世界性災難衝突不無影射。其中就有講述香格里拉建有一座「喇嘛宮」，以專爲保存世界各地之古物而設，能夠讓它們免受即將到來的人間災難所破壞，故此日後亦可再次於人們眼前展現。

《消失的地平線》算是最早一部被大量印刷出版的平裝小說，已經印製的數量達至數百萬冊，且是二十世紀最受歡迎及被最多人所閱讀的作品之一。該小說更曾被改編成多部以同一題材爲名的電影、電台廣播劇及舞台劇，故此「香格里拉」這個名字亦因此而得以深深植根於西方文化當中。在許多人的印象裡面，這個名詞幾乎已跟遠古東方神祕主義以及消失於世上的喜馬拉雅天堂劃上等號。

哲學方面

希爾頓的香巴拉概念在西方世界傳播甚廣，然而實際上這些概念最初卻是由十九世紀神祕學家如亞歷山德．聖伊夫（Alexandre Saint-Yves）和布拉瓦茨基夫人（Madame Blavatsky）所引入的。希爾頓的動機純粹是爲了娛樂讀者，但聖伊夫和布拉瓦茨基則較偏重於這個中亞傳說當中的遠古文明跟他們神祕學理論之間的哲學連繫。

聖伊夫是第一位將一個類似香巴拉王國而名爲雅戈泰的概念廣傳西方世界的人。根據描述，雅戈泰是一處位於西藏地底的神祕隱蔽國度。聖伊夫認爲這是一個屬於覺悟聖賢社群的家園，並且是以共治體制模式在操作著一個世界性的影子政府。這種倚重機能統一的哲學理念，被認爲是能夠創造和諧社會的理想政府的運作模式。聖伊夫本人並沒有把雅戈泰跟香巴拉繫上任何明顯關聯，然而之後卻有很多人因爲這兩者的相似性質而將它們劃上等號。

另一個以香巴拉做爲焦點的重要神祕學影響，則是來自俄裔德籍神祕學家暨作家海倫娜・布拉瓦茨基夫人。跟聖伊夫不同，布拉瓦茨基的很多想法都是零碎地從一些關於時輪密續的學術文章中直接取出的。在她的主要著作《祕密教義》裡面，布拉瓦茨基就把自己的看法跟各類印度教乃至神祕學的觀點結合起來，繼而呈現一種主要以香巴拉做爲世間智慧傳承的統一祕傳哲學。她的論述引伸自一個想法，認爲一切宗教概念全部都是由某個代表著最祕密眞諦的單一遠古智教（正如書名所題）所衍生而出的。以此智慧共源做爲前提推斷，她亦得出了香巴拉跟其他已消失文明如亞特蘭提斯以及雷姆利亞大陸等有所關聯的論點。

海倫娜・洛里奇（Helena Roerich）隨後在俄羅斯翻譯了布拉瓦茨基的文章。該譯作亦成爲了她和丈夫尼古拉斯・洛里奇一同開創的哲學思想的主要根源。除了布拉瓦茨基的作品之外，洛里奇夫婦在遊覽聖彼得堡時輪金剛廟時也接觸到了一些關於香巴拉神話的文獻，連同第三世班禪喇嘛的著作《香巴拉導遊書》（*Guidebook to Shambhala*），此兩者便成爲了他們的重要啓發泉源。他們更因此而曾深入遊歷西藏和印度的某些地區，以尋找這個迷失的國度。

海倫娜・洛里奇更將阿格尼瑜伽介紹至西方世界。這是一種由她創立，強調以元火做爲基本淨化源頭的瑜伽修法。她的教導以探索光明與黑暗的彼此關係為主。在意義上，光明跟火有著明顯關聯，可用於淨化世間黑暗的一面以及與之相關的錯見和迷惑等。洛里奇夫婦尤其強調香巴拉在那將至之光明與黑暗大戰中所擔當的重要角色。海倫娜．洛里奇還進一步為香巴拉與雅戈泰之間的關係做出澄清，證實雖然它們互有連繫，但卻並非屬於同一國度。

在奧地利，布拉瓦茨基的其中一個學生魯道夫．史代納（Rudolf Steiner）亦不約而同地把光明與黑暗之戰做為探研主題。洛里奇將從印度教以及佛教所獲得的啓思帶至這個課題之中，而史代納則是從拜火教和基督教方面著手。在他的著作裡，光明勢力是由光明天使「路西法」（意謂「肩負光明者」）所帶領，而黑暗勢力則由阿里曼領導。按照史代納的說法，救世主將以彌勒的形相在香巴拉出現，並會傳播「已受淨化」的基督教法。

另外在美國，英籍神智學家愛麗絲．貝利（Alice Bailey）更把由布拉瓦茨基和史代納所發起的課題做進一步延伸。在一九二〇年她創立了路西法基金會並為自己的教法提供了傳播平台。按照她的說法，這些教法都是由一位名叫D. K.的西藏上師以傳心術方式授予她的。跟史代納一樣，她也很強調將會有一場光明與黑暗之間的大戰，並且亦藉此而引入了香巴拉力量的概念，聲稱那是一股非正非邪而又波幅甚大的力量，若被善用則變為善，被惡用的話則變為惡。如果能夠接通這股力量，那麼香巴拉就可用於淨化這個世間的墮落教法，並且將會在一個被稱為水瓶座年代的時期，為人們帶來和平與繁榮的黃金盛世，而這些教法在日後則成了新時代運動的重要基石。

政治方面

透過小說和哲學著作在歐洲、俄羅斯及美國等地的廣泛傳播，原本單純的香巴拉神話亦被進一步扭曲以及整合成爲各色各樣的不同版本。這些著作縱然成功地令香巴拉被人所識，但同時卻也加入了極大的扭曲元素。這些元素更成了令人產生困惑的溫床，致使多個組織藉著利用自身的神話版本去達到某類政治目的。

最早以香巴拉做爲政治關係合理化藉口的歷史案例可見於十九世紀末。當時的蒙古僧人阿格旺多傑便曾企圖使俄羅斯與西藏建立起軍事聯盟。他相信結盟後可讓西藏東南兩面免受中國及英國的勢力威脅。在成功說服第十三世達賴喇嘛接受俄羅斯就是香巴拉原地，以及俄國沙皇就是香巴拉法王後裔之後，多傑前往聖彼得堡但卻未能成功改變俄羅斯君王反對結盟的決定，故以失敗告終。儘管阿格旺多傑的結盟計畫沒有成功，但他的努力卻造就了在聖彼得堡建成時輪金剛廟，而當時的尼古拉斯．洛里奇恰好就是以畫匠身分參與了該廟的興建工作。

在一九一七年發生的俄國革命，不免也將這個國家推至白沙皇勢力與赤紅共軍的內戰火焰之中。反共將軍馮．恩琴．史登堡男爵當時從西伯利亞帶兵進入內蒙古，並打算將占據當地的中國軍隊驅逐境外。他曾在多場戰鬥中以極度殘暴的方式對待包括中國、蒙古、俄羅斯以及猶太人在內的通敵者，而被賦予了「血腥男爵」的惡名。

面對連串暴行，蒙古共產臨時政府領袖蘇赫巴托爲了團結蒙古軍隊以抵抗殘暴入侵者，便將眾所周知的香巴拉傳說做爲號召手段。他告訴軍隊只要跟蒙古共黨站在同一陣線抗敵，就會同時也爲自己創造善因而在將來的黃金時代大戰中，投生成爲香巴拉一方的成員。在蘇共紅軍的參與協助下，巴托成功捕獲了恩琴，隨後亦將烏蘭巴托定爲新蒙古國都。自此之後，香巴拉概念跟共產理想的緊密連繫也就很自然地被人加以套用。

在被俘獲之前，血腥男爵亦早已對那遠東的祕密信仰深感著迷，並曾多次派遣遠征隊伍深入外蒙古以尋求地底王國雅戈泰。恩琴希望能取得雅戈泰的協助並擊退布爾什維克（蘇共前身）。通過這幾次的遠征，認爲香巴拉王國與雅戈泰是相互敵對的概念亦於他心裡應運而生。這個概念隨後亦被德國納粹黨所採納並且加以利用。

在第二次世界大戰爆發之前，有一個名爲圖勒會社的祕密社團，以神祕學學習做爲招徠在德國成立。該社團聲稱日耳曼民族本是源於一個名爲圖勒的神祕北方王國之人的後裔。這個會社隨後成爲了某個政治組織的主要贊助者，而該政治組織亦即希特勒所屬之國家社會主義黨（納粹黨）的前身。雖然圖勒會社在希特勒掌握大權之前便已經解散，但所宣揚的理念仍殘留不滅，並對希特勒的很多政策決定有著重要影響。

當歐洲再一次成爲世界大戰的中心時，希特勒在國內亦同樣處於四方受敵的局面。那些本身有著深厚神祕學背景的希特勒內閣成員，亦就趁此機會宣揚第三帝國跟香巴拉與雅戈泰神話有所連繫的理念，但求把自己所屬民族最爲優越的觀點加以合理化。他們相信這兩股文明皆是由已消失之圖勒王國的亞利安人後裔所發展而出的，故此也就認爲從這兩處地方或可尋得所需的迷失連結。所以當時的納粹黨便曾派遣多個遠征隊伍深入西藏，以探求這兩個神祕國度。

根據納粹所述，他們最初是想跟香巴拉結盟但卻遭到拒絕，而後來則找到了雅戈泰並且獲得對方接納。我們或可通過香巴拉跟共產主義而雅戈泰跟反共及反猶太理念有所連繫的這個方向，去理解這段納粹聲明。若以此角度去看，納粹德國便像是首先想跟蘇聯（被視作爲香巴拉）締結聯盟但最終卻因《德蘇互不侵犯條約》的破裂而告終，然而隨後卻通過了《反共產國際協定》而跟日本（被視作爲雅戈泰）成功結盟。是次聯盟更促使了他們向蘇聯宣戰的決定。在此案例當中，我們可以看到香巴拉純粹只是被納粹以史詩及神話形式而利用成爲代表其政治策略的標誌而已。

除此之外，當時的神祕學社群亦因對善惡持有偏激看法，而導致了香巴拉這個流行概念也成爲了多宗暴力衝突的合理化依據，尤其見於二十世紀前半段。故此我們亦有必要清楚知道，時輪密續原本所呈示的香巴拉教法，跟過去一百年間所普遍傳播的片面以及扭曲觀點的分別到底在哪裡。

概念性質的香巴拉

現在我們不妨將注意力放在一些出自於中亞地區的觀點之上。正如之前所述，在不同時代的不同國家亦有著類似的傳說流傳，然而卻只有時輪密續才是讓人直接了解到香巴拉文化的唯一源頭。

在往後的章節裡面，我將會詳細講解時輪教法是如何被引入印度以及傳至西藏，並在最終廣傳至世界各地的。然而當前我們只需知道一個簡單事實，即時輪教法在這一千多年間主要是在西藏持有及傳承。而在西藏文化當中，跟時輪金剛以及香巴拉有所關聯的概念更得到了極爲廣泛的發展。

一般而言我們會有兩種認知事物的方式，即透過建立概念而間接得知，或透過親身感驗而直接了知。屬於第二類別的概念性香巴拉亦正是通過第一種認知方式而得出的。在這裡我們會將焦點放在那些以概念性認知所發展而出的不同視點之上，它們的共同點就是基本上都是出自於時輪傳承的根本原文及其評註，我們可以將這些視點分爲三大類別，分別爲文化、學術以及靈修方面。

文化方面

在印度密乘法系的修習歷史當中，時輪金剛無可否認是最備受廣傳的，僅僅只在很短時期之內便已經有多個傳承派別自其衍生而出並且傳入西藏。該修法被引入之後亦廣受西藏各主要教派尊崇，自此時輪金剛的名聲便傳遍了整個國度。

時輪金剛之所以能夠普及，最主要原因就是有眾多偉大上師都將此灌頂傳予普羅大眾所致，這與其他會嚴格限制行者參與條件的密乘法系有所不同。除了具有讓人爲了進階密乘修行而做好準備的意義之外，時輪灌頂歷來也被看作是增強跟香巴拉之業力連繫的一種方式。這亦代表一般群眾和致志行者所得到的灌頂機會都是同等的。人們可以藉此而進入修行時輪密法的大門，又或者可以將之純粹視爲一種祝福加持。

通過親身參與灌頂儀式，一般群眾或會開始對時輪金剛生出比較初步的理解。縱然大部分人都是甚少乃至沒有機會學習到其具體教法，他們至少會對時輪教法以及能夠跟香巴拉建立起連繫而生起極大信心。這種信心長久以來已經深深植入西藏的文化當中，直至今時今日，人們仍會千里迢迢、不辭勞苦地去參與時輪灌頂。

對於抱持這種見地的人而言，香巴拉便像是一處充滿覺悟聖賢，並且在性質上跟天堂或心靈樂園近似的淨土領域。他們會將時輪金剛視爲非常高階的修法，保證能讓人投生在香巴拉統領世界時的黃金時代中。在此層面，人們對於其中的具體操作方式其實認識不多，只是覺得如能參加灌頂法會的話就已經獲得很大的裨益了。

學術方面

雖然時輪金剛在西藏已被研習了數百年之久，但卻直到近代才漸漸被引至世界各地。在過去的一百年間，西方世界對時輪金剛的認識，基本上都是建立在西方學者們的學術研究之上。與西藏的情況有所不同，他們對時輪金剛以及香巴拉的興趣主要在於歷史研究方面，並且大部分都只是將焦點放在其文獻傳承演變，以及其對社會所產生影響的紀錄之上。

這種以「史實爲本」的取向，不免會使學者們只對根本原文做出字面上的理解。他們只會將關於香巴拉的記載僵硬地套入到一些所知的中亞歷史事件當中。然而結果卻是，各種認爲香巴拉即等同一些已知遠古文明的理論亦應運而生。譬如有人會相信香巴拉跟波斯帝國有所關聯，另外則有假設香巴拉爲印度河流域文化的前身。儘管坊間理論甚多，能夠提供實質證據以支持其論點的卻是相當稀少。

就在學者們都竭力將時輪密續之描述套入至地區歷史事件的同時，衆多關於如何解讀原文預言的理論亦相繼湧現。總體而言，大部分學者會認爲所謂香巴拉跟「蠻族」之間的戰爭，其實是指來自西方穆斯林大軍對印度的入侵。根據這個論點，一些學者得出了該預言的用意是爲了團結所有印度教、佛教及耆那教徒以抵抗入侵勢力的結論。很不幸地，這種解讀亦令很多人產生了時輪金剛即「反伊斯蘭」的見解，而對其正統教法的基本理解做出了扭曲。針對此點，我亦將在本書的稍後部分詳細探討關於香巴拉預言所指的問題所在。

靈修方面

在先前的兩個組別當中，我們可以看到有兩種極端視點。首先我們看到有人會對時輪金剛（乃至對香巴拉）具有無窮信心，但卻對其具體教法內容一無所知。然後我們亦看到有人會對教法眞義沒有信仰，並將之只當作文化產物去做分析，認爲如此便足以洞悉其所屬文明。針對第一種情況我們或可視之爲最單純的時輪金剛概念模式，至於第二種則屬於較爲死板的解讀形式，而兩者都令教法的巨大潛能受到局限，而無法讓人認識到其眞正的意義所在。

接著第三組所代表的，則是爲了要開展心靈而去研習時輪根本原文，亦即「學行雙修」的方式。屬於這個組別的人會對根本原文內義有著一定信仰，而他們的分析焦點亦會較爲平衡地放在文字以及其象徵意義的層面之上。

在這些修學行者當中，有的會深習時輪金剛並將之付諸實修，但大多數人則會透過參閱時輪根本原文而去對其他修法體系做進一步理解之用。他們之所以學習時輪金剛全是因爲這部密續的描述較其他密乘法系更爲明確和廣泛的緣故。其他密乘法系一般都會使用極爲隱晦的言詞將當中的甚深意義加以濃縮，但時輪金剛卻相反地會做出詳細說明，故此亦成爲人們用作了解密法的理想渠道。

時輪金剛受到廣泛學習的另一原因，就是其在天文科學方面的解述極爲深入。在西藏，時輪金剛會被用於陰曆計算，以及做爲世間宜忌吉凶推測的主要基礎。

就以上的不同動機組別所示，我們甚少看到有人以對香巴拉內義生起更深入認識做爲焦點，這一方面好像只跟那些眞正修習時輪法系的行者相關。因爲這個緣故，大多數西藏學者對香巴拉的字面解讀亦會跟其他西方同儕沒有兩樣。唯一不同之處可能就是，他們一般都並不著意要把香巴拉套入至史實的層面，並且純粹只會將香巴拉的歷史和地理描述視爲一種不同境界的記載，而不會再做進一步的深入考究。

感驗性質的香巴拉

現在就讓我們看看最後這一組是怎樣理解香巴拉的。該組比較著重香巴拉在靈修方面的解讀，認爲香巴拉是要通過修心才能夠眞正感受和體驗得到的。屬於該組的各種見地都會以融合理論與實踐做爲對香巴拉的認識基礎，並且將之視爲一種心靈動力，從而使自他獲得和平與和諧。假如我們細看這個組別當中的動機範疇，就會發現以三類修行人爲首的細分組別，分別屬於表徵、信仰以及禪修層面。

表徵層面

第一類行者會將香巴拉教法所呈示的和平與和諧理念視爲感知基礎。他們的重點在於如何把這些理念付諸實修，並繼而創建出一個以香巴拉傳統神話做爲藍本的覺悟社會。通過將香巴拉做爲比擬目標，行者亦會認識到其中的各種抽象概念所指，並且會因此而能夠切入至屬於某時某地的特殊修法體系當中。

由邱陽創巴仁波切所創辦的香巴拉訓練就是屬於這種法系的一個範例。該修法體系並不特別倚重於時輪原籍，而是以創巴本人所取得之意伏藏教法做爲參照依據。這種教法是上師透過心靈證悟境界所呈現之顯像體驗或於被啓發時有所感悟而獲得的。創巴聲稱曾在定境中到過香巴拉並接受了多位國王傳授教法，這些教法既切合《時輪密續》和《格薩爾王傳》所述及的概念，同時亦引入了屬於創巴仁波切自己的一些嶄新理念。

香巴拉訓練的創立純粹是以現世做爲目標的。其重點是要讓人開展出各種賢善特質，亦即以「成爲善人」做爲焦點。透過這種框架，香巴拉的和平與和諧會是以個人感驗的形式展現，並藉由本善角度開始去學習生活而獲得的。自上世紀七〇年代末開始之後，創巴之子薩姜米龐仁波切更逐漸將藏傳佛教的部分內容加入至其香巴拉教法當中，繼而形成了一種稱爲香巴拉佛教的心靈修習法系。在過去三十年間，這亦是最爲西方人所熟悉，而又與香巴拉之名有所關聯的修法體系。

信仰層面

接著的另一組主要會以信仰做爲基礎繼而按照時輪法系參修。在西藏，大部分的寺院都會遵照這種見解，而當中就有覺囊法統特別以時輪金剛做爲專修，並且把相關的儀軌及祈請文視爲主要參修的課項。

這類行者當中有很多人或許也十分清楚所修習法門的背後義理爲何。對於他們而言，修行的重點便是要透過時輪金剛去建立一種強大的業力連繫，從而便可保證自己將來必會投生至香巴拉，或最起碼能夠生於人間的黃金時代。他們相信在這兩種情況下自己都會獲得時輪禪修的機緣，並在該世成就圓滿證悟。

在這個層面，香巴拉歷史被視作爲連接時輪傳承主要人物的方式。這些上師們就像是專爲世人展示行者潛能的心靈模範，任何行者皆可透過憶起他們而讓自心得到啓發，並且令使願心增強。

禪修層面

在最後一組，這些人會以深入心靈修道的方式而全心投入至時輪修行。對於這類行者而言，修行的動機便是要證悟自心的勝義本性，故此亦會把重點放在清除蔽心本因的方法之上。行者會透過多種身心調伏技巧，從而讓自身達至圓滿轉化並繼而獲得實相的完全感驗。

從這個角度去看，香巴拉並不僅僅只是一處讓人來世可以投生的國度。他們當然不會對這種說法有所否認，然而其焦點所在，卻是要讓香巴拉亦可在此生的當下一刻中感驗得到。在某程度上我們或可認爲香巴拉其實就是心靈實修的成果，故此如能深入認識香巴拉的話，亦會令行者更加明確知道自己的修行方向，並從而推動起自心的心靈發展。

若對時輪修法有基礎認識的話，固然會爲行者帶來裨益，然而如要成就圓滿證悟則至少須要具備三個條件：即對修道深具信心、能夠得到根本上師傳授竅訣，以及決志會將竅訣付諸實修。只要這三個方面具足，行者亦能夠超越自身界限並感驗到香巴拉的眞諦所在。故此，就算從未學過時輪根本原文而又能夠證道的行者亦大有人在。

* * *

到目前爲止，我們已透過人們在香巴拉概念上的不同認知，而獲得了一種涵蓋整體以及較爲全面的解讀。我們或許可將各種不同視點綜合爲以下三組：

1. **片面性質的**：屬於這組的視點基礎主要是透過神話以及民間傳說等方式，其對時輪教法的認識會是非常間接又或者是不完整的。

2. **概念性質的：**屬於這組的視點基礎是建立在時輪金剛的儀式參與，又或者是在於其根本原文的學習之上。

3. **感驗性質的：**屬於這組的視點基礎主要在於：以時輪金剛修道以及其法系的義理做爲具體方向而付諸實修。

接下來我們將會爲這些不同視點的潛能做出考量，然而這樣並不是爲了定奪某種解讀的優劣或做出硬性取捨，而是要找出某種特定思惟方式的局限所在，然後對這些局限的產生有所覺知，並生起深知應該如何將之克服的洞見。這樣的話我們亦會超越一般的表淺認識層面，而能夠揭示香巴拉的更深意義所在。

2 四依止

每當我們手上有多項選擇的時候，應該怎樣做出明智選擇也是一個問題。正如之前章節所示，我們對香巴拉有各種不同的理解方式，然而在這麼多的理解方式當中，有哪一個才能夠眞正幫我們實現無僞快樂的祈願呢？我們應該以哪種視點做爲依據？我們又應該憑什麼準則去做抉擇呢？

若是以和平與和諧的最深切意義做爲我們所追尋的解讀目標的話，對於該如何去理解香巴拉以及與其產生相應，亦將影響到我們的行動取向。假如所選取的是一個非常有限的視點，那麼我們的行動和所連帶的香巴拉感驗亦會有所局限。如此看來，我們的目標便是要開展出一種不受局限的視點，並以此獲得更加深層的體驗。

爲了要達至這個目標，我們將使用佛陀在經教中所開示過的「四依止」做爲我們的有效驗證工具。在這短短的四行當中，佛陀傳授了一套指示應如何定奪優先比重，才能參入眞義最深層次的清晰法則。每當我們遇上自心所立的假障而感到不知所措的時候，這教示就會是針對我們該如何做出取捨的明確指引。原文說道：

依於法，不依人。
依於義，不依語。
依於了義，不依不了義。
依於智，不依識。

這法則亦深受全知法王多波巴般若勝幢所重視。因爲經常教授這法則的緣故，他亦被人安立了「具四依者」這個稱呼。多波巴覺得當時的同儕們普遍都只是執著於對勝義諦的概念性理解之上，而卻沒有對了義生起眞正洞見，故此便想透過這教示去提醒他們佛陀本人是如何清楚列明先後輕重的。

緊隨多波巴之後，我們同樣使用四依止做爲準則，以洞悉那些用於理解香巴拉的不同取向。這樣我們就能夠識別出各個取向的局限所在，並得知該如何將之克服。這樣的話，我們就能夠建出一個堅實的取向平台，足以將各個層次的見解協調併用。

我們將四依止分爲四行去探究。請記著每一行的內容其實都有兩個選項並列，其取捨原則爲

「依於此項，而非彼項」。這種分野會讓人清楚知道，假如是執持第二選項的話，我們亦將受到限制而不可能以第一選項獲得證悟。相反地，如果是把焦點放在第一選項，那麼我們也能夠克服第二選項的局限。透過這四行教示，我們將更加認識到那越來越細微的執著形式，而我們的視點亦會因此而變得更加細膩。

另外須要記著的就是，四依止並非要求我們全盤否定人、語、不了義和識，而是要讓我們知道哪一個才是優先重點。其眞正的意思是指「在這兩項當中，依從第一項會讓你走得更遠」。接著我們亦將看到，有很多以不了義爲基礎的視點，其實也會對我們甚有幫助。故此我們絕對不應該因爲其局限性以及只能讓我們止步於此，而漠視這些視點。在同時間，如果我們能夠明確知道那些局限是什麼的話，我們也就不會只對某單一思惟方式死守不放。

依於法

原文說道：

依於法，不依人。

不妨先用些微時間去想一想到底你對這個宇宙的認識是如何開始的。你有親身到過太空，親自看過整個太陽系的演化過程嗎？又或者曾經眞正看過一顆量子或粒子是什麼模樣嗎？對於大部分人而言，我們的知識都是透過第二甚至是第三手的來源取得的，這也表示我們必須要對那個提供信息的人具有信心。但如此亦會衍生出另一問題，那就是「我們所吸取到的一切都必然是正確的嗎？」。

自我們有了社會體制以來，信息分享就成爲必然的一項。在最初的時候，人們所分享的會是像「在哪裡可以找到最好的水源」，又或者是「如何栽種某種食材」之類的信息。這些信息基本上都可讓接收者直接驗證得到，而所分享的範圍也只是屬於像家庭成員、鄰居以至部落之間的這類細小群體而已。

但是到了今時今日，信息的形式變得更加複雜，更加廣泛和抽象，譬如像描述恆星與行星的體系概念、地球的起源，以及我們在這宇宙所處的位置等等。針對這些例子，我們要爲信息之可信性進行驗證的難度亦會相對提高。甚至乎讓情況變得更加難以處理的就是，這些概念並不是只在小眾流傳而已，而是以不可思議的速度傳至千里十方。互聯網與社交媒體的出現亦同時創造了一種全新的交流平台，信息從此可在瞬間傳遍整個世界，容許各種概念受到廣泛接納和流行普及。

然而這樣亦產生了一個問題，那便是流行普及的信息並不代表一定就是正確的，我們會對之接受的理由往往是以其受歡迎度做爲基礎的。我們可能會選讀某一本書，因爲其著者是屬於該領域的專家；我們可能會選看某齣電影，因爲「有很多人」都說及它是如何精彩；又或者我們會選擇接受某個心靈教法，皆因某位導師非常出名並且有著很多信眾追捧。我們最初之所以會選擇某個信息來源，很多時候便是因爲其歡迎度的大小所致，這種單單以受歡迎度做爲認同眞相基礎的取向，是非常危險的。要知道可以產生受歡迎度的源頭及其基礎有很多很多，但卻不一定能與其可信性或眞確性劃上等號，要知道其可靠性並不就是理所當然的。以受歡迎度做爲基礎而被接納的信息，或許會使我們得出與距離目標更加遙遠的結果，因此絕對不是可以用於預測或肯定事物的保證。

故此我們必須要跨越受歡迎度的局限，爲了確定信息內容我們就要在驗證方面下點功夫。當信息的本意變得明確之後，我們就可以分辨哪些概念符合眞相，而哪些只是屬於片面性的。我們或許不能立即便透徹知道某個信息的本意所在，但卻可以先將之假設爲暫時正確，直至透過深入學習而得出更加清晰的結論爲止，當中最重要的就是我們要以一顆澄淨和開放之心去探索這些概念。儘管我們不可能馬上便生起信念，但卻可以對其不確定之處加以留意，並在未來的歲月中隨著自身理解的增長而對其不斷刷新。

假如我們將這些理念應用到香巴拉的討論當中，我們便會開始分清那些用於塑造十九世紀末、西方所流傳神話的信息來源到底原意爲何。正如在前章所見，我們看到的大部分視點其實都是源於中亞的各種傳說，以及個別著名人士的論點與解讀混合而成的。這些概念逐漸滲入至流行文化當中，甚至被利用成爲某些哲學以及政治理念的支持論點。

如果跟原文材料做比較的話，我們就會看到很多西方視點，只是看似跟香巴拉的原本信息有點相像而已。假如細看這些「當代」版本，我們便不難發現它們其實都是按照不同時期，隨著某些特定人物的個人想法和動機的推波助瀾之下而得出的，這些過程當中同時亦引入了很多把原本教義加以轉化或扭曲的嶄新概念。我們並不是說所有以非時輪金剛原意去理解香巴拉的概念都是錯的，只是認爲當中會有很多有待商榷的地方；我們亦不能斷定到底某位心靈導師所得的淨觀體驗和其教法究竟是否正統，只可以說明這些新近出現的不同概念，都不是原本時輪教法當中所具有的。接著的問題就是到底哪個教法相對而言會較爲可靠？

要回答這個問題，我們或者可以先看看該傳承是否經得起時間考驗。時輪教法自公元十世紀起就已在我們的這個世間出現，而教法本身則是按照完整的佛法傳承從公元前七世紀起就已開始流傳。在這一千多年的歲月裡，便已有成千上萬的行者因受該教法指引而成就甚深的證悟境界，並在他們的當世中展現出超凡的和平與和諧層次。單是看到這個傳承能夠長存至今，便已經可以對其能力以及效益加以確定。

接著就讓我們與過去一百年間曾出現過的「新時代」傳承比較一下。它們當中有很多都只跟某個單一人物對應得上，都是爲了迎合個人需要而將眾多故事之元素堆砌增刪而成。這樣便導致了不同視點的湧現，但卻沒有任何一個可以提供出清晰定義的可行法道，更枉論是否行之有效了。儘管我不會否定這些傳承或許亦能爲很多人帶來短期得益，然而其長遠效益卻總是無法讓人清楚得知。

按照這個道理去看，我們或者會對某類新時代教法深感興趣，然而針對其潛在結果的不確定性卻是非常高。做爲一名佛教徒，我們的此生實在極爲難得，故而不應該就此輕易地浪費在那些最終得益仍然存疑的法道之上。相反地，我們更應謹慎抉擇，並將心力投放在已被深深印證的智慧之道上，這樣才會是引領我們走上正確方向的保證。

總的來說，四依止第一行的精髓在於提醒我們，不要太過依賴名聲以及受歡迎度做爲是否正統的衡量，而是要仔細查看原典所述及的法義到底是什麼。這樣的話我們便會對所持見地生起更大信心，並會達至更加深入以及完整層面的理解。

依於義

原文說道：

> 依於義，不依語。

從先前的討論當中，我們看到時輪金剛教法是解釋香巴拉的最原本信息來源。但是我們又該如何理解這些原文所呈示的內容呢？同時我們又應該以哪一種方式去做解讀呢？

在首次查證源頭資料的時候，我們會注意到原文是以梵文書寫的。梵文現今普遍被認爲是一種已經「佚失」的語文，純粹是屬於學術圈子裡面的研究對象。要了解原本文意，我們就必須依靠翻譯，而實際上也就是翻譯者的選擇和取捨。就算是以藏文（跟梵文在結構上非常類同）翻譯，只要選用的詞彙稍有不同亦便會使原本文意改變。可想而知，要以完全不同的語文如英文等去做翻譯的話，本身會是一項如何艱鉅的挑戰。

除了因爲翻譯過程而導致的原意變化之外，我們亦要注意到原文本身所涉及到的複雜程度。時輪密續所呈示的是一種包含著極度深奧概念的遠古表達形式，當中使用到的密意文字，就足以顛覆當今一切依據物質觀念做爲定義的所謂客觀現實。這亦表示如要全面理解這些概念的話，我們就必須以不同傳承上師根據自身對應原文的獨特感驗而提供的評釋做爲參照，而我們按照不同評釋所得出的認知，亦可能會有著南轅北轍的分別。

我們能夠看到的不同翻譯以及評釋版本實在是多不勝數，它們對時輪金剛原文的解讀都各有不同。而結果就是人們很大機會會固守某一解讀版本，並認爲那個就是密續原意的最終解釋。姑且不去對那些不同的解讀版本做出評論，我們僅看某人如果只懂得閉門造車，就已知道他的理解程度必定有限。

就以一個簡單的數學概念做為例子。我們不妨看看「1＋1＝2」這段表述。就在我們理所當然地接受其爲眞確無誤的時候，那麼「1＋1＝3」就必定會被認爲是錯謬的。便是如此，事物在本質上立刻就變成了兩極化的狀況，不是黑就是白，不是對就是錯。

然而假如我們認識到數學亦只是用來表達世間事實的一種符號語言的話，那又會如何呢？「1＋1＝2」這段表述所表示的是相加的概念，代表兩樣東西加在一起並形成一種組合。在該表述中，「1」、「＋」、「＝」以及「2」都只是符號而已。只要我們認清語言是一種概念架構的產物，並能接受同一概念可由不同符號去代表的話，那麼將「2」改爲「3」其實也並沒有任何不妥，然而前提則是我們全都已明確了解到這些符號的所指是什麼。此處的重點就是我們必須知道符號被賦予的意思，而不是在其表達形式上面過分執著。

時輪密續正正就是用了三種方式去讓讀者心生疑問，繼而避免陷入固守執念：第一，當中刻意沿用到一些吠陀學派的字眼；第二，當中會用到象徵性的數目代表系統（譬如「火」代表「三」）；第三，在原文評釋中刻意打破了文法的常規架構。所有這些都是爲了要抵消我們習於死守字意的善巧方便。

這一點是非常重要的，因爲若要領略到更深文意的話，我們就必須先讓自心變得更加靈活，能夠捕捉到各種不同解讀的精髓所在。只有這樣，我們才可跨越那些由咬文嚼字所製造出來的字面矛盾。

就我們對香巴拉的理解而言，大家或會看到這種固守執念，都是由像前章所提到的那類概念性視點所致。一般而言，學術界的解讀會是建基於某個固定時段和地點的線性發展架構之上。這類以實際事件爲基礎的視點，會按照古典物理的思維去斷定一切事物的一般合理性，繼而亦得出了香巴拉的描述實際上一定要切合某些已知史實的論點。針對此點，密續原文亦不免會被當成某段歷史記載去做爲解讀。

儘管那些較爲偏向於以心靈層面去看待事物的人的世界觀或會有所不同，但如只是堅執某一解讀方式的話，那麼問題則仍會存在。某部分學者會將時輪金剛的學習或對香巴拉的理解，建基於以哲學思想爲立足點的觀念體系之上，譬如有些學者會把原文套入至他們對第二轉法輪佛典的理解當中做爲解讀。我們當然不會對此有所否定，然而這卻也會局限我們的視野，而不能盡見時輪密續的終極全義。

第二依止是要我們注意到不要單單只以文字去做解讀。雖然透過語言文字的確可讓我們對整體內容建立概觀，但到最終我們還是必須要考慮文字之外的更深意義，才可發掘出其內容的精要所在。通過培養自心而開展出更大的靈活彈性，我們亦便能夠在不同解讀方式之間主動以不同角度獲得感驗，而所見到的內容景觀也會更加全面。譬如在佛教的學習當中，我們就會學到不同的部宗宗義，從而便認識到各個部宗對同一主題的解讀原來也是各有不同。如此我們對於某一事物的理解，便會變得更多層次以及更多方面，這樣我們亦就能夠掌握到事實的不同面向，而並非只是局限在某個單一視點之上。

依於了義

原文接著說道：

依於了義，不依不了義。

通過不同解讀方式對教法做出了解，我們便會開始對香巴拉得出一種比較完整的概念性認識，繼而亦會悟到跟和平與和諧應該如何相應的觀念。我們從此所看到的不會只是片面光影，而是由一切所構成的、更加完整的宏觀景象。然而我們亦須知道，這幅宏觀景象其實也只是屬於稍高層次的理解，假如過於執持的話，則又會讓我們陷入局限的境況當中。

就在我們揭開最外一層包殼的同時，我們亦會進入至殼表面下的另一個理解層次。假如我們繼續這種過程的話，便會逐漸發現到之下原來還有越加精細的層面。隨著每個層次的改變，我們的觀點以及所看到的事實內涵也會跟隨轉變。就是如此，我們的概念性理解最終也會變得越來越細緻，而我們所認知的內容亦會越來越接近完全反映事實本質的狀況。

在這裡我們談到了兩義，亦即了義和不了義。了義就是跟實相本質相應的終極層次證解，而不了義則是包圍在該核心證解之外的不同層面。稱之爲不了義代表這些都只是過渡性的見地而已，亦即能讓我們進一步發掘實相更深義層面的梯階。然而就在我們親證實相的同時，不了義的梯階作用亦會宣告完結。

就讓我們看一個例子。譬如有一位醫生需要去醫治很多不同病人，醫生首先會爲他們診斷病因，然後根據這些判斷分析，他會爲不同病人提供不同的處方療法。某些病人的病情或者較爲輕微，可能只需一次療程便已經藥到病除；然而對於另一些病人而言，情況或許較爲複雜，需要針對不同層次的病徵進行漸進的療程。因應這些不同病例，醫生最初所給予的基本治療可能都是一樣的，但隨後的療程卻也會針對不同病人的需要而有所調整。

就如同一位富有經驗的醫師，佛陀知道需要按照不同層次去傳達甚深智慧教法的重要性。因此，佛陀會將其教法做出相應剪裁，從而能夠迎合不同弟子的根器和需要。故此，我們便曾看到有兩名弟子提出相同問題，但卻得到完全不同開示的情況出現。有些人或者會覺得這樣很矛盾，但假如我們知道佛陀是能夠看穿表面類同外緣並洞悉到深層不同內因的話，那麼給予「同病異方」其實也是非常合理。

每當我們沒有弄清楚了義與不了義的分別時，便會陷入局限當中。假如誤將不了義堅執爲終極實相，我們亦就等於把進一步提升見地的道路封上，而自心的開展進程也會因此停止。錯誤認爲已經到達道途終點的話，亦會令人故步自封。

正如字面意義所指，不了義亦即「未了」。不了義只是引導我們更加接近了義的踏腳石，每一階也代表了每一種層次的理解。故此，眞正的智慧法統亦因已善用這個道理，而能夠使行者較易成就。這些法統會針對不同的不了義層面，讓具不同證量的修行人可以因應自身狀況而清除所屬層次的道障。然而到了最後，我們亦都必須將這些見修體系放下。最終極層面的眞諦並不是屬於基督教、穆斯林或佛教的，眞諦純粹就是眞諦。死守不了義的見解而又不懂得放開的話，便會成爲證悟了義的一大障礙。

從這裡開始，我們不僅會從和平與和諧等不了義方面去了解各類香巴拉視點，更會看看這些視點會否深入至了義層面。假如我們細看像由邱陽創巴所開創之香巴拉訓練的話，就會發現在見地上是以如何建立一個覺悟社群做爲焦點，透過將基本人性中的某些良善特質加以強調，從而獲得外在的和諧關係以及內在的和平感驗。創巴仁波切憑著其甚深心靈洞見，而塑造出一套以香巴拉概念做爲啓發泉源的修心體系。通過這套體系，人們最終亦可以感受到一個由眞正超凡脫俗社群所形成的「類香巴拉」世間。無可否認，這個目標的確是非常高尚和值得嚮往的，然而如想超越這個人類境域的話，我們則仍須選擇一條更加深遠的法道。

在時輪體系的具體教法之中，我們可以看到的是一條完整修道的詳細呈示，涉及到的不單單只是在這人世間的香巴拉前期感驗，更包含了可讓人在此生或來世當中圓滿展現香巴拉究竟本質的高階修法。因爲是將了義做爲廣泛和深入的專注焦點，故此時輪金剛的獨特性以及所具備的力量，都會是無可替代的。僅僅就在一個完整的銜接體系之內，選擇該法道的人可以循序漸進地對不同層次的不了義諦做出取捨，並在最終自然而然取得了義眞諦的親身印證。

第三依止的精髓在於警惕我們不要自滿。佛陀忠告我們要繼續向深遠處邁進，直至一切道障都被清除以及所有福智都已圓滿爲止，只有到達這個階段我們才算是成就到眞正任運無作的境界。我們不要就在當前的所處階段放棄前進或感到滿足，而是應該繼續在這條追尋終極圓智的法道上精進努力。

依於智

在原文的最後一行說道：

> 依於智，不依識。

這裡的「識」是指以主客二體做爲運作基礎的二元心識。主體可以是指一個人、一個個體或一個參考點。而客體則是指任何跟主體相對的事物，可以是色、聲、香、味和觸等感官感受乃至各色各樣的心識活動。這些元素組成了我們的一切世間日常感驗。所有客境都會在自心之內顯現，並被主體感驗爲由無數概念性架構陣列所組合而成的短暫性連繫。

當心識面對了義的時候，所體驗到的亦只是隔著概念的間接接觸而已，故此仍然不是悟得眞正了義或實相本性。這種對二元概念的執著恰恰也成爲一種阻障，並讓人仍然受到局限而無法如是地感驗到實相。故此，如要感驗究竟和平與和諧，我們亦必須要能夠超越自心的意識所限。

要做到這一點，我們就得順序讓粗大、微細以及極微細的二元念頭完全息止。這個所謂的主體，其實是由對「存在」死守不放的執念所維繫的。然而當這種極爲微細的「我執」被消除之後，其所對應的二元心識也會跟隨解體，而究竟自性的本始特質亦會以非二元之方式得到彰顯。我們或者可以將這種境界的感驗稱爲本智。

假如我們是從心識角度去想及本智的話，那麼字面上所指的其實就等同佛性，這個詞表示我們的究竟本性其實是不受任何概念所限的。成爲覺者或佛陀原本便是我們的固有本性，然而因於偏執，這種本性亦無法完全展現於我們的感驗當中。因此，我們現在雖然並非佛陀，但所擁有的佛性卻都全部相同。

透過四依止原文的最後一行，佛陀指示我們要跨越自身的概念認知。通過概念去理解了義，一定會是間接以及受到限制的，故此我們必須設法透過直接感驗去實證了義。如果我們可以完全安住於這種感驗當中，一切妨礙和平與和諧的業因也會無從而生。

要理解直接和間接體驗之間的分別，可以先看看一個藝匠雕塑陶土作品的比喻。在藝匠心裡，他清楚知道自己的作品是什麼外觀，他的構想可能只是一個粗略大概，又或者是深入至每個細節，但不論如何他總能透過這個心中形象而間接「觸及到」該件作品的形象。這個形象就如他想要展示之實物的暫存區域。先從一堆毫不成形的陶土開始，藝匠或會用手或使用模具將陶材按照心中形象去精心塑作，而該作品亦會慢慢成形。在創作的過程當中他會憑著雙手而漸漸感受到其作品的實質輪廓，而對這件作品的感驗也會變得越來越直接、越來越清晰。到了最後他便可以完全放下這個心中形象，因爲此時的作品已經完成，而其細緻度和完整度應該是當初那個心中形象所無法相比的。不僅如此，這時他的作品更可做爲實質展示並讓其他人也能夠實質感驗得到。

同樣道理，要熟習香巴拉之和平與和諧特質，我們或可透過討論而建立出一個模型以幫助我們理解它的本質，又或者是通過不同策略的計畫從而使其得到呈現。然而不論我們的這些概念是如何完善和詳細，也只有在我們實際以心進行操作之後，才可得到完整呈現。我們的究竟本性，亦即眞正無僞的和平與和諧，也只有透過我們的實質感驗才有可能品嘗得到。能夠通過修行而克服限制著自心潛能的煩惱習氣的話，則我們的香巴拉感驗最終亦會得到彰顯。而當我們所有的業障到最後都被清除一空，以及所有應該做的都已完成之後，那麼香巴拉的光芒亦必會如豔陽般得以圓滿照耀。

以果爲道的密乘佛法，就是一道可以迅速消除二元概念心識的極有效和強大法門。此法能夠直接根據我們的自身感驗而爲印證眞正本性創造出最有利因緣。然而亦跟其他法道一樣，我們也需歷經一段過渡流程。在這個過程的初始階段，我們會很善巧地用到一些概念，從而對何謂實相先建立起較爲清晰的見地。透過一段密集的淨化過程，此時的粗分念頭會被清除，而較爲微細的概念心識亦會陸續浮現。相對而言，我們會比較容易藉著這個層次的心識去認出本始覺性，並且對其進行串習。這個初始階段我們稱之爲生起次第。

時輪法道裡面有極廣泛的生起次第修法可供行者選擇，而當中的每一門修法亦是針對每個參修者自身所需要淨化的不同業障而設。相同之處則在於它們的本質都是建立在某個概念之上，故到最終亦必須被行者所超越。因爲這個緣故，僅僅只是將焦點放在生起次第的話，並不足以達至讓香巴拉圓滿展現的境界。要做到這一點，行者亦必須徹底放下所有概念心識，並讓自心安住於本覺之中。

時輪金剛以一整系列的高階禪修法門，讓行者達至這個究竟境界。這些技巧亦被稱爲圓滿次第，而其具體修法以及竅訣在當今世上已是極爲珍貴難得，至於僅存的完整法脈更只有在藏傳佛教的覺囊法統才得以看到。儘管在其他宗派裡亦可看到時輪教法以及熟悉時輪金剛的上師，但唯獨覺囊仍將時輪金剛做爲主修之法，以及擁有由香巴拉流傳至今從未間斷過的教法傳承。因此，若想要認眞修習時輪金剛，最終亦必須跟隨覺囊的修法體系，才有可能獲得這個法道的究竟證果。

＊　＊　＊

通過參照四依止教示，我們將學會如何克服偏執之局限，繼而逐漸看到實相展現。就如我們之前所見，這個過程實際上也包含了多個認知層面，故此任何以香巴拉做爲目標的法道，亦會具有不同層次需要考量。

能夠這樣理解的話會有一個主要優點，那就是不同的人都可以按照自身心靈的開展程度而切入至不同層面的香巴拉概念當中。就算剛開始時只能跟前行所屬的層次相應，但從參修的那一刻開始，便已經是在爲更深層次的感驗創建著善因和善緣。

要知道爲何會是這樣，就必須談到業力因果。然而這卻是一個所涉甚廣的主題，因此不在此做詳細探討，若想更加深入認識這個主題，建議參閱《見證你的佛性》（*Unveiling Your Sacred Truth*）一書。到這裡只需明白的就是，我們的一切所作所爲都會在心相續中留下業力習氣的印記，而被這些習氣所影響到的不單只是自心生起的顯相而已，更會牽連到我們的實質感驗性質。我們或者可以將各人自身的整體習氣視爲一面濾鏡，而每個眾生便是透過這面濾鏡看到各自的世界；假如更換了這面濾鏡，感驗亦會發生改變。

這個原理說明了我們其實都有能力去塑造出自己將來的感驗形式。如果能夠對自身與所相應果報之間的業力關係有著更大覺知，那麼我們便也可以在很大程度上掌控到自身業果的異熟方式。

就我們當今的處境而言，總不免會看到大部分的感驗性質其實都是受制於我們現有的人身形態，擁有這副人身也就表示我們總是以人的角度去感受這個世界。然而假如所擁有的是蒼蠅之身體的話，那麼我們的感驗又將會有何不同呢？我們將會生於何處及以何種形態出世，都是受到臨終時的業氣引發所致。至於會以什麼方式投放，則全然是取決於我們自身的業力性質。

基於這個緣故，若能對香巴拉之多層意義加以了解的話，我們便不僅可以順應所處境況而感驗到和平與和諧，同時更會播下所需的業氣種子，有朝一日能夠證悟到香巴拉的甚深眞義。或者我們可將之想成是一種必定會獲利的投資，當中所投放的資金都不會缺失並且會不斷增長，而我們爲自身所設的局限則是使利益受到制約的唯一因素。

以此見地爲基礎，我們將可包容更深和更廣意義的因果認知，並從而開展出更加長遠的視野觀點。從此我們不單只想及現世今生，更加會將死亡、死後中陰以及將來投生等融入能夠感驗的每一刻當中。若能懷有如此宏觀心境，必定會找到能夠在自身感驗當中讓香巴拉得到展現的各種機遇。

3 機遇境域

只要偏執和無明尚未完全消除，我們便會一直受到因果業力法則所制。簡單地講，該法則說明了眾生的任何所作所爲都會影響到自身將來的感驗性質。正因爲我們無法擺脫這個基本事實，因此也就必須對其影響力做更加深入了解，並從而讓我們能夠將之加以發揮。

此處必須知道的重點就是，我們的將來亦都建基於我們當今的舉措之上。若要獲得理想果報，我們就必須將焦點放在能夠生起相應善因的方法之上。我們可以朝兩個方面去操作，即分別透過業向和業力緣繫而達至這個目的。

業向

正如前章所述，業向指的就是我們心相續中所建立的習氣取向。我們的心識每秒每刻都經歷著

| 右頁

生命之輪

我們感驗這個世間的方式全由我們自身的業力而定。

持續性的顯相生滅，皆因具有主客二元念頭的緣故，我們對這些顯相的反應便會分別得出歡欣、痛苦或中性這三種感受，而這些不同反應本身亦是我們做爲主體相對於顯相做爲客境的習氣結果。

在進行任何行爲的時候，我們的心識也同時在接受訓練而使用某類方式去感受事物。以小孩子學習說話爲例，最初的時候小孩只會對整體顏色和外形具有基本認知，而一切事物都會是籠統以及一元化的。在他能夠分辨不同事物的外相差別之後，便會開始把不同的讀音組別對應至所接觸到的各類事物當中。透過這個過程，小孩會逐漸將所學過的音組以條件反射的模式對號入座。就在他開始習慣這種音形連繫之後，每當聽到讀音也就會同時喚起其所對應的心中形象，反之亦然。

這個我們稱爲「學習」的動作，其實也是在增強對某類事物之業向的過程。我們其實是在訓練自己對所感受到的世界做出某類特定反應。在剛開始的時候，這種過程需要依靠精確的意向去建立起一套業向網絡；隨著時間演進，習氣便會變成我們的第二天性，而我們亦不再需要刻意便能夠啓動這個網絡。

我們的目標是要強化業向，而體驗到更加深入和廣義的和平與和諧。而在同一時間，我們亦想減弱那些引起偏見和無明的業向。我們可以透過累積兩種心靈資糧而做到這點：

1. **功德：**亦即偏於行善的習性。善德是能令和平與和諧得以生起的業向。若要比喻的話，功德就像是一部永續發電機，當我們越是習於積生善德，便越容易去做出善行；而更多的善行亦會生起更多的善德，從而使善性循環不息。

2. **智慧：**此處所指的智慧是一種能夠不被扭曲而又直接對應實相的認知方式。智慧是無明的直接對治，當我們的智慧資糧累積得越多，便越不受到無明所制；而當無明越少，我們亦越能夠感驗得到和平與和諧。

在此基礎之上，所謂的功德和智慧資糧，其實亦即我們對自身業向總體的刻意改造。我們不妨將它們視作爲能夠創造出證悟香巴拉之因緣的特質網絡。以時輪法道爲基台，我們通過持戒而使得這兩個網絡得以開展。而以此誓戒做爲基礎，我們接著便會透過修習各類不同的方便法門，而獲得那些更加接近實相本質的感驗。在行止守則上有三個層面：

1. **非暴力：**這個守則的重點在於要使我們的行止跟愛和慈悲的精神連成一線。在該層面之上，我們會認識到一切眾生在本質上都是相互連結的，並且在意願上同樣都是想要得到無僞快樂。當理解到這一點之後，我們便會依照一套對身邊眾生產生最少傷害的行止規範去進行。通過這種方式，我們亦會創造出達至和平與和諧的根本因緣。

2. **利美：**「利美」在藏文的意思爲「不存歧見」，所指的是在另一層面上用於對治以自我本位去看待世間一切的偏執心態的行止規範。當認識到歧見將使感驗受到局限之後，我們也就會朝向消除自愛之執的方向，慢慢將自心轉移至以利益他眾爲重點。隨著不同層次而消除歧見，我們的和平與和諧感驗，亦會變得更具包容性以及更加廣闊。

3. **淨覺：**在屬於最終層面的行止規範當中，我們會把焦點放在如何跟究竟實相本質產生相應的修法之上。當歧見逐漸減少，我們就越能夠感驗得到實相，並且由此而生起更甚深智慧。通過這種淨化過程，我們便開始明白到一切自身感驗會是如何植根於這個本性，故此所有事物亦都能夠成爲印證香巴拉深義的機緣。

在剛開始的時候，我們會將累積功德資糧視作爲我們的主要目標。這樣我們的心靈參修就會有如得到助力推動，而同時亦會爲獲得實相本質之洞見創造良緣。隨著時間演進，當功德基礎已經穩固之後，我們的焦點便會轉移至智慧資糧的累積之上。就在這兩種資糧得到圓滿之時，我們亦會到達修道的終點而不再需要任何的參作規範。

業力緣繫

業向是抉擇香巴拉感驗的主要因素，至於能否達至證果，視乎我們是否可以有效地運用修道從而使業向得以轉化。而所謂的心靈修道其實就是一整系列的見地和修法總集，讓我們能夠藉此而專注於自身的舉措之上。假如只有知性上的理解，這條修道將無法產生效益；只有將見地和修法相互結合，才能成爲創建出所需業向的眞正助力。

然而是否能夠順利進行參修，其實本身也是功德資糧累積的結果所致，故此對於我們這些身負深重業障的眾生來說，修行之道也就不如想像中的那麼簡單直接。我們現有的沉重業向，基本上都不會跟心中的那個更高層次的和平與和諧祈願有著協調。對我們這些被業障所蒙蔽的大部分人而言，眞正的和平與和諧可能正正與我們現世的需要有所衝突。

假如這些業障力量比我們的功德智慧更加強大，那麼參修善德就如在我們現有的習氣之上作逆水行舟。想將此習性像大樹一般連根拔起並不是一件容易的事，若要扭轉這場業力戰局的話，我們絕對需要助力的幫忙。

話雖如此，然而事實上卻並非每個人的情況都一樣。在我們之前的多生多世當中，各人會根據自身的獨特際遇而建立起各自所屬的不同業向。若以統計方式去歸納分類的話，某一些人必定比其他人擁有更加強大的善德總集；我們或者可將他們稱爲心靈開展程度較高的人。而當眾生的心靈開展越高，便越容易投入至心靈法道。

爲了要克服自身的習向，我們就必須在業力緣繫上著手。每當有兩個或以上的眾生在同一時間或相同情況之下建立起相近業向的時候，那麼他們亦會生起業力緣繫。這種緣分的力量會取決於他們行爲的相同程度，以及其他因素如發心、覺性和焦點所在等。而由這些業向所建立之共同感驗，也就是我們所指的共業。

共業並不是跟我們心識分開而獨立存在的所謂外在客觀事物。它的性質跟任何人都可以使用的獨立分享帳戶不同，而更像是每人都各自擁有一枚計時器並且同步做出計時的情況。如果我們都在同一時間開始計時的話，那麼全部計時器所顯示的數字都會是一致的。雖然這些計時器並非同一個體，但它們的顯示內容卻都總是一樣。

同樣道理，每當有兩個或以上的人做出相同行爲，他們便會在同時間裡建立起相同業向，而這些業向亦會導致相同業果的產生。以一對朋友同去一間餐館用餐做爲比喻，其中有一人提出海鮮義大利麵是那間餐館的招牌菜式，自己必然點選；另一個人聽後覺得不錯，故此亦決定點選同一道菜。然後兩人便點了同樣的義大利麵，並得到了同樣的滿意感驗。

在這個例子當中，那兩位朋友都在同時增強了「喜愛這間餐館的海鮮義大利麵」的業向，相信兩人以後再去這間餐館點選同一菜式的機會應該也會較大。

在此處值得留意的便是第一位朋友對另一位朋友所產生的影響方式。第一位朋友之前已經有了對該餐館之義大利麵的感驗，亦即表示已有喜愛該道菜式的偏向；另一位朋友雖然從未試過，但透過彼此間的交流亦生起了欲嘗試同一款菜的意願。結果便是這位朋友因爲受到第一位朋友的影響，而做出了同樣使某種偏向有所增強的行爲。

除了這個點菜偏好的例子外，同樣的原理亦可套用至我們對更高層次之和平與和諧的追求上。假如我們留意到在一生當中與不同人士所建立起的關係，或會發現自身的某些偏向其實也是因爲受到其中影響而有所增強，而這些偏向單靠我們自己卻是難以產生的。這樣理解的話，我們不妨將自己融入具有正面影響力的人群當中，並以能夠作善行和獲得善德之啓發做爲目標。而在時輪修道的層面，我們亦可透過三種方式建立業力緣繫：

1. **參與時輪灌頂儀式**：正如之前約略提及，時輪灌頂跟其他無上密續法系的其中一個分別就是，在形式上它可以被視爲一種接納廣泛人士參與的加持典禮。因爲如此，這類儀式亦提供了能夠讓不同背景的人聚集，並透過群眾共同感驗而共享到和平與和諧慶典的難得機會。這樣會讓參與者們跟傳授灌頂的上師建立起一道強大連繫，而該連繫也會在參與者之間互相生起。每當我們參與這些灌頂儀式的同時，自心趨於和平與和諧的業向亦會有所增強。而這些業向最終亦會變成讓我們投入至心靈法道，並且能更有效地培育出善德的良緣。

2. **跟眾多時輪傳承上師建立起聯繫：**另一種能夠讓人跟心靈法道增強業力緣繫的方式，便是透過向證道者們做深入學習，尤其加以詳習偉大的時輪上師們的生平。從中我們或許可以學會他們克服局限的方式，並且藉此而得到自己也能夠達至同樣證果的啓發。

3. **跟其中一位心靈導師建立起連繫：**在三種跟心靈法道產生連繫的方式當中，尤以跟隨一位具德上師修學教法是最爲直接以及最具效益的。透過跟一位在世上師建立起師徒關係，我們亦會創造出利於修行的極大善緣。一位正統導師不但能夠啓發我們克服困境，更會爲我們傳授所需法門以達至目標。

若懂得運用業向與業力緣繫做爲善巧方便，我們亦能更加主動地去面對業力。在以下部分我們將會看到，它們同樣也被具高證量的覺者們所善用而變作有利於我們修行的基礎。通過將自心與他們的願心連結，我們亦將發揮出最大潛能並在修道上取得更大進展。

感驗領域

想要知道這是如何做到的話，我們就必須先談一談透過業力濾鏡所獲得的會是什麼樣的感驗性質。正如之前所見，業向無時無刻都在塑造著我們的心續感驗；另一方面，業力緣繫的作用則會使其他眾生對我們自心的心識影響有所增強。連繫越強，影響力亦會越大。我們或者可以使用繪畫的例子做爲說明，業向就像是不同色彩的顏料，而業力緣繫則像是某人在向我建議該在哪裡投放這些色彩。

然後接著的問題便是：「到底我該畫些什麼？」我們的心就像一幅畫布，能夠在上面生起多少顯相從來都是沒有限制的，至於可以局限我們的並不是畫布本身，而是色彩有限的顏料色盤，亦即我們的業向。假如色盤只有兩種顏色的話，可以想像我們能夠畫出的色彩亦會相當有限。然而所用的若是顏色齊全的色盤，那麼所能夠畫出的色彩便會有很大的分別。

跟繪畫彩畫的例子稍有不同，我們的心識並不是固定不變的。隨著每一刻的心識生滅，之前一刻的顯相也會被現前一刻的所取代；雖然現前一刻的顯相會跟之前一刻的非常相近，但它們卻並不完全相同。每一刻的顯相都會以極爲微妙的方式持續變化和更替，而業力相續之顯現亦便是如此地流轉不息。

若讓我們回顧一生，便不難發現當中亦曾遇上各種不同的感驗；若要我們想像將來會擁有哪些感驗的話，或許也不算是十分困難。如果把我們這些自身感驗做分析的話，便會看到當中或許就有因應不同情況而產生出來的不同格式。譬如在不同人生階段所出現的各類顯相，其中便包括我們童年時曾經身處過以及當前自身所處的地方，亦包括我們所遇過的人以及心理曾經有過的情緒或想法等。假如我們將所有這些感驗做詳細觀察的話，也許亦同時會對自身業力的強大和富創造性有所感悟。

現在不妨去細想一下身邊人群有哪些各自的感驗，這些人當中有沒有跟你一樣也曾遇到過某些相同的狀況呢？想一想那些住在與你同一條街又或者是同一地區的人，再進一步可以想一想你現在所身處的國家以至整個世界。由我們自身業力之結集而繪畫出來的畫像固然會各不相同，但在很多方面卻又會是彼此相通。情況就有如每個人都身處在同一地點，並使用配備著相同顏料組合的色盤。

我們可從自身的感驗當中找到彼此之間的共通性，便可藉此而得出各類不同的組別，這純粹只是將各類感驗方式做出區分的標籤而已。這種綜合感驗的形式亦稱爲感驗領域。

「領域」並不是指一處有著鮮明邊界和特質的具體地方，而是由個人心相續之角度所感受到的整體現實格局。其基本原理便是擁有相同業力的人都會得到相同的現實感驗形式，因此他們亦會處於相同的感驗領域。

在我們談及領域的時候必須要記住一個重點，亦即其存在完全是屬於心靈性質的。心性並不是物質現象，因此當有一個領域存在的時候亦不會限制或妨礙到另一領域的同時存在。譬如有兩個人睡在同一床上並且同時在做夢，第一個夢見自己在滿天彩虹下的廣闊平原上奔跑，而第二個卻是做著被困在水底鐵籠中的惡夢。對於這兩個人而言，他們在當時當刻所感驗到的實境便是各自的那個清晰夢中世界，然而各自的實境並不會妨礙或限制彼此不同的夢境同時存在。

同樣道理，在實際空間的某一部分或許會有無數不同眾生寄居，而每個眾生對這同一空間的感驗方式亦會各不相同。想像有三個人同時在看一幅忿怒本尊的畫像，對於第一個人而言，該畫像可能給他威嚇性的感覺，這就讓他產生了一種非常厭惡的感驗；到了第二個人，該畫像卻是給他強大和充滿力量的感覺，讓他得出了一種帶有信心和決志的感驗；然後是第三個人，可能會讓他感覺到的是一種超凡和甚深眞義的表現，而在此基礎上他或許亦會生起一股不受動搖的虔信感覺。在同一時空，卻有三個不同感驗領域同時並存。

通過以上例子我們可以看到，其實任何感驗形式都是按照不同眾生心相續中所呈現的業力類型而定。在整體上我們會有三種主要的感驗領域：

1. **無色界領域：** 該領域是由不變易業力所建立的，也只有透過極高階的微細禪定之力才能生起。屬於這類境界的心識會感驗到以極微二元心念做爲基礎，而達至如虛空般的藏識層次。處於這種感驗形式的眾生亦會對其他形態的有情不屑一顧，只求自身可以完全安住於那種不可估量的長久定止當中。

2. **色界領域：** 跟無色界領域一樣，色界領域亦是由不變易禪定業力所建立的。彼此最大的分別則在於，該領域的眾生主要處於比無色界層次較低的主觀廣泛感驗當中，然而卻會比欲界的感受精細得多，譬如像極爲微妙的喜樂、非概念性以及鮮明覺受等。處於該領域的眾生純粹會以心靈感受做爲感驗本質，故此亦不會依靠肉身感官去感受那個粗糙的「外在」物質世界。他們感驗世間的方式純粹是透過微細的概念構設而達至。

3. **欲界領域：** 該領域是由各類不同業向所參雜而成的結果，而各式各樣的細分感應境域亦由此衍生得出。屬於這個領域之眾生的主要特點，便是總會受到主客對立性質的二元心識所支配。他們每刻的感驗都是由所感知到的客境，以及自身對該客境的主觀反應所塑造而成的。身處這個境域的眾生都會擁有一副肉身，並且會以此而感驗到一個跟自身分開的外在世界。

無色界領域實在是太微妙了，對於那些需要經歷身心磨鍊的心靈修行者而言基本上意義不大。

儘管色界領域在某種程度上會比較適合做爲心靈依處，但這種情況卻只是針對那些在投生此處之前已經習於心靈法道的行者而言。假如沒有足夠的善德支撐，色界的眾生亦只是安止於一種沒有痛苦的如夢狀態而已。因爲如此，欲界相對來說會是可以展現像香巴拉這類心靈目標得以實現的理想境域。

假如我們仔細察看欲界的話，便會發覺其實那裡有著能夠開創出無窮無盡之主客關係組合的可能性。而事實上編織出這個感驗境域的業力網絡本身也是如此廣大以及縱橫交錯，因此只有圓悟覺者才有能力對其全然理解。可幸的是，我們並不需先達至這種層次的理解，才能運用形塑這些網絡的原理。

在這個境域之內，我們會看到兩種基本的感驗類型。第一種是被痛苦所持續支配，而第二種的痛苦則是間歇性的。我們或者可把第一種稱爲三惡道境域，而第二種則爲三善道境域。要爲更高層次的和平與和諧創造因緣，我們便必須要投入心靈法道。假如是完全受制於痛苦和折磨的話，我們也就不可能會進行參修。故此在此二道當中，也只有善三道才會是比較適合讓我們修行的境域。

在三善道境域會有痛苦以外的片刻喘息空間，眾生能夠因此而體驗到一定程度的喜悅和快樂，這種苦樂交雜的情況是非常有利於心靈法道的。然而在某些三善道境域當中，眾生卻往往因爲喜悅遠遠多於痛苦，故此也不會生起動機要去改變現狀；而某一些則會深深沉醉於欲樂當中，而不會對自身的感驗本質有所察悟和反思。要受到推動而去做心靈修行的話就必須具備最起碼的痛苦感驗，這樣才會讓人對改變固有習性產生追求，但同時亦會有足夠的安樂條件以提供能夠進行改變的機會。這種境域我們會稱之爲人間。

「人」在此處並不單只是以身體特徵做爲界定，更是泛指某種特有的感驗類型。一個由人所感驗到的世間會是充滿著各種不同程度的苦與樂。有時候這些人生苦樂可能會讓我們覺得非常極端，但假如跟其他境域相比的話，就必定會覺得我們的苦樂性質其實已經算是相當輕微的了。這亦表示人擁有非凡的潛力，能夠觀察得到自身的苦樂感驗並繼而對其產生原因生起洞見。這種分辨智慧是建立所有心靈修行的所需基礎，而且幾乎很難在其他境域尋找得到。

充滿機遇的菩薩境域

我們能否投生爲人完全是由自心相續中所累積的業向而決定的。儘管可以投生爲人，卻不代表我們就必定會有能夠修行的機會。試想想單在這個地球上就已經有七十三億眾生正在處於人類境域的感驗當中，但這些人裡面有多少會眞正深信培育心靈屬性的價値所在呢？又有多少人會爲了生起這些特質而眞正踏上心靈參修的法道之上呢？當中又有多少會將此生奉獻於實修呢？故此，雖然我們全部都具備著同一潛力，但眞正擁有條件去開展這種潛力的卻是少之又少。

要克服這些逆境的話，我們便毫無疑問地需要幫助，這也就是業力緣繫關鍵作用。正如之前所述，某些眾生的心靈開展程度會較一般的爲高，而菩薩便是該類眾生的代表例子。菩薩行者是具高證量的眾生，並會以利益其他眾生做爲生命中的唯一目標。他們的意向完全會將幫助眾生去體現自身潛力做爲焦點，並以此而感驗到長久的無僞快樂。菩薩行者具備了超凡的慈悲和智慧，並且會將之加以引導而開創出有利於更進一步心靈開展的良緣。

就像一名善用技巧的父親或母親，大菩薩行者能夠清楚辨認得出影響著眾生感驗的業力因緣。他們深具智慧，會隨著不同境況而得知當中的一切潛在可能，並會生起大悲願心去爲度眾生而不惜以任何形式做出示顯。由於其願心極具威力，菩薩行者亦往往會對身邊的眾生產生出巨大影響。

要加以說明的話，我們不妨想像一位心靈導師會怎樣去引導他的弟子。假設有位弟子正對一個重要概念有著理解上的疑問；由於迷惑，他對實相本質產生了各種錯見並且因此而生起了不善業向的流續。該導師深知這種業向最終將導致弟子自吃苦果，出於大悲之心，他便決定要撰寫一篇文章以開導那名弟子。憑著願心之力，這位導師成功完成了那篇文章並將之傳給了他的弟子，該文章因此爲他的弟子提供了一個修正見地以及免生更多苦因的機緣。

當我們細看這個例子當中的業力關係時，便會看到那位導師正是透過自身的業向去對整個情況做出分析，並且生起了願心要去幫助他的弟子。然而不論其願心有多強大，假如他跟弟子之間沒有業力緣繫的話，他的願景也將會無法實現。要讓彼此之間能夠有所交流，則雙方都必須要有某種相同的共業做爲基礎。而在這種連繫的根基之上，導師亦將能夠做出可讓弟子感驗得到的示現。到了最後，弟子則仍須依靠自身的業向去決定是否按照該示現而獲得眞正裨益。究竟是否生起要改變自身習氣的意願，完全取決於眾生本身，不論導師的層次是多麼地高，也只有弟子自己才可使自心改變。

「機遇境域」像是一道時空窗戶，在這裡有各種良緣以助人達成某些特殊果報，譬如像通達實相本質之智慧的培育等。菩薩行者爲了有緣眾生的善益，會透過不斷修整自身的環境而創建出這類境域。在較粗糙的層次之上，做爲這些動作的例子則包括有修建寺廟、撰寫法教典籍以及親自傳授教示等。這些都是屬於創建世俗良緣的範例，眾生亦可藉此而沾得法益。

菩薩行者能夠利益眾生的力量會直接跟其所累積功德和智慧的圓滿程度雙雙掛勾的。當菩薩行者的心識越是細密，就越能夠以更微妙的感驗方式去成辦事業。這亦表示他會因此而開展出廣大宏願，亦即要跟眾生以超於粗糙層次的感驗做出交流。

在這裡，「粗糙感驗層次」所指的便是因爲執著於心中所生顯相，而獲得的那種所謂穩定和清晰感驗。就讓我們以水爲例，水可以被凝結成冰或溶化爲液體，當水做爲冰時是固態的並且可以被用於「雕塑」，我們不妨將粗糙感驗看作爲冰，這時的心是一種單一的凝結或固化形態，而該形態也等於就是我們現下所得到之感驗境域，可以說是因於某類特定業向的直接果報。假如這種業向的力量不變，那麼眾生便仍然會繼續以此單一之主導方式去感驗現狀。

然而這種狀態卻也只是暫時性的。每個晚上當我們進入夢境時，清醒現況的顯相便會消散，而肉身此刻所處的實際景況亦不足以制約所感驗到的夢境現狀。要知夢境就像是冰溶化爲水，相對於清醒時的感驗會顯得較爲微妙以及富有彈性，更加是由較廣層面的業向所造就而成。在此境域之內，一般在清醒時不可能發生的事物亦有可能感驗得到。假如你有機會遇上那些能在夢中知道自己正在作夢的人，他們或會告訴你在那個時候的所謂重力和自然規律等都不起任何作用，甚至是呼吸、飲食乃至時間、空間等亦可變得不受限制。

在此一生當中，我們都會在粗糙與較微妙的感驗之間不斷徘徊。這種情況會一直持續直至我們自身的習氣消盡，並隨著這個現有的感驗境域徹底散去，這個過程會被稱爲「死亡」。此時的心識會完全跟肉身分離，而原本與這世間的連繫亦會斷絕。在沒有現實世界的約束下，我們的心識會安住於一種類似夢境的狀態，直到所有的業向聚集成果並在因緣成熟時，再次投入至另一個全新的感驗境域。

具高證量的菩薩行者會非常了解這個過程，並且能夠透過如此微妙的感驗境域接觸眾生。身處於該層次的菩薩行者會以眾生所能夠感知的方式瞬間做出示現，他們更可藉著合適的業力緣繫而有效地去爲眾生塑造良緣。他們的覺性非常穩定和有力，並且能夠以此而建立起可被任何具有同樣微妙心識的眾生所感驗得到的完整世界。

或者我們可以用「共同夢境」做爲最接近的比喻。菩薩行者在這裡會負責創建出該世間所需要的整體因緣，任何跟這位菩薩有著連繫的眾生亦會因應自身的業向而獲得屬於此處的世間感驗。這類「共同感驗」也只有在所有個別眾生都具備明顯的共同業向時才會發生。

通過這種方式，菩薩行者會運用任何可行之善巧方便，以幫助眾生最有效地體現其自身潛力。當個別眾生的心識變得越來越微妙，他們也更容易受到所相應之菩薩的影響。而當菩薩行者之心力能夠與有緣眾生產生相應時，則在任何一刻都將有無數的機遇境域得以展現。當中固然有一些境域因爲是建基於極爲特殊的因緣之上而只會做出非常短暫的顯現，但卻也有一些較爲穩定並可延存達數百甚至是數千萬年。一處機遇境域的時間界限純粹是由其創建者或創建者們之心力大小而決定。

＊　＊　＊

在接下來的章節裡，我們會先將焦點放在香巴拉和這世間以及其世人的特殊業力關係之上。通過菩薩願力以及眾生自身業向的自然彰顯，我們亦將深入細探究竟和平與和諧的全彩，會如何從我們自身的感驗當中得到展現。假如可以更有技巧地去運用餘生之時間，那麼我們亦能夠透過身處這些難得的機遇境域而有所獲益。

4 化現香巴拉

請用些許時間去想一想你現在所居住的地方。你正身處這個地球上面，這是太陽系的第三行星，而且亦是此星系中唯一（根據我們目前所知）擁有生物的星球。這個太陽系僅僅只是一個廣闊的銀河系中的一小丁點，而這個銀河系更加只是那無數宇宙中的一小部分而已。在那芸芸具備適宜居住條件的星體當中，你卻偏偏生於這顆行星之上，並且不單只是有你，這裡更是數十億人的共同出生之地。

同樣地，我們亦可想像一下現在所身處的時代。我們不是生於史前的尼安德特人年代，亦不是活在遠古文明當時的平民百姓。我們生於這個時代，全部都面對著屬於這個時代的獨特機遇和挑戰。就算我們當中有人會按照新舊世代做出劃分，但卻仍然都是身處於當時當刻的同一地球之上。這一切其實都並非偶然，而是我們各自歷經了多生多世的發展後所得出之業力緣繫的果報。這

| 右頁
香巴拉淨土
此處菩薩淨土的傳統描繪。

些業力緣繫將我們緊密地連結起來，故此不論我們是什麼、屬於什麼身分或身居何處，卻總不能否認大家都是共處於同一時間和空間當中。假如我們對這種業力緣繫有所留意的話，便會發現其實大家都是生活在符合著某類特定條件的特殊時段之內。由於以下條件具足，一處充滿機遇的獨特境域亦隨之生成，並跟那些具備著特殊業力緣繫的人產生相應：

1. **香巴拉淨土已浮現於這個世上：**因這世間的眾生懷有慈愛和大悲的超凡業向所致，那些跟我們身處時空有著業力緣繫的菩薩行者，亦便能以其心意化現成一處充滿機遇的淨土，並且成爲有幸之人去做心靈修行的理想地方。這處境域一直存在至今，而那些具備著相應善緣的人亦將可以得見。

2. **佛陀釋迦牟尼已轉法輪：**公元前七世紀，佛陀釋迦牟尼向世人示現了圓滿證悟的成就，並於五十多年間爲善緣具足的眾多弟子傳授教法。雖然我們並沒有緣分身處當時當地，但佛陀的教法卻仍然流傳至今，並且成爲當今約五億人的真實法道。

3. **佛陀已傳時輪密法：**佛陀當年爲回應香巴拉法王之請求而以報身形態親轉密續法輪，所傳授的則是密續之王——吉祥時輪密續。如此廣大而深義的教法在香巴拉淨土被珍存了約一千七百年，直至後來傳入印度，然後被引入至我們的這個世間，接著便在藏地流傳，更於現今被廣傳至世界各地。

這三項特殊因緣並不曾見於其他多重世界的任何一個時空當中，因此能夠擁有善業而身處可以接觸此法之人可謂十分幸運。透過時輪教法，我們將會對香巴拉的存在有所認識。而通過對香巴拉產生認知，我們不免就會生起想要投生該處的願心，故此亦不禁會受到要修習時輪金剛之啓發。投入時輪參修不但會讓我們創建出可以親歷香巴拉世間形態的業向，最終更能夠獲得其了義或究竟本質的終極感驗。

時輪金剛提供了能夠讓人巧妙地去掌控業力的法門，因此生於這個世間的人亦可依靠此法門讓心相續得到開展，並獲得香巴拉的和平與和諧感驗。跟其他形式的淨土稍有不同，要與香巴拉建立起連繫不能只倚靠不受動搖之信心，而是必須要藉著能夠生起特定感驗的行爲做爲依歸。對有業緣修持此法的人，這種成果的肯定性使時輪金剛特別有威力。

香巴拉的展現方式

正如之前所述，實相的究竟本質和香巴拉的究竟本質其實都是同義的，它們純粹是指向同一面向的兩個不同稱呼而已。由於一切現象都是源於這個究竟本質，故此我們亦可認爲所有現象的體性跟該本質都是一致的。這也表示以安住於香巴拉終極境界的證悟心性而言，所感受到的任何現象都會是沒有分別的。

因於這個緣故，當我們提及到香巴拉的展現方式時，便亦必須記著所指的「展示方式」其實只是針對眾生的一種解說方便而已，也只有從眾生的角度出發才可讓我們認識到不同感驗境域之間的分別所在。縱然不同境域會有粗糙、微妙等的層次分別，但它們卻都是同一潛藏本質的不同示現，而每個境域亦都會各自存在著能夠讓人深入了解實相的非究竟法道。

爲了讓大家能夠理解不同的感驗境域究竟會跟香巴拉如何相應，我們會使用到兩類針對這種本質之不同面向的解讀方式：

1. **非了義解讀**：該組別所代表的機遇境域主要是以創建出心靈修行的因緣爲主。這類帶業淨土是有助於行者在修道上前進的臨時國度。而非了義的意思則在於，當行者達至某種程度的證境時，他們亦不再需要依靠這類「修行之地」，並且可完全離開對其之依賴。

2. **了義解讀**：第二組代表了徹悟到香巴拉的究竟本質，並且以如此特殊良緣做爲重點的淨土領域。這類淨土的性質是短暫的，並且需要擁有相當的修行證悟水平才會達至得到。行者可透過這種境域而獲得極盡微妙的心識狀態，並以此去圓滿其功德和智慧資糧的累積及成就圓滿證悟。

在以下組別所涉及到的範疇裡，我們或會將一些境域名稱跟佛陀的三身（化身、報身、法身）連繫起來。這樣純粹是爲了標示境域微妙程度的一種方式而已，故此亦絕不應跟不同層次的證量有所混淆。若是對三身概念感到陌生的話，則不妨先在其梵文的意思上去認識，它們其實只是已證悟心性在面向不同眾生時的示現形式，分別爲法身（自性身）是實相在佛陀心性當中所展現的形式，報身（受用身）是具高證量菩薩行者所感受到的形式，而化身（應化身）則是其他眾生所能感驗得到的形式。

非了義香巴拉

假如我們把非了義香巴拉也考慮在內的話，便可分辨得出香巴拉如何在粗糙和微妙心識層面展現。正如前章所述，眾生的心識越是微妙，他們的感驗就越具可塑造性。這種心識彈性會容許菩薩行者的影響力得到施展，並因此而能夠締造出更加適合於修行的各種條件。然而假如只是處於粗糙層面的話，我們的心識仍會是過於粗略和僵硬而無法有效地對之加以塑造，故此時所能體現到的香巴拉也只會是局部性的。我們因此將無法感驗得到香巴拉的完整光彩，而只有它的部分面向而已。

香巴拉機遇淨土

第一類淨土境域是屬於一般人都可感驗得到的層次。在此最基本層面當中所包含的是以慈愛和悲心爲根本而獲得的任何感驗，譬如當兩個人以眞誠相愛和互相支持的關係而分享的和平與和諧，因爲愛和悲心共存，和平與和諧便得以自然生起。這種特質亦是香巴拉的精要面向所在。

在更進一步層次，和平與和諧的產生基礎則是建立在心靈法道之上。在這裡我們並非只是針對時輪金剛的參修而已，任何以愛和悲心爲根本的正統心靈法道，其實都可讓人培育以及修出和平與和諧的特質。這類法道爲愛和悲心的開展提供了善巧方便，同時亦會讓更多人體會到與我們同樣的和平與和諧感驗。而事實上讓此範疇得到擴展的話，亦會跟香巴拉的全貌體現非常接近。

隨著越來越多人投入至正統法道，愛和悲心這兩種特質所能帶來的影響亦會越來越大。漸漸地不同組別人群之間的隔閡便會逐步消除，而人和人之間亦會以更基本的感驗層面去產生出相應連繫。這種對於彼此共同本質的認受，亦即香巴拉不帶歧見的特質所在。

當每一個人經由串習而在這些面向得到增強之後，整個社會的價值觀亦會產生轉化。自此以後，人們將不會再做出任何帶來痛苦和紛爭的業行，而是會把焦點放在創建和平與和諧的善因之上。這樣或者可以被視爲無明跟智慧之戰的轉捩點，當關鍵的群體形成之後，讓智慧更進一步增長的大門亦會得到開啓。假如一個社會能夠擁抱這種智慧的話，它所產生的慣性動力也會不斷地受到循環推動，並在最終成就一個人人都彼此相助的眞正覺悟群體，而這種群體亦是香巴拉在統合各個面向之後的整體面貌。

到目前爲止，我們所談及的還只是屬於粗糙的感驗境域部分，當中的生老病死仍然是在所難免，而我們此刻所要面對的問題也會繼續出現，但是當中的分別則在於通過智慧之力量，這類社群會以利益所有的人而不只是某部分人的方式去處理問題。這樣的社會會在環境和人文這兩方面取得平衡，並且會免於任何戰爭和人爲災難。當世界達至和諧，則每一個人都會擁有認清自身無窮潛能的自由度，並且將以追求無僞快樂做爲自身的人生方向。儘管這類社會跟微妙層面之香巴拉相較仍然相距甚遠，但在粗糙層面而言則是很多方面都已經算是達至和平與和諧的極致境界了。

香巴拉化身淨土

機遇境域是以菩薩願力及眾生業向做爲基礎而造就的。在微妙層面而言，具高證量的菩薩行者只會受到其自身的創意程度高低所局限，故此若是要爲令眾生心性得益而去創建出任何所需善緣的話，則也是可能的。香巴拉化身淨土便是屬於這類境域的例子。

在之後的章節裡我們將會看到，香巴拉在剛開始時的微妙程度其實並不如今，當初它亦同樣只是處於一種非常粗糙的狀態。但因長年累月受到時輪教法所影響，隨著時間演進也就轉變成如今之形式，當今的香巴拉實際上便是時輪密續備受廣傳的直接成果。在二千五百多年的歲月裡，這兩者的連繫一直不斷增強，而時輪法道亦逐漸成爲能夠讓人感驗到香巴拉之特殊展現的最有效和最直接方式。

對於某些人來說，香巴拉化身淨土可能只是神話故事而已。這些人或許也會相信自身亦擁有同樣的潛能力量，但卻因爲抱持著極大的懷疑態度而無法生起穩固信心。而當我們對香巴拉在信心上和認知上皆有所不足的話，能夠眞正感驗得到這類淨土的機會亦會變得微乎其微。

若要克服這種迷障，我們就必須得生起信心和明見。我們當然可以倚靠概念認知去建立起信心，但更有效的方法則是透過親身感驗而獲得。修習時輪金剛固然會讓我們開始看到這個教義的其中智慧，如此我們亦會更加深信因果業力，並理解爲何像香巴拉這類的淨土會是可能存在的。而就在對其相關解述感到熟悉的同時，我們亦會更加清晰地認識到它的全貌。藉著這種明確見地，我們便會自然地將香巴拉跟菩薩行者的願景連繫起來，繼而在我們的微妙心識當中創建出所需良緣，並隨之而感驗得到這類機遇淨土示現其中。

請讓我們再回到之前的繪畫例子。試想有一個繪畫班，並且有多名學生站在各自的畫板前準備作畫，老師會爲他們簡述一個景象，首先是全面地描述所有主要元素，接著便是詳述如何營造出內容特色的所需細節。學生們若能捕捉越多細節，則所畫出的內容便會越接近老師的描述所指。然而儘管每位學生都畫著同一內容，各人的畫風和表達方式卻未必相同，故此每幅畫作也會因此而各具不同特色。

在該例子當中，畫班老師就像是香巴拉的歷代菩薩君王，而他們的故事亦即我們透過時輪教法所解讀到的香巴拉歷史。每位學生會因應自身業力而對故事做出不同演繹，以及繪出各自的心中畫像。便是如此，假如我們也想要獲得香巴拉之眞切感驗的話，首先需要做的就是去聆聽一些它的故事：

香巴拉的地理環境

整個香巴拉淨土的四周皆被不可穿越的高山屏障所隔。這些山壁極爲高聳，我們這個世間的最高山峰若與之相比亦可以說是望塵莫及。山壁外圍地勢陡斜，極爲荒涼並且滿布亂石，所處位置越高就越是寒凍以及風雪交加，而任何的生命跡象亦是難以見得。縱然只想在稍低之處立足，似乎也是絕不可能。

若是能夠越過那有如堅晶一般的山壁頂峰，接著向下行經一段岩質斜坡之後便會走入一片茂密山林。穿過叢林就會赫然發現那連綿山頭之上竟然遍布村莊，而從當初那山壁外圍的冰寒絕境來到此處卻變成了溫暖怡人的世外桃源。這裡的空氣非常潔淨清新，讓人呼吸其中便感到活力無窮。這裡既沒有太陽也沒有星宿月亮，但整個地域仍透放著一股溫暖光芒並且照耀這個國度。光輝會被山壁和雪峰反照而成爲耀眼的舞動虹光，奪目耀眼就有如我們在南北兩極的天空中所能看見到的極光彩環一樣。

假如對整個國度做鳥瞰的話，我們便會看到有八大分區以環形方式包圍著中心都城，就如輪輻和輪軸一般。這些分區各有環河並且以群山做爲天然分界。有別於淨土的外圍山壁，這些山界皆是翠綠滿盈並見村莊處處，讓人可以悠然遊歷其中。儘管每座山村各有自身之獨特地貌，但它們卻全都同樣地遍布草原和樹林。各個山區皆有環河圍繞，而河流盡頭每每會見到湖泊處處。近看湖水晶瑩透徹有如甘露，遠觀則見天然美景盡入眼簾。

整個國度亦不乏各類珍禽異獸，全部皆由菩薩行者化現而成，莊嚴這處淨土並因此而散發出迷人光彩。這些珍禽異獸全部都溫順平和且和諧共處，從來不會挑起任何殺戮或鬥爭。山谷到處更有美妙雀聲，讓聞者感覺舒暢並且心有啓發。

那連綿山村除了綠草如茵之外更是香花遍野，宛如蘭園。肥沃的土地更自然長出數之不盡的新鮮果菜，全都無需讓人刻意培植或打理。不論身在境內何處，豐足食材總是隨意可得並供人享用。

淨土的外環分爲十二邦國，皆由地勢自然劃分而成。每個邦國的住民亦皆自給自足並且樂於分享彼此資源，故國與國之間亦不會發生任何戰亂，大家皆和諧相處。

這十二個邦國各自都有一千萬座城市，每座城市和周圍郊區的發展亦不會有任何失衡。每個城市的建築皆由當地居民因應自身之業性而以願心所建立，因此所有城市都充滿活力並且各具自身的獨特風貌和文化色彩。

淨土的中心地帶是一座四周皆由村莊所包圍的高聳巨山，稱爲岡仁波切。假如登上這座高山的話，便會穿過由幾個不同層段所組成的林帶並在最終到達一片高原，而這高原的中心即是香巴拉首府迦拉波城的所在之處。

迦拉波城的周邊有兩座蓮湖以及數之不盡的樂園綠洲，而該首城所獨有的萬花排列和超凡景觀亦跟整片淨土的其他城市有所不同。來自香巴拉各地的閉關行者亦會因爲這裡的獨特環境而長住靜修。

隨著迦拉波的大路一直螺旋上行便會到達王宮，沿途的建築亦會越見宏麗，皆以無數珍寶飾物莊嚴而成。當去到大路盡頭時就會看到王宮大閘，亦即歷代香巴拉君王的家門前處。

王宮的外牆繪有一幅幅史詩式的壯麗壁畫，爲觀看的人訴述著歷代全知法王們的動人事蹟，以及香巴拉經由時輪之力而逐步產生演變的進程故事。王宮的中心是吉祥王殿，殿中安放著三十五位香巴拉王的等身造像，當中就包括有曾經統領前期王朝，以及將於後世陸續出現的歷代君王。王座之後豎有一尊巨型的二十四臂時輪主尊造像，跟雜色佛母雙擁而立，屬於光明壇城之內的其他本尊亦以巨型畫像之形式懸掛於拱形天頂。任何進入至該主殿的人皆會被其展示出來的不變大樂和無窮妙處所觸動並深感震撼。

香巴拉的社會形態

若想要投生至香巴拉，我們就必須透過緊密的心靈修行從以生起所需之極大功德。故此假如有人能夠生於這處淨土的話，在其前世之時亦必定是已累積了海量善德。最顯而易見之處，便是他們皆有著慈悲爲懷的強大志向。

縱然人們仍然會以胎生方式生於香巴拉淨土，但跟俗世不同的是，母子倆在生產時皆不會感到痛楚。該處的雙親會非常愛護自己的親生兒女，但卻不會把孩子視爲己有，亦會對其他非親生兒童都視如己出並且平等看待。故此當地的家庭概念主要以鄰近程度而不是血緣關係爲主，只要孩子有需要，任何成年人都會毫不猶疑地給予哺育和支持。

在孩子還年幼的時候，他們就會接觸到其所屬地區的特有心靈觀點。雖然整個香巴拉的修心法系都是出自於時輪金剛，但相應於各個地區的專修法門卻會根據當地民情而有所不同。至於是生於香巴拉哪一處則會由嬰孩自身的獨特業性所決定，故此其所遇上的心靈修行法門亦必定會是最跟自身匹配的。

由於本身已經具有高度開展的心靈特質，這些孩子亦會於其所屬的法道之上進展神速。就像從前曾經學過騎單車一樣，他們現世所學習的其實在前世的時候已經修過，故此在小小年紀便已能夠生起甚深禪定。這類高階的心靈境界會賦予修行者們各種不同的世間悉地，譬如能夠行走千里於瞬間，或是能夠展示各種各類的靈能技巧。

正正就因爲在衣食及居處上皆豐盈充足，故此一切唯利作業或財物交易甚至任何市場或經濟活動亦無有需要。人們只會將全副精力投入在心靈潛能的開展之上。

在這種環境當中，人身會被視爲非常神聖並且是幫助成就圓悟的重要工具。肉身的存在並不是爲了滿足貪欲，而性愛本身亦是一種可以被善用並且能夠利他的建設方式。人們不會對性愛感到羞恥，但同時亦不會對其有所貪執，相反更會對此尊重看待以及將之視爲心靈發展的一個重要面向。

身處這種文化當中，社會領袖們皆不需要制定法律去約束人民，同時更加不會以強權做爲管治手段。淨土內的九十六個邦國各有一名總督做爲人民的心靈典範並且擔當國民導師的角色。他們皆擁有高度證量，並且能夠展示其心靈修行之力而勝任其位。這些賢士便像閃耀光芒一般能夠驅除周圍的一切黑暗，讓民眾可以藉此而看清那蘊涵著更深義眞諦的前方道路。

儘管每位香巴拉人皆是生於不同邦國，但他們卻不會執著於自身的地域文化。每當時機成熟，他們便會開始遊訪其他邦國，並且透過從中學習而使自身的修行境界得到提升。人們之間的關係基礎並不是以原屬地區的社群爲主，而是緊密建基於彼此之間的心靈發展相應程度。故此在這裡的一個典型「家庭」當中，所謂的家庭成員大多都是共同修習同一法門的人們，儘管大家所來自的邦國或許也各不相同。

至於另外一種較爲普遍的關係形式便是師父和弟子。香巴拉淨土內的每一個人都認定具較高證量的行者同時亦身負引導較初階行者的責任。因爲沒有互相競爭的情況，每個人都會齊心協力去幫助他人開展其自身潛力。正正亦因爲整體的慈愛和悲心已經達至甚高水平，所以彼此之間的信任也會較易生起，而不需害怕會有受到利用或操控的情況出現。

每當行者在修道上有所進展時，他們亦會逐漸從邦國外環移向淨土中心，情形就像百川流向汪洋，每人最終都會去到岡仁波切山下。沿山而上，他們會經過愉林並且領受進入時輪光明壇城的灌頂。透過時輪六支瑜伽的超脫修法，他們會進入到迦拉波城內以及親身聽聞香巴拉王之教示。在此，他們將感驗到時輪金剛之眞正面貌，並繼而徹悟到香巴拉的最究竟展現形態。

讀到這裡，你或許會覺得某些描述好像看似有點荒誕，譬如當中提到的關於該境域的廣大範圍以及奇特地貌等等。像我們這個世間又怎麼可能會有如此地方存在呢？這個地方和當中的人到底是否眞的存在？爲何我們由太空向地球探看的話卻不得而見呢？諸如此類的問題之所以會冒現，全是因爲我們自心都把對事實的僵硬理解蓋過那微妙心識的彈性本質所致。若要克服這點，或許便應想一想該如何使用另一種方式去理解以上所提及的種種問題。

不妨先想一想那些不可能被穿越的山脈，其實就像是隔絕外間世界的屏障。這些山屏表示香巴拉並不是能以粗糙的心識去感受得到的，假如不能把自心跟物質之約束分開的話，便無法進入香巴拉。也只有通過微細層次的心識，才有可能對香巴拉的微妙示現有所感驗。

其次可想一想香巴拉被劃分成不同區段的意義所在。就在我們已超越物質約束並進入至香巴拉的同時，這些區段亦不應被視爲純粹的地域面貌；它們或可被想成是空間上的分域，但若認爲是按照不同業力而劃分的話則似乎更加貼切。要記住香巴拉其實只是一處業力境域，在這裡的每一個人都會因應自身業向而對所謂的現實有著其獨有的感驗形式。假如將不同的境域感驗按照相似程度做出歸納的話，便會發現當中的扇區可以組成區段然後形成邦國，並在最後成爲各個城市。這種自然呈現的組合性質，確保了每一個人都會受到最能夠爲自己提供協助的人所圍繞。

最後可以想一想迦拉波城和香巴拉其餘地區的關係所在。迦拉波城高聳屹立於其他邦國，便表示在本質上會是更加地微妙，如以此角度去看，則所有道路最終都會通往中心區域。我們不妨將那些外圍區段想成是非了義教法的代表，是讓人可進一步靠近了義的臨時階段。當我們在邁向王殿的同時，自身感驗的微妙程度也會有所提升並且看到究竟心性的更多展現。正是如此，香巴拉的地貌結構其實亦即心靈進程的一種反映。

這些範例都是讓我們以更具彈性和更富意義的觀點去看待香巴拉化身淨土的不同方式。要記著此處淨土是菩薩行者憑著無盡悲心所創建的，只要合適因緣到臨，要對當中所述有所感驗的話其實亦非不可能。

了義香巴拉

以非了義香巴拉爲道，我們會逐漸遇上更多投入正統心靈修行的相應良緣。透過正確參修，我們便可清除那些妨礙我們證得究竟本性的重重業障。這種淨化自心的過程可以被視為前行工夫，是讓我們能夠悟得了義香巴拉的準備基礎。

根據時輪金剛所述，了義實相會於二元分別心識開始消解的一刻冒現。在這時候，禪修行者會體驗到了義的兩個面向，並可以此做爲穩育悟境的根基：

1. **空色**：就在二元分別心識變得越來越弱的時候，實相的眞正本質亦會逐漸在感驗當中清晰展現。行者會感悟到究竟本性實際上並非完全虛無，反而是充滿著無限可能。在這裡，「空」所指的是完全清空一切針對實相的概念投射。而「色」所指的則是彰顯其中的證悟特質。換句話說，這亦便是實相不受任何約束時的如是展現。

2. **不變大樂**：感驗當中的每時每刻都會有著一種徹悟實相的覺知伴隨冒現。對於一般眾生而言，所感知到的會是因執持錯見而產生的對於實相的扭曲感驗。在二元分別心識被清淨之後，覺性對執持就會越見減少，如此奇妙的不執心性會被感受爲越見強烈的大樂層次。「不變」所表示的是一種完全擺脫任何形式執持的本覺，故此亦不會爲任何心中所冒現的顯相所動搖。

我們必須要知道，僅僅單憑某次的證悟一刻其實並不等於就是獲得圓滿成就。直接證悟在本質上是短暫的，故此我們亦會需要一個串習過程，將悟境完全融入至自身的感驗當中。每當行者遇上證悟一刻的時候，亦即等於獲得了一次超脫良機。假如能夠安住於這種感驗的話，那麼我們便可藉此而清除最微細的習氣痕跡，並讓更深義的體驗層次得到展現。憑著不屈毅力，行者最終也必將把所有業障徹底清除，並讓自性以圓滿證悟的形式示現。

知道這些以後問題也會接著冒現，譬如像「我要如何才可以感驗到了義實相呢？」這裡有兩個重點方法：

1. **自然證悟**：每個眾生在一生當中總會遇上二元分別心識消散，而極微妙光明心性自然顯現的特殊一刻。假如行者能夠對此極短暫機會有所覺知的話，那麼便也可以將此做爲證悟了義的一次良機。

2. **模擬證悟**：除了等待消散過程的自然發生之外，我們亦可透過某些高階禪修法門去締造機緣並以此模擬同樣的消散過程。這類法門雖然需要行者付出相當努力去修練自心，但卻也因此而可間接獲得非凡的掌控力量，並讓行者獲得能夠證悟究竟心性的更多機會。

模擬證悟可以通過正統心靈法道的修練而得，但自然證悟則只會在今世和下世的轉接過程當中發生。對於沒有修過心法的人而言，便會因爲沒有任何掌控力量或覺性的緣故，當在發生消散過程時一般都會是毫無知覺的，故此亦不可能有獲得證悟的機會。如要善用這個時刻，我們便必須先開展出在臨終時刻仍可以於整個消散過程中保持覺知的能力。

我們之前談到非了義的時候，是先由粗糙層次開始繼而慢慢移向至微妙層次的。然而在描述臨終過程的情況時，則會先由了義香巴拉的兩個最微妙展現開始。

臨終時刻的香巴拉法身淨土

在臨終時所有人都會經歷到一個消散過程，在這時候我們的身體會停止運作並且不會再支援心識感驗，而心識接著亦會跟隨肉身分離。對於某些人而言這個過程可能會以突變形式發生（譬如突然死於車禍），但對大部分的其他人則是一段漫長的消耗感驗（譬如經歷長期病患而最終病逝）。姑且勿論這個過程實際上會有多長，其結果卻始終如一。

首先，心識跟粗糙肉身的連繫會解散消失，以當今的科學說法會稱之爲臨床死亡。但站在佛教的角度而言，這卻只是死亡過程的初始階段而已，並且也認爲此時絕對不應觸碰亡者，而是必須要等到整個消散過程完畢爲止。

在粗糙層面的消散過程完畢之後，亡者的心識接著會跟其微細身，亦即原本在極微妙層面支援自心概念產生的能量身解開連繫。就在這股能量停止流動之時，亡者的二元分別心識也會自然消散，這個消散過程的完結同時亦表示眞正的死亡已經完成。對大多數人來說，這樣的整個過程可能只是一種「昏黑」的感驗而已，此時自心會像是純粹失去意識並且對所發生的一切毫不察覺。

但是假如能夠在這個過程中保持覺性清晰的話，那麼就算在二元分別心識剛剛消散的一刻便會成爲我們自然證悟的短暫機會。就在這個時候，除了覺性自身的不變大樂之外便再沒有其他任何事物可以顯現。如果可以將覺性安住於此時此刻對實相的確知之上，那麼亦將會感驗得到臨終時刻的香巴拉法身淨土。該處亦即圓滿和諧自然生起的究竟和平境界。

香巴拉報身淨土

法身淨土的顯現極爲短暫，在整個消散感驗當中只會是一閃即過，而大多數人亦會錯過這個解脫良機。緊隨其後，微細能量身跟二元分別心識將會再次生起並且生起連繫，情況就像從無知覺狀態清醒過來並發現自己處於一種如夢境界的過渡時期。這時候他們不會知道究竟曾發生過什麼，只是一直在不同的夢幻世界之間不斷徘徊，直至最終遇上合適因緣，然後再進入另一次的粗糙層面投生爲止。之後，他們的微細身亦會去跟將要投生成爲眾生的粗糙肉身再次結合。

對於曾在生前做過空色修練的人而言，這個過渡時期亦等於證悟了義香巴拉的第二次機會。我們不妨將這個臨終過程以一個反彈皮球做爲比喻，當皮球落下之時就跟臨終的消散過程一樣，而非二元心性顯露的瞬間就像是皮球觸地的一刻，此刻過後也就是皮球反彈上升的餘下過程。

至於能否善用這個過程，完全取決於我們在感驗時所能保持醒覺的程度高低而定。當我們的覺性越高，這個過程的發生便會顯得越是緩慢，情況就像使用超慢速度播放皮球落下觸地的一刻。你將看到在那非二元心性的空間裡面有各種不同形式的光芒顯現，正因爲二元分別心識還未形成，你會擁有能夠認清這些顯相皆爲空色的短暫時刻。假如不對這些形相有任何偏執並讓自心安住，那麼你將會自然獲得香巴拉的報身淨土感驗。

這類淨土屬於由實相本質所展現而得出的非二元感驗。在此境界當中，所有形相都會被感驗爲本尊形態，所有聲音都會是密咒顯現，而所有念頭則都是清淨智慧。這便是時輪證悟壇城的自然彰顯，亦即眾香巴拉法王等具高證量聖賢所感受到的實相形態。透過空色之方便法門的修持，這類淨土亦會是圓滿和諧的究竟展現。在此和諧境界當中，自心亦會自然感驗得到圓滿與和平。

如何具體展現香巴拉

至此，相信我們應該已對香巴拉的各個展現層次有了一定認識，所以我們此時便也可將重點放在那些能夠爲獲取證果而創造出因緣的具體方法之上。或許能開展出香巴拉不同面向的心靈法道多不勝數，然而卻唯有時輪金剛才是能夠爲我們提供全面方向的修行法門。

在我們這個粗糙的感驗境域，時輪之道是屬於佛陀教法傳承中的一個部分。正因如此，香巴拉的首個層次亦可藉由前述三部行止守則的佛法修持而達至。透過修習非暴、利美哲學以及淨觀，我們將可爲那眞正能夠於自心綻放的慈愛和大悲創造因緣。隨著正面的影響力量觸及至身邊眾人，我們最終也能夠在自己的家庭、社區、國家甚至是整個地球之內，將更大的和諧做散播推廣。

假如我們能夠以認識和平與和諧的原理做爲基礎，並且透過熟習時輪教法以及投入時輪實修而創建出強大業力緣繫的話，那麼當覺悟社群在此世間得到展現之時，我們亦會同時獲得可以投生該處的因緣。涉及到這個層面的修行方式包括參與時輪灌頂、研讀時輪大師們的生平故事，甚至是進行時輪前行的禪修。越是能夠投入修行當中，所相應的業力緣繫也會變得越加強大。而當業力緣繫越是強大，能夠感驗到成果的確定性亦會變得越高。

如想投生至香巴拉化身淨土的話，你便會需要爲創建出兩種特殊因緣而付出努力。第一，你必須要對傳統描述之香巴拉淨土的極致概觀非常熟悉。這種熟悉程度將有助於你塑造臨終過渡時期的感驗，並以此成爲引導你去到香巴拉的強大因緣。而第二種就是要實修時輪六支金剛瑜伽。透過這個修法會對自身的微妙心識有所薰習，這種薰習程度將會使你避過粗糙層面的投生，並且讓香巴拉淨土得到自然展現。

若能在六支金剛瑜伽的各個啓始階段都達到精通水平的話，你將可開展出足夠的覺性並能夠善用自身的臨終過程，從而達至香巴拉報身淨土或香巴拉法身淨土的成就。假如能夠把此覺性跟面對臨終過程時的強烈熟悉感覺相互結合，那麼你將更易獲得這個層面的自然證悟。至於會有多少成功機會，就視乎你對空色或不變大樂修法的精通程度而定。

最後，假如能夠奉獻一生做時輪參修並對六支金剛瑜珈達至完全精通的話，你亦將在此一生當中成就到了義香巴拉的模擬證悟。透過令空色和不變大樂圓滿統合，你也將會完全不受自身業風所制，此時的佛性會得到完整展現，並能夠讓我們達至眞正無瑕的和平與和諧。

＊　＊　＊

對於某些人而言，當讀到這些不同淨土的描述後，可能會覺得跟自己的現世生活毫不相干。或許你會認爲自己不可能會達至這裡所提到的任何一項成果，又甚至會對這些概念感到抗拒，覺得只是屬於一部分人的專利而已。

當然，相信大多數人都不可能在其一生當中成就到最高證果。然而這並不表示你的努力會白白浪費掉。在每一個實修的過程當中，你亦必然已經播下能使任何一種成果得到展現的種子。不論你是處於心靈發展的哪個階段，總可以提步向前，不需要等待其他人爲你帶來改變，亦不需要等到合適條件到來才做出改變。爲了追求無僞快樂而做出實際行動是絕對不需任何拖延的。

假如你不做出任何行動，我也保證你必將一無所獲。然而如果你能夠爲了要創建香巴拉因緣而付出努力的話，那麼我亦將確定你的時間必定是用得其所，而所望成果遲早也會熟透結成。因此絕對不要等待，並請好好善用這個難得的良機。

5 香巴拉的演進

業力的作用通常並不會立即發生，而是需要時間讓其得到展現。由業向的生起直至到成熟的那一時刻，或許會需要經歷千生萬世。而當業果越是複雜，也就需要越多的適當因緣去匯聚配合，故此要讓相應感驗生起，其實絕不容易。

假如我們細想自身所處的感驗範疇，或者會對自己能夠生於當時當地而感到極爲幸運。香巴拉教法現今正開始向外傳播，而在我們的歷史當中，這也是頭一次讓人看到完整的時輪法道能夠接觸到世界各處。如此不但提供了讓我們可跟該法統建立起強大業力緣繫的奇妙機遇，更重要的便是我們亦可藉此良機將這些教法付諸實修。這樣的話，我們便會爲香巴拉的極致淨土感驗創造出善因良緣。

然而這種成果將會是如何展現的呢？是不是菩薩行者只須拍一拍手就會令一切得以完成呢？絕

對不是！要創建出如香巴拉淨土這般複雜的機遇境域絕不可能是在一夜之間成事的，而是需要用上數百乃至數千多年去聚合所有特定的因緣，並且讓眾生能夠以此方式感驗到該淨土的實境存在。

在本章節裡，我們將探索香巴拉在過去數千年間所經歷過的轉變過程。如果可以對這種演變有著更多理解，那麼我們亦能夠找到讓這種感驗成形的關鍵所在。按照此角度來看，香巴拉的歷史實際上亦是一幅有跡可循的發展藍圖，我們更可將之做爲改變自身所處社會的參考或借鑑。

香巴拉的源頭

香巴拉極致淨土原本並不像如今這般的微妙機遇境域。在剛開始時，它跟其他處於同一時期的王國一樣都是粗糙的實體國度，然而跟其他王國相比卻有一些獨特之處，那便是該國國君實際上也是一位具高證量的菩薩化現。這位菩薩在無可估量的生世當中便曾生起了極爲深厚的業力緣繫，跟眾多甚具慈悲業向的眾生建立起了深厚的連結。在這位聖賢菩薩的奇妙影響力的作用之下，香巴拉王國最終亦在世間和心靈這兩個層次上獲得了璀璨展現。

香巴拉原是位於中亞地區的某個位置。正如我們之前看到的所有跟香巴拉有關的民間傳說中，大部分都會提及一處貌似印度北部或西藏西北部的地區，這樣或者表示史前時期的香巴拉應該是位於眾多興起之遠古文明的中心。假如我們將香巴拉所處的地理中心位置跟其君主的和平統領形式相互結合，便會發現能夠吸引到眾多不同人士匯聚該地其實也是合乎情理的。由剛開始的單一遷徙部落，過不久便擴展成了九十六個環繞村莊。那些遷入至香巴拉的族群全部都是來自周遭地區，而所引入的亦都是各個部落本身所特有的文化和信仰體系。在香巴拉君主的耐心引導之下，這些不同文化全部都能夠和諧共處。故此該處便成爲極繁榮的地區，並繼而促進了連帶區域的巨大發展和增長，眾村莊逐漸變成各座城市，而每座城市亦漸漸被更多的新建村莊所圍繞。

香巴拉君主會從各個地區選出一些甚具證量的賢士做爲當地的民眾領袖，這些深具悲心的總督們會極力地施行善法，令使國民深信因果業力並且免入思想歧途。由於人人都不會互相競爭以及持愛爲懷，一個能夠給予國民安全護蔭並且可以讓自身潛力得到最大發揮的環境，亦因而得以成功造就。

時輪金剛的引入

如是經歷了幾個世代，香巴拉亦持續了一段長久時期的眞正繁榮興盛。當其時的香巴拉君主名爲月賢，本是十地菩薩金剛手的化現，他深信當時的香巴拉國內有很多人已經具備了能夠接受了義實諦教法的條件。

儘管月賢王本身的證量極高，但卻清楚知道業力的無窮複雜性質是他所不能夠完全理解的。也只有佛陀因已圓滿所有功德及已清除一切所知阻障，而能夠爲眾生明辨一條清晰法道。若要克服最爲微細的所知之障並讓實相究竟本質得以展現，月賢王就必須從一位圓滿覺者之處領受教法。

月賢王透過天眼神通極力找尋這位覺者，最終發現了在印度聖地成就圓悟的悉達多喬達摩。當時正值釋迦牟尼佛陀以一般人所知的出家僧人外相示現，並且身在王舍城外的靈鷲山上處於入定之中。就在佛陀心性融於了義實相的期間，他亦同時以各種不同的方式示現並讓有緣弟子得以受益。

對於那些身在靈鷲山上並且同時處於定中的高證德阿羅漢以及雲集四周的登地菩薩們而言，佛陀當時是以心感心在啓導著觀自在菩薩，同時也在爲眾人傳授般若波羅蜜多之經典教法。因應聞法者的心識微妙程度各有差異，所領受得到的教法也會稍有分別，故此也就得出了八個不同版本，包括有長至十萬偈句的版本以及短至三百偈句的版本不等。

然而即於同一時間，佛陀其實亦以更加微妙的心識形態在印度南部做出示現。在功德山大佛塔之內，佛陀的法身心性化現成爲本初佛的形態，並且透過其金剛喻定而展現了整個圓滿的吉祥時輪壇城；而月賢王當時也就是向此形相做出了請法的祈願。

月賢王和九十六位總督們一同進入了甚深禪定，並且藉此而神遊至印度南部以及在佛陀面前現身。就在眾多菩薩、天人和其他微妙眾生同時共處的當場，月

| 左頁

法王月賢

將時輪密續引入至香巴拉。

賢王便親自恭請了佛陀示轉密續法輪，教授能在一世當中證得了義的甚深法門。

出於無盡悲心，佛陀答應了月賢王的恭請並向他傳授了極爲珍貴難得的果乘教法。透過時輪主尊正面直接口傳，月賢王和眾總督們亦同時領受了本初佛的一萬二千偈頌。如此廣大且具深義的教法所代表的就是一部法門汪洋，任何人只要得到引領，便能夠獲得究竟實相之最深入層面的超脫感驗。

針對那些未能全然理解到該教法之博大精深的弟子而言，佛陀亦因應他們所需而透過時輪主尊的其餘三面去授予一系列的非了義密法。便是如此，四部密法因而得到了完整呈示。

就在佛陀完成教授之後，月賢王和眾總督們的元神也都回到了香巴拉國而後出定。月賢王隨即便將所領受到的教法全部記錄下來，而該典籍也就是眾所周知的時輪根本密續，亦即《尊勝本初佛陀》。

爲了要將時輪教法傳遍香巴拉，月賢王深知在剛開始時就必須先打好根基。在其國民可以開始修習根本密續中所描述的法門之前，需要由他本人先親自傳授灌頂並且引領眾人進入證悟壇城。因此之故，月賢王便開始在迦拉波東面的瑪拉雅愉林園修建一座巨型的立體壇城以做爲眾人之啓示。

他在鑄建的每處細節都用了最精緻的材料，並且用珍寶飾物加以莊嚴。當這座壯麗壇城的第四層完工之後，他更按照根本密續的描述而精製每座本尊造像並且安放其中。憑著對教法的堅定熱誠，他之後也用了極大的心力去檢測整座壇城，確保當中沒有絲毫錯漏，能夠無誤地將時輪證悟之身、語、意和本智做出完美呈現。

這座憑著精心和鉅力所籌建的壇城宮殿最後終於完成。月賢王首先舉行香巴拉王室的首次灌頂儀式，來爲該壇城做加持開光。所有來至迦拉波城以及其他九十六邦國的民眾也都齊集於此，並從月賢王處領受了殊勝的祝福加持。透過是次儀式，眾參與者亦獲得了所有能熟灌頂，並且可以開始將教法付諸實修。

月賢王深知除了某些擁有極高證量的菩薩行者之外，根本密續實際上對一般人而言卻是難以理解的，故此接著便親自撰寫了一部註釋，來爲根本密續的每行內容做出解說。藉著其廣闊視野和深博智慧，月賢王最終寫成了一部六萬偈頌的註釋，而該典籍亦成爲日後所有學習和修練時輪金剛之人士的根本參考。因月賢王的無盡慈悲示現，迦拉波王子以及眾香巴拉總督們也都相繼達至了極高的證悟境界。

時輪金剛扎根

月賢王將餘生都奉獻於時輪金剛的教學和修行之上，之後其王朝便圓滿終結，其子天自在王依序接任爲香巴拉君主。新君主同樣也以堅定信心延續並推動其父的工作方針，更爲迦拉波國民，乃至來自其他邦國爲數眾多的民眾傳授了多次灌頂。

儘管在當時的廣大香巴拉人口當中只有相對少數行者會修習時輪金剛，但這些人卻幾乎都獲得了極高的超凡證量。因此之故，時輪密續做爲殊勝以及具效之修行法系的名聲亦迅速地被廣傳。

在接著的整整六百年間，由連續數代香巴拉君主所做出的典範使時輪密續越來越備受尊崇。透過其所成就之力，這些偉大的聖賢們亦向人們展示了他們自身的奇妙潛能，並讓民眾因此而得到啓發，以及超越從前所意想不到的界限。

由最初把時輪金剛引入香巴拉直至最終建立起穩固教法基礎的總共有七代君主，而我們亦會以「法王」尊稱他們七位。根據現存梵文原文的當代研究結果做爲參照，這七位法王分別爲：

1. 月賢
2. 天自在
3. 耀顯
4. 月施
5. 天權
6. 眾色
7. 天帝

香巴拉以金剛家族統合爲一

直到公元一世紀的那段時期，時輪金剛基本上已跟香巴拉的文化融爲一體。先前的七代君主成功地將時輪教法提升普及，並確實證明這是一套既可靠且有效的修心法系。然而儘管時輪金剛已經廣受尊崇，但若跟當時一般民眾所修習的其他信仰法系比較的話，便會發現能夠做好準備開啓深層智慧的行者人數仍然相對甚少，這是由於大多數香巴拉民眾仍將先祖信仰以及其相關修法做爲自身的主流所致。

在此特殊時期，當任的香巴拉君主正正就是文殊菩薩的智慧化現，名爲文殊稱。他曾仔細觀察當時的香巴拉民間風俗，並注意到有一些習慣極爲不妥。藉著其天眼神通，他清楚看到這些習俗將來甚至會爲國家帶來什麼樣的短期影響和長遠後果。

文殊稱深知當時的香巴拉民眾正在築起歧見和無知的屏障，假如加以放任的話，這些信仰將導致完全支配他們心靈的地步，並將使痛苦和困惑之火得到助燃。這位君主就如細心的父母看見自己的孩子將要投入破壞性的行爲一般，故此認爲必須採取行動去修正民眾的錯誤觀見。在文殊稱王向香巴拉各個社會階層推動習俗改革的期間，偏偏就遇上了受到婆羅門族群領袖日怙所留難的情況，該故事的詳細內容可見於時輪密續的記載當中。

文殊稱本身早已精通香巴拉境內的所有智慧法統，他曾深入學習以及參修過各種法系，並根據國民的不同需要而給予相應的引導。在很多方面，他絕對稱得上是最早期的不分教派大師。以他的廣闊視野觀之，其實每類法系都是開啓時輪眞諦的其中一道方便法門而已。如果能夠按照正統法道深入修習，那麼它們全都會成爲能使行者心識異熟並證悟了義的有效階梯。

考慮到這一點，文殊稱王並不打算以外人插手的方式去強行推動改革。相反地，他邀請了所有婆羅門族群的領袖共聚一堂，並向他們授予了有關吠陀教法的深入講示。就大多數的婆羅門教徒而言，他們都只是熟習其教規當中的某些單獨部分而已。由於相關典籍實在太多太廣，他們只會選擇一小部分做爲自己的專修方向。透過詳細對比以及解述所有典籍內容，文殊稱王亦清楚地揭示了當中很多矛盾的地方，並且覺得這也就是眾多嚴重誤解之所以產生的原因。故此他便特地選擇將焦點放在兩個方面。

首先便是針對吠陀傳統上習慣以宰殺活畜做爲獻祭，以及討好世間神靈的作法。這種行爲必定會壯大自愛之執，因爲其根本意義就在於強調自我本身比其他眾生更爲重要。文殊稱王深知假如在此處使用強硬手段的話，最終必會爲更具深義之和平與和諧的開展造成阻礙。如此不但不會使他們更加接近實相，反而會讓人對時輪教法拒之千里。一個不重視其他生命形態的社會，最終亦不免會走上紛亂和戰爭之路，因此文殊稱王便鄭重請求眾婆羅門放棄這項習俗。

而第二點便是文殊稱王深深理解到當時社會分化爲不同階級的情況，這種劃分社會等級的制度會讓個人被硬性套上不可改變的固定角色。這樣雖然看起來似是對整個社會的功能運作非常有利，但其根本影響便是會讓大部分人的心靈潛能受到限制。在這種制度之下，只有生於婆羅門階級才被准許學習以及修持吠陀，同樣也只有身爲婆羅門才有機會以獲取深層證悟做爲目標。

再者，階級制度亦等於在人和人之間加設屏障，這樣便會妨礙彼此之間建立起連繫，因爲不同階級的成員是不允許相互交往的。文殊稱王知道這種分化現象定會增長人們的心中歧見，只要這種歧見一日不除，那麼民眾對一體性的究竟實相亦必不可能有所感悟。故此文殊稱王便也要求眾婆羅門廢除這種分隔制度。

然而儘管文殊稱王已經極爲巧妙以及清楚地解釋了要求改革的原因，但他亦深知眾婆羅門必定會執持固有的操作方式而不會輕易做出改變，因此他便決定推出頒令，宣布所有的香巴拉國民都必須接受時輪灌頂加持。此後他們將被公認是屬於同一階級——透過確認自身究竟本性而建立起來的唯一金剛佛族。從那一天開始，族群之間將不再允許有歧見存在，而所有國民全部都必須生活在統合爲一體的社會當中，彼此之間將會建立起更具意義的關係以及互相扶持。至於那些不能夠接受該項頒令的人士，則會被要求離開香巴拉。

眾婆羅門果然不欲遵隨文殊稱王的頒令並懇請日怙出面干涉，他們深信文殊稱王是刻意要改變他們的原有法系。日怙故此亦鄭重婉拒了文殊稱王的旨意，並選擇帶領其信眾前往南方的印度國土，因當地的吠陀教法正蓬勃發展，並且能夠容納他們的固有觀見。眾婆羅門在此次大遷徒中越過了香巴拉邊境，並且打算永不回頭。

文殊稱王亦從此次婆羅門族群的行動中得知，假如不嘗試去改變他們的心態的話，那麼整個香巴拉的民眾亦都會將此舉視爲對時輪智慧的摒棄。如果他們生起這種錯見，那麼遲早也必定會走上捨棄香巴拉的道路。爲了避免讓這種結局發生，文殊稱王便決定要採取展示自身神通力量的較爲極端作法。

眾婆羅門在前往印度的途中來到了一處茂密森林，他們在林中找到一片空地之後各人便都昏沉睡著。文殊稱王此時便以禪定之力顯現於他們的夢境當中，並且讓眾人覺得全都已經重返迦拉波城外的瑪拉雅愉林園裡。眾婆羅門此時全都身處時輪壇城之下，完全受到其勝妙之處所折服，他們每個都不約而同地問起：「到底是誰把我們帶到這樣壯麗的地方呢？」

就在這個時候，文殊稱王便化現爲其心腹顧問並現身於日怙面前。顧問解釋說文殊稱王其實是一位偉大菩薩，他要求眾人捨棄舊有制度純粹是出於善意，一切都是以無私慈愛和大悲及不存歧見和自執爲本；文殊稱王並不是要命令眾人放棄原有信仰，而是希望他們在棄除自己所設置的限制之後，能夠證悟其傳統法系的究竟了義，並且從而獲得自我提升。

日怙以及眾婆羅門不禁對文殊稱王的智慧和慈悲生起了極大信心，接著便帶著這股心意從夢中清醒過來，他們全都表示要皈依文殊稱王做爲自己的上師並且接受時輪灌頂加持的意願。返回迦拉波城後，眾人隨即前往拜見了文殊稱王並且向他做出長供。在領受完灌頂之後，他們全部都被接納並成了新的金剛家族成員。

或許仍然有很多人像那班婆羅門一樣，覺得文殊稱王實際上是要香巴拉的所有人都改信佛教，然而這卻是一種誤解，只會局限時輪金剛教法所能帶來的裨益。故此，我打算先用一點點時間來談論這個課題。

假如我們返回至四依止的討論的話，便會記得第二項依止是「依義不依語」，亦即針對太過偏執於某種觀念之單一表述的勸示。因此我們應該找出各類不同表述的意義所在，並將之連繫起來。這樣並不單單只是站在非了義層面，更要把了義層面亦列入考慮當中。雖然在這個世間秉持著時輪教法的任何人都會被標籤爲「佛教徒」，但是時輪金剛卻並不僅僅只是「佛教徒的法道」而已。

「時輪金剛」這個詞是用於代表實相究竟本質的一個標籤。這是一種貫穿所有非了義靈性形態的眞諦層面。同樣地，「佛教」這個詞亦是用於代表由釋迦牟尼教法所衍生出來的一套心靈法系的標誌。從了義觀點而言，時輪金剛並非佛教，在某些方面我們甚至可以說佛陀亦並不是佛教徒，這一切都只是我們爲表示實相不同面向而搬出來的名相補詞而已。

要知道實相的眞諦其實並不是任何一個法系的唯一專利，這裡並沒有所謂的佛教眞理、基督教眞理或伊斯蘭眞理，眞理純粹就是眞理，然而證悟眞理的道路卻有著各種不同形式。某些或許只會涉及到眞理的一小部分，而其他的則或許會讓人見到更多。一個修行人在法道上能夠對眞理擁有多少的深入體會，則全然是根據他的業性而決定的。

必須要知道的是，我們現今所接觸到的時輪教法，其實亦即當初由佛陀傳予月賢王的那部原本教法的精華版本。在當今香巴拉淨土境內所修學到的法門當中，這些精要修法其實只能算是法海中的一小點滴而已。因此，儘管我們都習慣將時輪金剛想成是佛教術語，但卻不應受到這些術語本身所局限。

在這方面我們可以看到文殊稱王並不是要將人們從原有的非了義法系換成另外一部，實際上他是在幫助眾人去清除其修法體系當中的那些阻擋證悟了義的種種障礙。透過時輪密續所呈示的智慧，他像是為民眾提供了一組可以檢驗自身證解程度的助視鏡片。文殊稱王因此也就成為第一代的迦爾基法胤——佛種階級的守持者。

時輪金剛教法盛及整個香巴拉

在成功地以時輪智慧統合所有國民之後，各個不同法統的領袖們亦終於可以開啓其自身教法的了義層面。很快地，香巴拉的民眾也都受到啓發，並且會主動去尋求和學習時輪密續以超越自身局限。在婆羅門族群的請求之下，文殊稱王便撰著了一部根本密續的簡略版本。透過五篇濃縮章節，文殊稱王呈示了本初佛陀的精要所在並且可讓人參修，時輪金剛因此更被民眾廣泛接受。這部簡續也就是我們現今所知的《吉祥時輪》。

儘管文殊稱王已將教法做出了很大程度的解述，但時輪金剛相比於大部分人所習慣的修法仍是頗爲高階。出於極大慈悲，第二任迦爾基法胤白蓮王亦專爲其父王的著作撰寫了一部稱爲《無垢光》的註釋，該註釋對《吉祥時輪》當中所提到的很多密法概念做出了更進一步的擴充解說。這兩部著作自此也就迅速傳遍了整個香巴拉的九十六個邦國。

在歷任數代的迦爾基法胤的深入指導之下，時輪金剛亦經歷了數個世紀的傳播，最終得到了極大普及，越來越多的人也開始對當中所包含的了義層面有所理解。漸漸地，各個信仰法系之間的界限便開始逐步消失，民眾從此也全部都眞正地體現了沒有偏執的哲學觀見。修行者們不但沒有失去原有的法統智慧，反而因此而生起更深層的透徹感驗。慢慢地，整個香巴拉的民眾都深深得到了淨化之道，並且能夠以此親身感驗得到實相。

藉著香巴拉國民跟眾迦爾基法胤所建立起來的強大業力緣繫，任何在其一生當中尙未成就圓悟的人則仍會繼續投生該處。他們之前的心靈修行亦將得到延續，並會因此而達至另一個更高的證悟層面。就在他們的心識變得更加微妙的同時，香巴拉亦隨之而產生了整體變化。順著時間演進，整個國度也逐漸轉變成爲一處極爲微妙的境域，而一般凡夫憑著其粗糙心識則再也無法感驗得到。香巴拉化身極致淨土最終也就是如此造就而成。

至今爲止能夠投生於香巴拉的都是一些心靈開展程度較高的行者，而當初那些曾被廣泛修習的非了義法系亦皆漸漸式微。這處的行者很快就能夠達到直接感驗了義的基本證悟，而大多數人也都會把焦點放在密乘的方便修法之上。到了最後，民眾便都只會以時輪密續之廣大教法做爲其唯一的法道選擇。

在橫跨過去和未來的兩千年間，香巴拉連續被二十五位迦爾基法胤所統領。按照預言所示，每位君主都會有約一百年的統治時期，除了第十任和第十一任分別統治約一百八十二年和二百二十一年，目前的獅子王座繼承者爲第二十一任迦爾基法胤人中獅。根據梵文文獻記載，完整的迦爾基法胤基本上名列如下：

1. 文殊稱
2. 白蓮
3. 賢相

4. 尊勝
5. 賢友
6. 赤手
7. 遍入藏
8. 日稱
9. 極賢
10. 海勝
11. 未生
12. 太陽
13. 眾身
14. 月光
15. 無邊
16. 護地
17. 護祥
18. 獅鎮

19. 巨力

20. 無礙

21. 人中獅

22. 大自在

23. 無際勝

24. 聲威

25. 猛輪

或許你會注意到該名單上的名稱跟歷來的藏文記載有著一點點分別，經過當代梵文學者的努力，《吉祥時輪》以及《無垢光》的關鍵梵文版本都已被重新復刻，這些文獻顯示時輪金剛最初在西藏流傳時其實有部分內容是被翻譯錯的。爲了糾正這些誤處，我盡量以梵文文獻做爲參照依據，假如你想知道當中的分別在於哪裡，就請你參閱本書最後部分的相關附錄。

黃金時代的來臨

時輪密續列出了這些君主的名字，並對他們的統治做出了相關預言，其中尤其值得留意的便是最後一位迦爾基法胤猛輪的統治時期，相當於距今約四百年之後，一場顛覆性的戰役將會在無明力量和智慧力量之間展開。屆時猛輪王將統領一隊香巴拉戰士並且擊敗蠻族大軍，此後他將爲這個世間帶來一個和平與和諧的黃金時代。他的後裔們接著將連續統治長達二萬一千六百年，而做爲黃金時代君主的頭三位便是：

1. 梵天
2. 天帝
3. 飲光

針對這些預言的話題曾在近代引起了相當大的疑惑，而我們亦將會在本書的稍後部分做出較爲詳細的探討。然而此刻我們只需要知道的重點就是，該法統所指的黃金時代其實是由一個開悟社群所主導的時期。正如之前所述，這種社會絕不可能是由個人以毀滅他人的暴力形式所建立起來的，反而會是由於人們心中原有的價值觀發生極端改變而產生出來的。故此我們亦不應對這些預言太過在乎，因爲其解釋往往會流於太過簡單或太字面化，這樣也只會使我們墮入太過否定或太過重視的兩個極端。

＊
＊
＊

在接著的章節裡，我們會把焦點放在時輪教法如何流傳至這個粗糙世間的具體歷史進程上。在比較過世間和香巴拉的歷史之後，我們或許將看到自身的經驗跟他們的究竟會有哪些相應之處。以此爲基礎，我們甚至會對造就將來黃金時代所需的因緣到底是什麼而有所洞悉。

| 第二部 |

覺囊香巴拉法統

6 香巴拉的智慧浮現

佛陀當初在向香巴拉君王傳授時輪密續的同時，其實也在印度北面的靈鷲山頂上教授著般若波羅蜜多的經義。這個重要分野亦標誌了香巴拉與印度之間在修心發展方向上的明顯分別。香巴拉屬於已經成熟並且可以直接切入至金剛乘之道，而印度當時卻尚未能掌握如此深奧教法，需要更多的時間從而生起相應的因緣。

在佛陀進入般涅槃的六百多年之後，偉大的大乘佛法先驅龍樹自龍族境域成功地將般若波羅蜜多經典帶到人間，正值當時的印度亦已具足成熟因緣可以理解當中的甚深意義。龍樹隨後更創立了以呈示這些經義爲主的中觀哲學法系，透過其弟子如聖天等人的協力，傳承大乘思想的部宗亦開始得到發揚。

除了在哲學觀點上的躍進之外，在觀念上更是有著重大轉變。在這段時期，菩提薩埵以慈愛和

| 右頁

覺囊香巴拉傳承

時輪密續教法的完整秉持者。

悲心爲重的理念也逐漸成爲主導。這些理念深深受到在家社群所擁戴，從而亦促使了大乘學處被廣泛接納以及迅速發展。

自公元二世紀開始，正當印度的大乘運動處於萌芽階段，香巴拉卻已在歷代君王的引導下經歷了約八百多年的轉化並且成爲了淨土。同一時期的香巴拉已經演進至一般凡人所無法接觸到的層次。此時的香巴拉君王深知假如不做出任何舉措的話，那麼香巴拉與印度之間的業力緣繫亦將會步向終結，而能夠讓印度群眾領受密續法益的機會也會隨之消失。

爲了避免這種情況發生以及爲了增強彼此間的業力緣繫，當時的多位迦爾基法胤便決定要派遣化身前去印度以及其周邊地區。在公元五世紀，據稱迦爾基法胤遍入藏便是以化身遊歷了喀什米爾，並被人稱作「天人下凡」。他逗留了約三個月的時間並向人傳授了各種各類的金剛乘文獻，更留下了金剛亥母以及一髻佛母等的修法指引。有人相信他曾經在當地某處興建了一棟石柱以做振興法義之用，故此密續教法在該區域最終亦得到了發揚。

正當密法在印度西北部扎根的同時，在東方亦得到了相當發展，著名的那爛陀寺便曾經發展成爲史上所公認的佛教思想中心。到了公元五世紀，聖賢無著亦讓彌勒菩薩的教法得到復原，並繼而建立了瑜伽行派的哲學法系。

彌勒論典所呈示的超凡智慧使得佛性了義最終得到展現，並爲顯經和密續之間提供了關鍵作用的連貫橋樑。而在當時的偉大寺院如那爛陀、飛行寺以及超戒寺等的學堂裡面，密續佛法更是可以公開地學習。如此亦使得密法行者越來越受人敬崇，而越來越多的人也會想去尋找具高證量的大成就者做爲自己的上師。

我相信《入迦拉波》（*Entrance to kalapa, kalapavatara*）這部著作應該是在這段密法社群急速成長的時期中首次出現於世上的。儘管其著者以及其面世的具體時間都仍然充滿謎團，但該部著作在這段時期出現卻爲香巴拉的存在提供了一個較爲完整的記載，直至數百年後時輪教法的傳入爲止。我相信該部著作所擔當的角色確實是非常重要，曾經爲當時的行者們帶來極大的啓發，而決定要去尋找這片奇妙境域以及取得其中法藏。就算是以一個較爲現實的層面去看，該部著作亦提供了如何運用當時印度已有的密法體系，從而生起香巴拉感驗的系統指引。

時輪典籍的傳播

在密續教法開始興起之後的四至五百年間，印度瑜伽士的證德亦明顯地不斷提升。儘管最初他們對微妙究竟本性的理解仍然有限，但到了公元十世紀初時，大成就者數目卻已有了相當大的增長，而由他們所撰寫的多部正統註釋亦相繼湧現，並爲種種金剛教法中的隱藏密義做出了解釋。

在這段時期，有一名小孩在印度東面的奧里薩王國出世。他一生中的大部分時間都留在那爛陀、超戒寺以及寶山寺等學習佛典，人們都稱他為「斯魯」（Cilu）。以他對佛陀廣大教法的深入理解，斯魯深深知道金剛乘是唯一能夠讓人在當世中成就佛果的法乘。他亦認識到若要具體實現該法道的最後階段，就必須要先取得更高證量菩薩行者的指導才行。也只有倚靠他們的智慧，才得以揭開實相了義並展現其光輝。

斯魯可能曾經拜讀過《入迦拉波》，並且因此而得知香巴拉以及其眾多偉大菩薩君王的存在。因有本尊度母的啓示做為鼓勵和推動，故此斯魯便決定要去尋找那部著名的《三菩薩釋》（*Bodhisattva Trilogy*），亦即傳聞中包含著非二元智慧祕密的密典註釋合集。在一切準備妥當後他也就啓程出發去了。

斯魯先是跟隨一隊商旅們起行，在越過了大海汪洋之後便開始遵照度母所給予的指示獨自前行，他在途中從未間斷過其深度修行。在穿過重重雪峰之後他最終走到一座巨山巔峰，在此處他遇上了一位苦行僧人。行僧問他到底要去哪裡？斯魯答說是要前往香巴拉以求取《三菩薩釋》。行僧聽後便笑說該處地方實在甚難去到，而假如斯魯眞的有能力可以理解到其甚深法義的話，事實上亦有機會在此時此處聽聞而得。

斯魯赫然發現這位行僧原來是文殊菩薩的化現之身，故此立即向他禮拜以及做出供養。斯魯請求行僧傳授教法，而行僧亦欣然答應並且給其一切所需灌頂以及傳授《三菩薩釋》，其中便包括了由白蓮法王所撰寫的時輪簡續註釋《無垢光》、金剛藏菩薩所著的《喜金剛密續註釋》和金剛手菩薩所著的《勝樂金剛密續註釋》。完成之後，行僧輕輕按了斯魯的頭頂一下，然後放上一朵鮮花做爲加持，並祝願他能夠全然掌握整部《三菩薩釋》。

自那一刻起斯魯便獲得了非凡證悟，並且能夠完全理解所傳典籍中的深義。斯魯因已達到最初所定下的目標而深感滿意，故此就跟行僧拜別回程。當他再次跟商隊遇上之時，已是過了約大半年的光景，接著他們同樣取海路返回了奧里薩王國。

在斯魯的指導之下，寶山寺逐漸成爲學習時輪金剛的重要據點。通過白蓮法王的《無垢光》，一眾印度的班智達們亦因而得以接觸到時輪密續的甚深智慧，以及當中所記載到的關於香巴拉淨土的非凡歷史。至於當時身處印度的人們亦正就是藉著這種方式繼續與香巴拉維持強大的業力緣繫，並使得該地區最終成爲時輪教法的發揚之地。

當時，在斯魯的眾多弟子裡面，便包括有孟加拉大師賓度阿闍黎，賓度巴（人們對賓度阿闍黎的稱呼）曾在各個主要寺院深入教授《三菩薩釋》。奧里薩之後因爲戰亂之故而有多部典籍被埋藏以避過士兵掠奪，然而就在重新掘取之時，卻發現約有半數的《勝樂金剛密續註釋》以及《喜金剛密續註釋》已經遺失。因此之故，賓度便又去拜訪了斯魯並向他請求再次傳授這些典籍，以能夠復刻其所屬傳承。然而斯魯卻拒絕了請求，並向他提到空行護法必定是有箇中原由而刻意要隱藏這些教法的，當中只有《無垢光》是唯一一部可以被完整保留下來的典籍。

時輪竅訣的傳播

斯魯巴和賓度巴所付出的巨大努力，使時輪金剛密續獲得了同期的修學行者們的注意。跟其他的密續典籍相比，時輪金剛所呈現的廣大知識體系很明顯的有別於一般教法，且其所提供的了義洞見要點非常地清晰，相對而言其他體系則較爲隱晦，此兩點成爲時輪金剛受到普及的關鍵。

公元十世紀末，有一對修習大威德金剛的孟加拉夫婦適逢良緣而誕下了一名非凡嬰孩。在妻子懷孕的期間，丈夫做了很多奇異的夢。有一回他夢見了香巴拉的虹光自某位迦爾基法胤的胸間照耀而出，這道光芒覆蓋了周邊一切，並且轉化成文殊菩薩的智慧力量。當做完這個奇夢之後，孩子亦在很多吉兆的伴隨之下出世了，並於很短時間內便已展現出異乎尋常的聰慧以及極度敏銳的感覺，讓人不得不相信他絕對是受過文殊菩薩所親自加持的。

孩子長大之後便出了家並被稱爲文殊金剛。他在飛行寺和那爛陀修學時，只用了很短時間便已經能夠精通五明，並成爲一位聲名遠播的佛教經續大師。大概就在這段時期，他亦從賓度阿闍黎之處學得了時輪金剛。文殊金剛很快便掌握了賓度巴所傳授的一切教法，但他對甚深智慧的渴求卻並沒有因此而得到滿足。

在某一次禪觀其間，文殊菩薩在他面前出現了並且告訴他要前往北面的香巴拉，因為只有在那裡才會找到他一直想要尋得的教法。文殊金剛於是按照本尊的指示，開始了向北的旅程。迦爾基法胤末生（當時的香巴拉君王）認為文殊金剛假如嘗試獨自硬闖王國必定會慘死無疑，所以便以化現之身前去與他在半途碰面。

就跟從前的斯魯巴一樣，在他們相遇之後，那人也問了文殊金剛同樣的問題：「你是從哪裡來的？你要前去哪裡？你到底是在尋找什麼？」文殊金剛亦回答說自己是從印度過來，正欲前往香巴拉尋找吉祥時輪密續的教法。接著那位人士亦向他提及要去香巴拉的路途實在是非常艱險，然而其實在此時此地就可以為他傳授所需教法。

當得知那人便是迦爾基法胤之後，文殊金剛立即就向他做出了禮拜以及獻上供養，然後便向那人請賜能夠證悟時輪了義的教法和口訣。那位迦爾基法胤的化身也答應了文殊金剛的要求，向他展示出時輪證悟壇城，並將完整灌頂傳給了這名幸運弟子。便是如此，文殊金剛同時獲得了參修時輪法道之六支金剛瑜伽的整套口訣。

在接下來的半年當中，文殊金剛便按照所得之深奧指引進行勤奮修練，並因此而生起了神通力量，這時他已經能夠穿越迦拉波王殿與迦爾基法胤末生直接會面。文殊金剛從迦爾基法胤那裡獲得了時輪根本續以及其註釋的全部深義教法。在熟記這些教法後，他便返回印度然後將所學收錄成書，而整套完整的時輪教法亦因此而得以在這個世間浮現。

在回到東印度的家鄉之後，文殊金剛將時輪金剛傳授給了眾多有幸聞得此法的弟子，當中便包括那洛巴和寶顯等。他的名聲亦傳遍了整個區域並獲得了時輪足，亦即時輪金剛主的稱號。他的主要心子有三位，分別是阿跋都提巴、吉祥賢以及那倫札巴。

阿跋都提巴原本是一名非常魯鈍的僧人，爲了嘗試提升自身智慧，他曾經投入作明佛母之修法並在夢中遇見了母尊。佛母向他指示要將一尊代表著她的紅色小像置於一具女性屍體口中，然後在女屍的背上禪坐七天以完成該項特殊修法。

阿跋都提巴按照指示完成了整個修法。到了第七天，那具女屍的頭竟然眞的面向了他並且問他到底想要什麼？儘管他在當時的確有點慌張，但仍然記得自己的願望，並告之想在聞法之後可以一字不漏地記下所有內容的能力。從此他便在卡薩拉班那的寺院住下，並且學習以及抄錄了甚多典籍。

當阿跋都提巴首次遇上時輪足時，便向他問了究竟識得多少密續？儘管阿跋都提巴似乎忘掉了所得到的回覆到底是什麼，但卻因此而獲得了修習時輪金剛所需的全部灌頂和口訣。故此，雖然從前甚爲魯鈍，但之後卻獲得了顯著的證德並且成爲一位明師。

那爛陀的時輪傳播

時輪足的第二心子是一名稱作吉祥賢的在家居士，他原是生於東印度曼珠哈地區的商販階級。透過自身的努力和決心，他幾乎盡得了佛陀所有的經續教法精髓，並從此成爲一位備受尊崇的修學行者。儘管他在很大程度上已經算是精通了佛法的一大部分，但卻對時輪金剛的方面所知甚少，故此也就向文殊金剛及其弟子阿跋都提巴請示求教。

在獲取所有深義口訣之後，吉祥賢便走進了一座森林的深處進行閉關。透過不受動搖的禪定之力，他親身感驗了由眾多本尊所組成之各類證悟淨土。經過一段時間參修時輪之後，他亦成功練就了六支金剛瑜伽並繼而獲得了金剛持果位的境界。憑著自身的超凡證量而達至種種悉地成就，賢菩提從此亦能展示出如水上行走以及跨山穿牆等的非凡神通。他的名聲很快也就傳播四方，並且獲得了「小時輪足」的稱譽。

吉祥賢相信若能讓時輪教法在摩揭陀扎根，那麼以後亦會較爲容易傳往別處。於是他就在著名的那爛陀寺內蓋建了一座時輪金剛廟，並且吸納了許多學者和行者做爲弟子。從那個時候開始，因修習時輪金剛而獲得證悟的成就者數量，便已遠遠超過修學其他法系之成就者們的總和。而他的十二名主要弟子也全都達至了虹光身的尊勝成就，亦即等同圓滿證悟的果位。

到了十一世紀初，西藏譯師基覺月光邀請了吉祥賢菩提協助翻譯時輪根本續。在接受邀請之後，他們兩人亦共同完成了白蓮法王的《無垢光》翻譯草稿，這是第一部以藏文版本面世的時輪典籍。基覺譯師接著便爲其全部弟子傳授了修習時輪金剛的甚深教法以及口訣，並希望他們能夠一同努力把已翻譯好的草稿做出修正和校訂。這些弟子隨後亦分支成兩條傳承法脈，分別是屬於基覺自己以及其弟子沖譯師蓮花光的法統。

吉祥賢的心子名爲那倫札巴。他之前早已從大時輪足（文殊金剛）以及小時輪足（吉祥賢）那裡獲得了如海教法。那倫札巴對時輪教法的信心堅定不移，他把著名的時輪咒字組圖（十相自在）放在那爛陀寺的前門之上，並且在該圖下面寫了這樣的文句：

> 那些不懂得本初佛陀的人也就不會懂得時輪金剛；那些不懂時輪金剛的人也就不會懂得文殊眞實名經；那些不懂文殊眞實名經的人也就不會懂得金剛持覺性本體；那些不懂金剛持覺性本體的人也就不會懂得密咒乘；那些不懂密咒乘的人亦將繼續流轉輪迴，而不算是行走在金剛持的勝道之上。正因如此，所有明師亦應該依於本初佛陀並且全心引領一切淨心弟子走向解脫。

對於當時留守在那爛陀的五百多位學者而言，這樣的聲明無疑是一種非常斗膽的宣言。他們不禁排成長長一行，一個接一個地跟那倫札巴辯論起來，然而這些挑戰者們卻都被他以嚴密的邏輯以及不可思議的證量逐一擊敗。那倫札巴盡顯了時輪金剛的深義和廣大本質，並且令該教法贏得了密續之王的美譽。那爛陀寺的僧眾無一不被其所折服而誠心拜下，之後更請求他擔任主持一職。

那倫札巴答應了請求，並且成了培養出眾多偉大弟子的明師，當中尤為出色的便包括有無畏笈多、佛譽、阿毗育他、妙譽、喀什米日月怙、班智達巴伐陀、不動藏、達那師利、大本雅、喀什米日甘比拉、寂護以及古那剌攝他等人。他們全部都是自成一格的大師，並且為時輪傳承在整個地區的開枝散葉擔當了重要角色。

那倫札巴並不僅僅只傳法給僧人和瑜伽士，更將教法授予包括王族以及商販階級在內的在家居士們。這些弟子在資助典籍的傳播上起了非常關鍵的作用，故此時輪教法亦因而得以在整個北印度地區茂盛地發展起來。到了十一世紀末，修習時輪金剛的人數已遠超當時其他法系人數的總和。

時輪金剛在西藏的傳播

此後，眾多不同的教導和修行傳承亦從文殊金剛、吉祥賢以及那倫札巴的弟子當中衍生而出，而其中便有十七支分別傳入西藏。儘管這些傳承全都爲時輪之道的正統教法，但各自所獲得的口訣卻各有不同，故此在完整程度上亦稍有分別。在六支金剛瑜伽的修習體系上便有一個傳承尤爲盛名，該傳承是由喀什米日班智達月怙傳至西藏譯師卓敦般若稱的，亦即後來爲人所廣知的「卓傳承」。

月怙生於一個喀什米爾西北部地區的婆羅門家族。他在少時便已非常聰穎，並且能在一呼吸間背記十六行詩句。其父在他年幼時便已開始讓他接受吠陀教育，其母親則是一名佛教徒，當他十二歲時便被送至喀什米日學者日光之處學習佛法。

日光的女兒深深被月怙所吸引，於是便告訴他若想跟隨其父學習的話就必須要先娶她爲妻。月怙答應了該項條件，隨即獲得眾多教法，最終成爲一位五明大師。他對龍樹的中觀宗義以及密集聖集尤其精通。

有一天日光收到了來自大時輪足弟子律行慧的兩份禮物。第一份是摘自《本初佛》根本續內的時輪灌頂原文部分，而第二份則是時輪簡續第五和第六章節的選段。日光對此感到非常歡喜，他常常將這些典籍放在弟子頭上同時念誦祈文，以祝願他們能夠迅速獲得證悟。每當有弟子問及這部到底是什麼典籍之時，他便會告訴說這其實是出自一部從前未曾領受過的甚深密續，故此也就不能夠給予他們教示。

日光其後把典籍傳給了月怙，而月怙隨即亦將之勤奮學習，心中更對該部勝妙教法生起極大敬意。憑著其虔誠之心，他決定要遠赴摩揭陀尋找上師爲他解說這部典籍。當抵達那爛陀寺後，他很幸運地終於受到了小時輪足以及那倫札巴的深入教導。

在這兩位大師的指導之下，月怙很快便精通了六支金剛瑜伽的頭四支。此時他已能夠將體內的微細風息完全淨化，繼而生起一切萬法皆是覺性戲現的深切感驗。由於對這部教法的極度尊重，因而月怙對其傳人的選擇亦極爲嚴謹。在他一生當中就只曾把整部教法傳予三名弟子，其他弟子最多也只能學得第一支瑜伽的修法指引而已。

月怙回到喀什米爾後就遇上了學者寶金剛的辯論挑戰，結果是月怙獲勝。寶金剛因爲害怕會失去其眾多弟子，便乞求月怙前往別處傳法。出於極大悲心，月怙便選擇去遊歷西藏並且在其傳播時輪教法。

月怙總共去過西藏三次並且也教授了很多不同典籍，其中便包括有龍樹六論以及無著五部。在傳授過的所有教法當中，他最重視的就是時輪密續。在這段時期他的心子有三位，分別爲卓敦般若稱、喇嘛拉節貢巴和卓敦擎天。

月怙頭一次遊藏時去了卡臘，在那裡他接受委託翻譯《無垢光》的一半部分。然而在整個過程當中他似乎對其結果不甚滿意，故之後便離開卡臘前往藏西的澎波地區。在這裡他與一位來自卓家族的西藏譯師般若稱，亦即卓敦羅札瓦，一同開始了新的翻譯工作。他們共同翻譯了時輪簡續及其註釋的頭四個章節，月怙自己則翻譯了第五章節「尊勝不易智慧」。

以這些典籍做爲基礎，月怙又向卓敦般若稱以及另一位來自寧瑪派，名爲拉節貢巴的密宗行者提供了深入的教導和指引。在將這些教法付諸實修之後，拉節貢巴很快也就獲得了非凡的證量，並且更以降伏兩隻專施黑巫術的惡魔而盛名於當時。此後亦有不少弟子前來向這位西藏的大瑜伽士拜學求教。

拉節貢巴的主要弟子當中，有一位名爲卓敦擎天的偉大密宗修學行者。他首先是從喇嘛拉節貢巴那裡領受了完整的時輪教法以及口訣傳承，當月怙稍後遊訪到來之時，他又從這位喀什米爾班智達那裡得到了龍樹和無著典籍的直接教導，乃至文學和醫學方面的輔助指導。在這兩位卓越大師的親自引導之下，擎天的證量亦漸趨成熟，稍後更獲得了可以直接跟其本尊面對面溝通的能力。在月怙的三名弟子當中，擎天是傳播卓傳承時輪教法的最具代表性人物。

六支金剛瑜伽修法的建立

月怙和其弟子每位都是偉大的學者，而由他們所開創的卓傳承亦同樣是以針對六支金剛瑜伽實修的強效口訣而盛名於世。這些高階的瑜伽技巧所代表的是時輪法道的頂峰，就算只是精通其中一項亦能夠獲得眞正的非凡成果。爲了遵從月怙的守密方針，金剛瑜伽在數個世代裡都只是以口耳相傳的方式進行傳授，直至後來才開始公開教授。儘管當初的傳人數目有限，但這些修習時輪金剛的瑜伽士們卻位位都享負盛名。

而跟該傳承連繫最爲緊密的瑜伽大師便是大成就者喇嘛竹千優摩不動金剛了。優摩生於十一世紀初的一個藏西遊牧家庭，當時正值新譯教法在西藏湧現之時，人們因爲還未跟任何的宗派或法統建立起連繫，故也就會經常遊走於不同寺院以求學得任何教法，這絕對是一段心靈修行的啓蒙時代。當優摩年約十歲的時候，他的全家成員也都決定要一同出家。

優摩在出家後便開始專心修習宗義學和攝類學。他對聖天的教導特別深感興趣，之後更在以極力護持戒律清淨而爲人所知的喇嘛索千波之處學習律儀。當優摩剛剛成爲一名密宗瑜伽士的時候，他原本是偏好於金剛藏在《三菩薩釋》當中所詮釋的喜金剛密續。據稱優摩頭一次聽聞到這部集著時，內心竟生起了一股強烈的信心和虔誠洪潮。爲了要做深入學習，他便開始不斷查探以求尋得任何能夠爲他解釋這些典籍的人。最後有人告訴他要去尋找喀什米日班智達月怙。

優摩不久就移居衛藏，並且繼續進行對聖天論著的學習。當時他聽到傳言說有一位印度學者抵達附近，優摩對這位學者的身分頗感好奇便前去查探究竟，發現原來竟然就是月怙本人。優摩感到歡喜不已，隨即就向月怙拜下求教。然而月怙卻婉拒了他的請求，反過來要求優摩幫自己將所累積得到的供品全部運往尼泊爾。

優摩剛開始時答應會接手該項任務，但之後卻得知原來已有其他弟子做過同樣的事情，並仍然在輪候等待受教。於是優摩的朋友便建議他或許應該去找卓敦擎天，因爲此人已經領受月怙所傳的全部教法。擎天在聽說優摩曾於備受尊崇的索千波處學習過後，也就欣然地接受他爲弟子了。在接著的四年當中，擎天亦將所有的灌頂、教法和口訣傳予優摩。在這段期間，他甚至有幸能夠得到月怙親自教導。

在獲得全盤的教法寶藏之後，優摩遷去了烏玉地區，在這裡他將餘生都投入至密集的禪修之上。據稱他便是因此而獲得了一些神通力量，譬如能夠化身成爲烏鴉或喜鵲等不同形態。在這段時期，優摩亦撰寫了甚具深遠影響的《四明燈集》教法總匯。從這些典籍裡面我們可以看到優摩應該也是第一位以自身感驗做爲基礎，繼而對了義見地做出清晰表達的西藏瑜伽士。這些通過其自身對時輪金剛六支瑜伽的實修而得出的教法，之後更加成爲構成密宗他空見（一個由藏傳佛教覺囊派所秉持的宗義見地）的重要部分。

在大成就者優摩的眾多弟子當中，最爲親近的應該就是親生兒子法自在（梵文名爲斯卓達美梳拉）了。優摩的這位大兒子在孩童時代已經是天才一名，而長大之後更成爲一位智學兼備的優秀學者。在他十六歲時便已經爲極高階的時輪灌頂典籍（Sekkodesha）寫下了註釋。到了二十歲時，他更完全精通了其父所傳授的所有甚深引導，整部時輪教法也就是這樣地由父傳子。此時的達美梳拉亦成爲一位甚具證德的高師。之後他又將這些智慧遺產傳給了自己的三名兒女，分別爲虛空光、瑪姬覺本以及薛千虛空勝幢。

虛空光是達美梳拉的長子，在顯密雙學方面都非常出色。他主要將精力投放在無著五部、密集金剛以及時輪密續之上。在其一生當中亦曾撰寫過很多關於這些課題的典籍，當中便包括有著名的《光輝鬘》。他的證量極爲超凡，人們更相信他一早就已經與金剛亥母以及妙音天女等女性本尊建立起了強大連繫。

至於瑪姬覺本則是達美梳拉的女兒。她在非常年幼時便已受到母親影響而開始修習大威德金剛密續，亦即文殊菩薩的忿怒相本尊修法。在這些法門的基礎上她已能夠降伏許多黑暗力量並使它們做護法。她的力量強大到可以讓人們免於各種不同類型的災害，甚至會爲利益他眾而生起各種奇蹟。然而到了三十六歲後她卻突然變得非常體弱多病，此時的她也終於明白是時候不要再去開展更多的神通力量了，反而應將餘生都用在成就證悟的追求之上。

憑著從父親那裡所學得的時輪教法，瑪姬接著便進行了六支金剛瑜伽的閉關。僅僅只在一天之內她就已獲得了第一支瑜伽的十種驗相。到第七天時她更已將全身內風完全調伏並達至了大成就者的境界。在閉關時她完全斷食長達數週甚至是數月不等，但是她的身體卻從來沒有因此而變得衰弱，反而保持健康以及容光煥發。她通常會選擇在極爲偏遠而且常人完全難及的山洞或石蔭處居住下來，有一次當地發生了一場嚴重瘟疫，而她只靠念誦時輪心咒便已能夠成功將該場瘟疫消除；另一次有多位身患重病的人前往她處求醫，她也只是用雙手輕觸他們的身體便已能使之痊癒。瑪姬覺本因此也就成爲人所共知的一名時輪大師。

瑪姬覺本的弟弟名叫虛空勝幢。他在出生時就已經有先天聽障和語障，因此人們基本上都認爲他的一生應該是不會有任何作爲的了。然而他的姐姐因出於慈心而向他傳授了金剛瑜伽的教示；然後在其長兄虛空光的引導之下，虛空勝幢最終亦能獲得頓悟並且達至非凡證境，之後他更精通了勝樂金剛和喜金剛這兩部密續以及那洛六法。

據說虛空勝幢某一次在瑪姬覺本的忌日當天開始禪定，接著竟然在一瞬間便已達至了一般需要十五天才能夠有機會感驗到的內證境界。自此以後，他更生起了天眼神通並且能夠憶見前世以及預視未來。之後他也就在衛藏的沃隆地區安頓了下來並且興建了薛莫切寺，從此亦便有了成道薛千這個稱號。

薛莫千有一位心子名爲秋傑蔣揚薩瑪般若光。他原本是生於上尼洋地區的一個寧瑪家庭，並且在該處出家以及接受完整的佛法教育。有段時間他患上了痲瘋病，然後便進入了一年半的金剛手深層閉關。在完成閉關之後他的身體竟然得到了完全淨化，並且不再感到有任何不適。就在閉關的那段時期，蔣薩般若於禪定當中亦曾親見文殊菩薩，文殊菩薩提到蔣薩般若與成道薛千之間有著很深厚的業力緣繫，故此建議他應該要去尋找成道薛千並且拜其爲師。

然而就在他前往拜訪薛莫千的途中卻碰上了某些邪惡力量的阻撓，不幸地遇到了群石落下堵住路途的狀況。蔣薩般若這時便開始唱起一首證悟道歌，宣稱以其不受動搖的淨觀力量，一切障礙再也不會令他生起任何畏懼，如此他眞的便驅除了所有障礙。最終蔣薩般若成功到了薛莫千的隱居之處，然後向他求授時輪教法，接著更獲取了《無垢光》的深入註釋乃至金剛瑜伽的甚深口訣。有說當薛莫千在爲他傳授成熟灌頂之時，蔣薩般若竟然感見到其上師的形相實際上與時輪金剛本尊無別無異。

蔣薩般若透過修習金剛瑜伽而成就極高證量，能夠在教授佛法的同時亦安住於了義的永久證悟狀態當中。他經常會在夢裡遊歷如香巴拉和極樂世界等的淨土。蔣薩般若的名聲同時亦隨著其成就而傳揚四方，之後他更建立了許多閉關道場以供人們做時輪修行之用。

蔣薩般若的心子是全知法身光，亦即舍頂巴童子光的兒子。皆因之前曾有預言說他將會生起安住於圓悟法身境界的能力，故此也就獲得了法身光這個名號。跟他父親一樣，法身光在長大後亦成爲一名精通密集金剛密續的高師。然而有一天舍頂巴卻告訴兒子須要前去尋找法王蔣揚薩瑪，並向他求授時輪教法。

法身光答應了父親的要求。據說在他領受時輪灌頂的時候，便確切感受到其金剛上師就是以金剛力，亦即時輪金剛的忿怒形相做出示現的。當被引進壇城之時，他亦獲得了本初智慧壇城的清晰觀見。在金剛上師爲他授予最高級別四灌頂的期間，他的心性亦已完全擺脫概念上的浮動，並感受到了不易大樂。自此之後他的心性也就時時不離時輪金剛之本初智慧。

法身光有一次前往拜訪成道薛千，並被告知他和蔣薩般若原來彼此在多生多世當中已爲師徒關係。而此時的法身光亦被認證爲偉大學者喀什米日釋迦吉祥的轉世。

直至薛莫千在世的年代，六支金剛瑜伽的傳承方式仍然是極爲嚴密的師徒口耳相傳。但從蔣薩般若到法身光的時代起，這些嚴格的限制則開始變得越來越寬鬆，而時輪金剛亦逐漸變得更加公開及被更廣大數目的人群所修習。

覺囊山閉關處的創立

到了十三世紀中葉，時輪教法已經廣泛傳至整個衛藏地區。除了之前提到過的基覺、沖和卓傳承外，更有其他十四支主要傳承分別流入寧瑪、噶當、薩迦和噶舉的各個寺院中被學習以及修練。茲將這些傳承完整列出如下：

1. 譯師基覺月光所傳之六支金剛瑜伽。
2. 譯師瑪善智所傳之六支金剛瑜伽。
3. 譯師沖蓮花光所傳之六支金剛瑜伽。
4. 由奎師那神力傳予阿底峽燃燈之六支金剛瑜伽。
5. 由月怙之卓法統所傳的六支金剛瑜伽。
6. 由普吉祥傳予譯師熱法極之六支金剛瑜伽。
7. 由查米佛陀稱所編著的《瑜伽鬘》查米法統。
8. 由不空金剛傳予熱瓊金剛稱之六支金剛瑜伽。
9. 由迦羅傳予象蔡巴之時輪金剛自身法統的六支金剛瑜伽。

10. 由迦羅傳予大薩迦巴之喜金剛母續的六支金剛瑜伽。
11. 由迦羅傳予格西求剌阿笈之密集金剛父續的六支金剛瑜伽。
12. 由釋迦吉祥傳予禾法賢，源於那洛巴密法教言的六支金剛瑜伽。
13. 由釋迦吉祥傳予薩迦班禪，以六金剛句做為依據之六支金剛瑜伽。
14. 毗勃提長傳承，由寶護傳下之毗勃提月之無敵護法統的六支金剛瑜伽。
15. 毗勃提短傳承，為毗勃提月透過淨觀由夏瓦利巴直接傳下。
16. 由日王護與羅睺吉祥巴札傳予譯師恰．法王吉祥之六支金剛瑜伽。
17. 由曼隆上師，德吉祥所傳之名號連禱文的六支金剛瑜伽。

所有這些法統在要義的解構上都是一致的，但對根本續的翻譯以及每位傳承上師所提供的獨到竅訣則各有不同。在衰榜悲精進的巨大努力之下，這十七支傳承的教法亦被細心研解以及結合，繼而更將時輪六支金剛瑜伽首度以藏文做出完整呈現。

悲精進生於一二四三年，為藏朵地區人士，年輕時他便已出了家並曾於薩迦和俄爾的寺院中學習。當時他的學識已經頗為豐富並且已領受過眾多教法，其中便包括熱法統的時輪傳承。悲精進以其辯才大敗了多名學者，之後便被推舉為姜都爾境內秋傑蔣揚薩瑪寺院的住持。在這裡他領受了時輪灌頂以及時輪根本續的教法，並且由全知法身光那裡一級一級地獲得了卓法統的六支金剛瑜伽實修傳承，而該法統亦成爲悲精進的主要修行核心。通過這些非凡教法，悲精進最終更親身感受到了甚深證境的殊勝展現。

爲了要集合每支時輪教法，悲精進不惜遊歷各地並取得了十七支時輪法統的所有不壞口訣，之後他便閉關以求能夠對其所得竅訣生起眞切體悟。到了最後，他的命風亦因此而變得極爲強大，並且能夠展現出種種超越感官的能力。

此時的悲精進完全卸下了做爲導師和學者的身分，選擇終身留在偏遠山區靜處進行閉關。有段時期他曾於道果法統之大色敦遍知色卡瓊巴的閉關所住下，在禪定時他不期然對時輪密續生起了某種解悟並且打算爲之寫下註釋。他隨即想起了眾多傳承上師，於是便向他們做出祈請以求其心願能夠實現。這個時候，各個迦爾基法胤逐一在他面前顯現，並向他賦予了不可思議的加持以及傳授甚深教法。

在經歷是次禪觀之後，悲精進亦獲得了當地神祇覺摩林藥佛母的拜訪，並請求這位大瑜伽士能夠在覺摩囊谷定居下來，悲精進答應會在三年之內成行。當時住在該區的社群代表亦不斷上門拜訪，他們也都請求悲精進能夠在當地設立一座可傳揚佛法的長久基地。

悲精進遵守了諾言去到藏南地區，並在覺摩囊谷的一所小靜處裡安頓下來，他稱該處爲卡卓疊登，亦即「空遊天界」的意思。袞榜悲精進在這裡獲得了時輪金剛本尊的禪觀，繼而為根本續撰寫了一部完整的註釋，並按照所得口訣記下了六支金剛瑜伽的參修指引，他在著作裡強調金剛瑜伽實為獲得樂空不二證境的殊勝法門。這些典籍後來亦成為密宗他空大中觀法統的基礎。

關於袞榜獲得偉大成就的傳言其時已傳遍整個衛藏，其後便有不同法統的瑜伽士蜂擁而至，向他求教廣大甚深的智慧之道。當時谷中大約有六百名致志行者長住參修，該營地最終成了人所共知的覺囊山閉關處，而追隨悲精進的行者則被人們稱呼為覺囊巴。

悲精進的取向是不分教派的，不論是屬於舊譯或新譯的任何課題，他都能夠毫不費力地給予教授。譬如有說他曾於禪觀中見過大成就者毗魯巴，並繼而編寫了毗魯巴金剛道句的註釋，亦即道果法統的根本文。儘管對其他所有法系都心存極大敬意，然而他本人卻只以時輪密續做為核心修法。悲精進在覺摩囊谷住了整整二十一年，每年他都會傳授白蓮法王的《無垢光》兩次，其對時輪金剛的強調和重視，從此也成了覺囊修行人的關鍵特質。

公元一三一三年，袞榜悲精進已臨近生命旅程之盡頭，他選擇了強森如來智做為攝教。如來智本生於藏東的多康地區，在很年幼時便已經出家並且跟隨二世大寶法王噶瑪巴希。如來智多年來都對噶瑪巴希甚為懼怕，甚至會在見到他時嚇到跑掉，然而最終他卻克服了恐懼成為一名虔誠的弟子，並且按照所得之口訣好好地進行參修。但是不論怎麼努力，他總是無法達至任何明顯證境。大寶法王於是告訴他這或許是還未遇上眞正導師的徵兆，便建議如來智遊走各地直到找到這位上師爲止。假如他能夠秉持不分教派觀點的話，也就會不受任何歧見所限，並且亦將尋獲所求。

於是如來智便按照了大寶法王的忠告，跟隨了當時主要法統之中的很多導師學習。他接受了經續這兩方面的教法並成爲一名偉大學者，亦從薩迦崔津夏爾巴大妙音以及其兄時輪瓦智珍寶那裡領受了時輪密續的甚深教法。

然而若跟袞榜悲精進初次遇面相比的話，之前的那些拜師經過可能顯得相當平凡無奇，當如來智遇上該師時便已立刻感到信心和虔敬充盈。他接著就從這位極珍上師之處領受了所有專著傳承和口訣，而超凡證境亦繼而在他修練六支金剛瑜伽的時候成功生起。

儘管如來智心裡渴望去浪跡天涯以及過著簡單的清修者生活，但其師之一的大妙音卻要求他去創立一座名爲德千的薩迦寺院，於是他在該處弘法多年，直到悲精進開始顯現出臨終徵兆之時，他便決定要去覺囊陪伴這位至愛上師。如來智在剛抵達時身體便突然病了起來，而此時悲精進的病情卻相反地立即得到了好轉。但當如來智漸見好轉之時，悲精進的嚴重病徵卻又重新顯現。在其弟子們的殷切請求之下，悲精進決定多留世數週才進入般涅槃之境。隨後如來智亦接管了覺囊寺住持一席達七年之久。

悲精進過身之後，他的很多弟子都投向如來智做爲善知識以及傳承上師。其中有一位名叫克尊功德海的僧人，原是出生於藏朵地區並在寧瑪法統下學習成長，後來去了達爾寺修習宗義學和攝類學。再之後的大部分時間他又去了大薩迦寺進行修學，並從十世薩迦崔津大妙音處領受了海量教法。就跟如來智一樣，他也是從時輪瓦智珍寶那裡領受了有關時輪金剛、喜金剛密續以及現觀莊嚴論等的眾多教法。

身爲智珍寶的隨從，他曾遠赴忽必烈汗位於中國的皇庭，並在四年後回到了大妙音身邊繼續修學。此時功德海的學識已是非常淵博，而薩迦崔津催促他要趕緊去找悲精進，以將焦點更多地投放在禪修之上。

在覺囊寺，功德海從悲精進那裡領受了許多傳承，當中便包括整部《三菩薩釋》，以及眾多不同法統關於金剛瑜伽方面的甚深口訣。當功德海按照這些指引進行參修的時候，他很快就獲得了日夜禪定的所有驗相，而其後更生起了無礙的天眼神通。

他在覺囊寺總共留了三十八年，並且不斷對金剛瑜伽進行密集參修。有說他在當時已經精通了西藏的所有教法，本身亦以嚴受戒律而爲人所知。當如來智在一三二〇年進入般涅槃之後，功德海便被委任成了覺囊住持。

＊　＊　＊

印度佛教在十四世紀陷入了嚴重衰落，大寺院學府如那爛陀、飛行寺和超戒寺都相繼荒廢，而時輪教法亦同樣逐漸流失並散落四方。然而卻因爲之前有西藏眾時輪師的虔誠和巨大努力之故，該教法得到了最爲完整的保存並且流傳至今。僅僅歷經數個世代，覺囊寺很快地就成了修學時輪六支金剛瑜伽的優越學堂。

7 了義之門

公元十世紀末為西藏文藝復興時期的開端。在約莫兩百年間，佛法的巨大浪潮完全把西藏文化重新加以改造。這段由哲學思潮和心靈探索所交織而成的璀璨時期，可以說是針對因藏王朗達瑪執政而導致衛藏等地佛法衰退的直接回應。在那整整的一百多年裡，藏傳佛教幾乎遭到了徹底清洗，當中有很多教法傳承亦因此而消失斷滅。

之後便有不少虔信的藏傳佛教弟子因深深感到情勢逼切，而決定要遠赴印度並盡己所能修復教法。眾譯師們不畏艱辛，一浪接一浪地越過喜馬拉雅群山至南方的聖地。這些譯師跟最富知識的學者學習，並與最具證德的瑜伽士一同修行。透過這些過程，他們亦逐漸成了讓法教照耀世間的閃亮明燈。

回到西藏之後，這些譯師便迅速吸納了一班熱衷於聽聞新譯教法的弟子，佛法之火從此又再次

| 右頁

聖賢無著

彌勒菩薩瑜伽行宗見的先鋒。

燃起，而圍繞不同教法的修行人社群亦隨之相繼組成。這也致使衛藏中部和西部地區的寺院如雨後春筍般大量建成，於是西藏亦因此而再次成爲匯聚甚深佛法的汪洋大海。

在這段時期，最初並沒有見到有任何明顯的派別出現，豐富的教法則是經由不同的寺院流傳而出，弟子們遊走各座寺院以及隨學於不同上師的現象非常尋常可見，派別與派別之間的歧見亦絕不存在。在很多方面，這可稱得上是西藏利美運動的最初形式，眾多具高證量的上師們在此期間相繼出現，他們的智慧將持續塑造以及引領整個國度長達千年甚至更加久遠。

這些偉大上師之所以會那麼讓人讚歎，除了擁有著完整佛陀教法而生起的廣闊視野之外，更加因爲他們同時亦有能力將之運用於實際的修行之上。這些擁有超凡天賦的卓越知見者，每一位都能夠將自身對實相本質之最微妙證境做出清晰表達，由他們所著典籍而衍生出來的不同宗派，亦各自對其祖師的獨到演繹做出了甚有系統以及具結構性的呈示。在這些不同法系的基礎之上，某些寺院的聲望亦漸見興隆並成爲之後的新譯法統代表，如噶當、薩迦和噶舉等。爲了讓自身宗見能夠進一步地昇華，來自不同法統的大學者們往往會互相進行辯論，通過這種不斷接受挑戰以及邏輯分析的過程，其法統所秉承的教義亦會逐漸變得更加精妙。在這段時期出現的其中一個辯論專題，便是跟了義究竟本質有關的，該辯論主要見於兩類修學行者之間：

1. **自空見派：**對於強調以學習及因明爲前提的行者而言，他們大多數都認爲實相的究竟本質，僅僅就是空無自性而已。正因萬法皆無固有本性，故亦稱爲自空。

2. **他空見派：**對於強調以實修感驗爲前提的行者而言，他們大多數則認爲實相的究竟本質應爲無盡可能之境界，並且會是充滿如珍寶般自然顯亮的證悟功德。正因該層次的實相已經擺脫了一切世俗之見（包括固有自性以及沒有自性這兩者的概念），故此也就被認爲是空掉本身以外的所有一切。

在所有的法統裡，都會有人各持自空或者是他空觀見。一般而言，我們或可聲稱噶當和薩迦派較傾向於自空，而寧瑪和噶舉派則較傾向於他空宗義。我們甚至可以看到絕大部分的自空觀見秉持者，似乎都是那些完全專注於修學顯乘的人，然而秉持他空觀見者，則在整體上會較爲專注於密乘的修行之上。

覺囊是一個專於時輪密續實修的宗派，因此其主要傳承上師會以他空觀做爲自身見地亦絕不足怪。正如前章所見，大成優摩不動金剛便是最早以自身實修感驗之角度公開寫出實相究竟本質的藏人上師之一。他的論點之後亦被覺囊法統的創立者袞榜悲精進所採納和推廣，並將時輪教法當中的他空觀見做出了更加深入的呈示。

在這裡我們必須強調一點，便是當時的高證德密宗行者對了義的實際感驗其實都有著共識，也就是在究竟意義上必須要超越概念心識，以及安住於非二元實相的如是感驗當中。雙方之所以會產生不同見解，全是爲了要將此實相在概念層次上做出最佳表達的緣故。

該辯論在意義上似乎跟已經感悟到了義實相之行者的關係不大，更多地是針對還在追求證悟的人們而設的。通過自身的感驗，具證量的瑜伽士們深深認識到了一般人會將不了義執持爲了義的情況。故此他空觀見的推崇者便會明示這些誤見，以望將妨礙人們徹悟最深義諦的阻障清除一空。

要做到這點便必須先認清楚到底誤見的源頭是什麼。然而在此我不會深入探討該辯論的所有細節，只會說明從他空觀見的角度而言，自空觀見的限制正是在於其所深深植根的視野之上。他們並沒有理解到整部佛陀教法背後的意義，而只是將眼光鎖定在某部教法的分支上面，這樣也就難免會妨礙到他們更進一步地去深入前行。要打破這種僵局的話有兩項選擇：

1. **密續修行**：能夠克服這種問題的簡單方法，便是純粹將焦點投放在密續法系的參修法門之上。這些修法體系提供了專爲達至甚深證悟而設下的豐富法門，若能依法如是觀察實相的話，那麼對實諦的理解亦會變得清晰並且可將所有誤見消除。

2. **顯經學習**：假如密續修道並不是在能力範圍之內的話，那麼行者亦可透過深入學習三轉法輪的經典，尤其是第三轉法輪方面的內容，而在概念的層次上建立起他空觀之見地。這種透過思考分析而生起的智慧，亦可做為堅固的見地基礎，並且將有助於從顯經順利過渡至密續的修習之上。

通過以上的描述，我們可以看到關於自空和他空觀見之間的疑惑，其實都是因於對佛經的不同演繹所致。故此要明白他空觀見是如何在西藏得到發揚的話，我們便要知道這些思想究竟是從何而來，那麼我們也就必須先從佛陀在世的時候開始講起。

他空中觀之源

佛陀當初在菩提樹下獲得圓悟時並沒有立即就開始傳法，他深深明白實相的最深義本質對一般人來說太過微妙且無法理解，而佛陀亦必須要用到某些善巧方便，才能夠讓人慢慢得到這類非凡感驗。故此，佛陀便會因於弟子的不同能力所及，而給予循序漸進的相應教導。

針對那些因持邪見而投入參作惡行的人，佛陀便會教授他們有關因果業力方面的內容。透過第一轉法輪，他的弟子們亦學會了要捨棄苦因以及積累無僞樂因。以此做爲參修見地，他們將會令自心得到調伏，並繼而建立起行爲的守則基礎，接著也就能夠對自身的本性產生出更加深入的感驗。

有了第一轉法輪的穩固基礎之後，佛陀接著便開始講及關於世俗實相的究竟本性。透過第二轉法輪，他亦為弟子們介紹了相依緣起的空性本質。當認識到一切事物皆是互相依存並且固有本體並不存在之後，弟子們也就會放下原本對世俗實相的執持，這樣便會導致人們的自愛執著解體，而使本身所擁有的無窮慈悲力量不受局限地得到開展。

針對已經完全捨下二元執見的人，佛陀便會傳授第三轉法輪以呈示實相究竟本質的非二元感驗。通過這些跟佛性方面有關的教導，弟子亦將會跨越主客二境的固有概念而生起奇妙感驗，並且能夠安住於這種了義境界的自然顯現之中。當擺脫所有概念造作之後，他們最終所感驗到的究竟極致空性，亦會跟佛陀的無量證悟功德沒有任何差別。

第三轉法輪所教導的內容也被認為是他空觀見的了義法源，這些教法見於兩組而每組各具十部的經籍當中：

1. **心要十經**：⑴《如來藏經》、⑵《聖入無分別總持經》、⑶《勝鬘師子吼經》、⑷《大法鼓經》、⑸《央掘魔羅經》、⑹《大空經》、⑺《聖決定說如來大悲大乘經》、⑻《大方廣入如來智德不思議經》、⑼《大方等無想經》、⑽《大般涅槃經》。

2. **了義十經**：⑴《般若五百頌》、⑵《彌勒所問經》、⑶《大乘密嚴經》、⑷《寂照神變三摩地經》、⑸《寶雲經》、⑹《金光明經》、⑺《解深密經》、⑻《入楞伽經》、⑼《入諸佛境界智光明莊嚴經》、⑽《華嚴經》。

這二十部經籍所描述的觀見，都與佛陀的密續教法直接對應得上，故此在見地上可以說是顯密一致，而密續所提供的純粹就是更進一步能夠在一生當中實證此觀見的善巧方便罷了。這樣我們也就會看到佛陀的所有教導之間其實並不存在任何矛盾，並且其焦點全是放在爲了要去清除那些妨礙證悟了義的阻障之上。

相應於佛陀進入般涅槃時的預言所示，在四百多年後的確有一位大乘先驅聖賢龍樹降臨至這個世間。儘管龍樹最廣爲人知的是其對中觀見地的展述，然而這卻也只代表了其廣泛教導當中的一部分而已。

龍樹的一生都是緊隨佛陀步印，同樣亦是爲了令使不同弟子受益而分別傳授了三組內容各異的教法。在他的《教言集》裡，龍樹便爲打算追隨佛陀法道的在家和出家修行者們提供了指引，當中的教導都是以第一轉法輪做爲重點，尤其是跟業力和因果規律方面有關的內容。

對於身具大乘種子並且已經成熟的弟子，龍樹則會闡示《中觀理聚論集》的相關內容。這五部論集的焦點便在於明釋第二轉法輪的教法意義，尤其是跟自空觀見有關的方面，而中觀學派也就是以這些典籍做為其宗見基石。

龍樹在晚年時曾經遊歷印度南部，並對佛陀教法做出了深入禪思。在這段時期他更證得了他空觀見的無上見解，並繼而寫下了第三組論集總稱為《讚頌集》。這些著作的焦點全部都放在其對佛性的明悟之上，亦即佛陀第三轉法輪的教導重點所在。屬於該組的四部了義讚論分別為：

1. 法界讚
2. 出世間讚
3. 不思議讚
4. 勝義讚

瑜伽行中觀宗見

雖然佛陀和龍樹都已呈示了他空觀見的基礎，然而卻是要到三百年之後，當時的佛教社群才算是眞正對其意義有所理解。佛陀便曾預言在他進入般涅槃的九百多年後，將會有一名僧人學者出現，並會把其教法的非了義和了義內容做出詳釋。

根據該預言所示，便有一位稱為無著的聖賢生於一處名為布路沙布羅（位於現今的巴基斯坦）

地區內的犍陀羅古國。據聞他最初是一名基礎乘化地部的僧人，但在他遊遍印度以及接觸過大乘宗觀之後，也就迅速接納了這個法乘的見地。

無著在二十五歲時，心裡生起了想要親見彌勒佛陀並且領受其教法的宏大心願。當目標明確後，他便前往一座名叫雞足山的深處，並在這裡進行長達十二年的閉關。

無著在此期間遇上了不少困難和障礙，但最終卻都不妨礙到其精進禪修，他在這裡過著極度隔世的生活並且決志非要達到目標不可。如此付出了六年的超凡努力之後，他卻仍然沒見到有任何成就的徵兆出現，故此也就開始變得沮喪並且決定要放棄閉關。

當無著離開山洞時，他遇見了一個人正在用一塊絲布擦著一根巨大鐵柱。無著從來沒有看過這種情況，故此感到有點好奇便走向那人並問他到底是在幹什麼，而那人則回答說是想要把鐵柱磨成細針。無著不禁驚訝萬分，心想這件事恐怕用上千百年的時間也難以完成，然而此人卻將精力全部都浪費其中。無著此時領悟到這個世上有很多人將一生都投放在一些毫無意義的事情之上，而自己在進行人生最具意義的事情上卻只用了六年便已感到心灰意冷。於是他把身一轉，重返洞中繼續閉關。

無著便是如此又做了三年的閉關，然而彌勒的任何顯兆卻仍然沒有出現，此時他感到非常失望並又打算要放棄閉關。在下山的途中，他遇見了一個人在使用一根羽毛不斷去擦著一座鵝卵石山。

於是他便上前詢問那人到底在做何事，那人竟回答說因有這座石山阻擋了陽光，故此要用羽毛將之掃走。無著對那人的愚蠢決定亦有所感悟，故此便又重拾了信心並再次返回洞裡繼續閉關。

然後又再過了三年（總共是十二年），無著還是沒有感覺到有絲毫進展的顯兆。這次他真的氣餒了，於是便決定再也不繼續閉關了。無著離開山洞後越走越遠，洞口終於消失在他的眼前，他繼續沿著山路向小鎮邁進。

走著走著，他忽然看到路邊有一隻受傷的狗，這隻狗的兩腿血肉模糊並且受到感染。因為極痛苦和恐懼的緣故，牠不斷歇斯底里地慘嚎，並在無著向牠靠近時咆哮狂吠。無著此時不禁生起了一股巨大悲心，生起了願為救度這可憐的蒼生而做任何事情的念頭。

他看了看狗兒的傷口，覺得必須要先進行清理以避免感染部位繼續惡化，就在他跪下仔細查看時，發現到傷口裡面原來已有不少蛆蟲寄生。他擔心若用手指去移走這些幼小蒼生，不免亦會使牠們受到傷害；就算移走過程中不至於造成死傷，這些蛆蟲卻也因為沒有寄食之處而很快便會餓死。最後，他決定用自己的舌頭舔起蛆蟲，然後把牠們放到自己的血肉之上。

無著先用一塊鋒利石片在自己的大腿割下一片肉塊，然後便彎下身軀趨近那隻狗的腐爛傷口之處。儘管因深感噁心而不禁將雙眼閉上，他卻仍然堅持伸出了舌頭，就在他的舌頭要觸碰到傷口時，卻又發覺好像什麼也沒有觸碰到。他感到有點奇怪，於是便張開了雙眼，但卻沒有看到任何狗隻，而是見到全身泛光的彌勒佛陀站在他的面前。

如此意想不到的情景讓無著大吃了一驚。他嘆道：「偉大的怙主啊！這些年來您一直都身在何處呢？難道您就沒有絲毫惻隱之心嗎？」彌勒回答道：「其實每一天我都在你的身旁，但是你卻沒有足夠善緣能夠看得到我。直到現在，憑著你的極大慈愛和悲心，最後將那些蒙蔽感知的終極業障清除乾淨了。假如你不相信的話，不妨把我帶到市鎮去向人們展示一下，然後看看如何。」

於是無著便按照彌勒的話到了市鎮，繼而向人稱道：「大家快過來看一看！我身後背著的便是具德彌勒！」市鎮上的人們幾乎全都在譏笑這位指著背後空氣說話的陌生人，唯獨只有一位具足清淨感知的老婦，能夠看到他所背著的是一隻雙腿受傷的狗。無著此時才明白，原來之前都是被自身的業障所蒙蔽，因此沒有發現原來彌勒一直就在身旁。

然後彌勒伸手觸向無著，他們便一同去到了兜率天的內院淨土之處。無著用了一整個下午的時間去領受彌勒的深入教導。就在他獲得每一部妙法寶典的傳授時，他的心識亦同時達至非凡的證境當中，並且深感法喜滿盈。當彌勒最終將他送返人間的時候，原來地上人間竟已過了二十五年的光景。於是他便馬不停蹄地將已領受的所有教法全然寫下，亦即我們現今所知的「彌勒五論」：

1.《現觀莊嚴論》

2.《大乘莊嚴經論》
3.《辨中邊論》
4.《辨法法性論》
5.《寶性論》

無著了解到人們暫且還不能夠理解最後兩部典籍之甚深妙義的根性，因而決定以伏藏方式將之封藏直至時機成熟爲止。之後他就以其餘三部典籍做爲基學而創立了所屬學院，並開始將這些廣義教法加以傳播。到晚年時，無著曾於那爛陀任教，更在後來擔任了住持之職位，而他所推崇的大乘教法亦因此而得到了廣傳，其見地後來成爲人們所知的瑜伽行中觀宗見。在所有學生當中，跟無著最爲親密的，便是其同父異母的弟弟世親了。

世親同樣也是生於犍陀羅，僅比無著年少一歲。他們的父親原是一名婆羅門教士，而世親也是從小便開始學習吠陀典籍。在他稍爲年長時，其極度聰敏的頭腦以及鋒芒畢露的學識便已經廣爲人知。出於對佛教思想的好奇，他之後便遊訪了鄰近的喀什米爾，並且對以阿毗達摩做爲基學的說一切有部法統，祕密地進行了學習。

在返回故鄉之後，世親便開始將其所學撰寫成一部龐大論籍。這部包羅萬有的巨著所涵蓋的範圍甚爲廣泛，並且涉及各種不同課題，可稱得上是代表說一切有部宗見的最早期以及最全面的撰作。然而有趣的是，世親亦因透過自身對說一切有部法統的詳細和全面研究，而深入地認識到該部在見地上的各種瑕誤。於是他又著寫了另一篇針對該部的極具說服力評論，從而被認爲其見地似乎應是較爲接近經量部的觀見。

跟他哥哥一樣，世親也曾遊遍印度的許多地區。在無著退出閉關並開始傳授大乘教法的時候，世親最初對其兄長之宗見觀點原本是持批評態度的。於是無著便安排了跟自己的弟弟會面。當世親聽聞了無著的教法內容之後，心中亦頓時獲得了極高證量，這時他終於明白到這些教法的深義所在。受到其兄的智慧所啓發，世親自己也撰寫了跟多部大乘經論有關的海量註釋。

世親的心子是偉大因明論師陳那。陳那最早是以其極富洞見以及充滿文彩的著作而享負盛名的。他爲攝類學法系建立了一套堅實的修學基礎，在此體系中他清晰地界定了透過思辯或推理所得之知識，與直接感驗所悟之智慧的分別所在。他認爲後者會是最究竟的，故此便強調了以實修感驗做爲證悟基礎的取向。

陳那所領受到的無著教法，後來主要是經由安慧傳播，而安慧本身也以替世親典籍撰寫註釋而爲人所知。在這段期間有兩大法統興起，並成爲所有部宗觀見當中的主導。當時以無著和其追隨者之典籍做爲法統基礎的會被稱爲廣行傳承，而以龍樹和其追隨者之典籍做爲基學的則被稱爲深見傳承。

到公元七世紀，安慧的弟子月宮大居士進一步延續了對了義之不可思議力量的闡示。在前一世裡，月宮曾是一位大班智達以及專修觀世音法門的行者，在某次辯論當中擊敗了一名外道之後，這名對手卻挑撥說輸了並不代表什麼，反正站在口舌爭辯的立場上就算是沒有證量也可以單憑急智而贏得辯論。月宮為了要印證自己的證量的確比機智更高，於是他便做出了自己將會如何投生的預示。他在自己的額頭上點了一點朱砂印後又將一顆珍珠放入嘴裡。接著在國王以及一眾隨從的見證之下，他立即就自斷身氣然後魂離而去。過了不久便有一個名為皎月的小男孩出世了，他的額上竟有一點紅印為胎記，而人們亦發現他在出生時嘴裡還含著一顆珍珠。

當他還在襁褓的時候便已經能夠對母親開口講話了，並且為在出生時讓她產生痛苦而感到非常抱歉。結果這樣卻把母親給嚇壞了，於是便請求他再也不要開口講話了。故此在接下來的七年裡皎月總是保持沉默不語，而所有人亦都認為他只是一名魯鈍聾啞的孩子而已。直到有一天他終於打破了沉默，那是因為看到前生的辯論對手寫下了一篇駁斥佛法的文章之故。當時年僅七歲的皎月便寫了一篇短文做為回應，成功地維護了佛法。他的父親難以想像這篇充滿學者風範的文章竟然是自己那麼年幼的孩子所寫下的，結果皎月被宣布成為該次辯論的勝出者，並獲得了國王的豐厚賞賜。從那一天起，他的名聲就傳遍了整個王國。

皎月以孩童身分隨學於當時的很多大乘學者。他亦逐漸對菩薩五明變得越來越精通，並在最終成為一名瑜伽行觀宗見的強烈擁護者。之後他又領受了持明無憂的口訣以及成就了許多悉地（神通力量），而他更能夠直接於禪觀中見得觀自在聖尊和度母等。皎月最後也成為了一位傑出的修學行者，他曾撰寫過很多跟五明方面有關的不同主題文籍，而其關於梵文文法的著作更尤為人知。

皎月跟國王的女兒結了婚並成為了駙馬。他之後發現到原來宮中的隨從們都會稱呼他的妻子為度母，這樣便讓皎月感到很不自在，並且覺得已經不能夠再繼續維持該段婚姻關係。當國王得知之後，便把皎月關押在一個箱子裡然後丟到河中。在箱子沿著河水流向大海的期間，皎月不斷地向度母做出祈禱。他最終被浪潮送至一座島上，然後就在那裡待了多年。皎月在此期間受了終生的居士八戒並成為宮彌居士，從此以後他便以月宮自稱。

月宮後來回到了印度。當他遊訪那爛陀時便曾向學者月稱做過辯論挑戰。這兩位大師彼此間用了多年時間討論佛法，以月宮做為無著宗見的發言人而月稱則代表龍樹。月稱當時是以急智而見稱的，他對月宮所提出的問題會在很短時間之內便做出回應；然而當月宮回應月稱的問題時卻從來都不著急，總會先對題義做深入思惟。

按照流傳說法，月稱曾對月宮到底是如何獲得如此超凡洞見而感到非常好奇。有一次在他們完成當天的辯論之後，月宮便回到了自己房間並且開始進行禪修。月稱透過牆上的一個小洞往裡偷看時，赫然發覺月宮竟然是在跟一尊觀世音像談及當天的問題內容！而更為匪夷所思的便是那尊觀世音像竟然也會回應月宮以及爲他提供答案！月稱本身所憑藉的是其熟練的因明推斷以及概念方面的機智反應，然而月宮所倚靠的卻是由自身實證而衍生出來的感驗智慧。

在是次交流當中，月稱大致上是擔當了應成中觀宗見之推廣者的責任。擁護該宗的人認爲無著的教法在本質上是非了義的，故將之標籤爲提倡唯識宗見之人。這種看法在某方面亦可以說是成立的，但嚴格而言卻並不算是完全理解到無著教法的眞正涵義。或許有很多人都會把唯識與瑜伽行宗見有所混淆，之所以有這種情況出現，主要是因爲當時尚且只有彌勒前三部典籍面世的緣故，而做爲披露了義部分之必需指引的後兩部典籍，則尚未爲人所知。

彌勒觀法統

彌勒教法的完整深度，要到十一世紀大成就者梅紀巴的年代才開始被人們所認識。梅紀巴原是一名超戒寺的出家僧人，以其學識淵博以及戒律清淨而見稱。他深得了大成就者那洛巴的密續竅訣，並且亦獲得了甚深的證悟成就。之後他雖然仍住在寺院裡，但卻替自己找了一位明妃並且開始喝起酒來。當他的行爲被發現後便遭到了驅逐，並且從此再也不被允許踏入寺院範圍之內，直至多年以後他做爲大成就者的言行和密意才逐漸被人得知和理解。

某一天梅紀巴在郊野遊走時遇見了一座佛塔，他注意到這座塔面的裂縫內似有光芒溢出，於是便靠近查看，繼而發現原來竟有三本書冊塞於縫中，也就是之前從未公開過的兩部彌勒論籍及一部由無著所親自撰寫的《寶性論》註釋。但因梅紀巴以前從未領受過相關口傳之故，故便無法理解到這些典籍之深義。這時候他忽然生起了想要利益眾生的強大願心，並且以此召請彌勒顯現，而彌勒亦有如奇蹟一般地出現在梅紀巴的面前，並且賦予他整個傳承的圓滿加持。

梅紀巴接著便回到了超戒寺，並且開始教授這些典籍。自此以後彌勒教法的了義部分才算是眞正得到宣示，而聖賢無著著書立說的究竟意圖，終如耀眼光輝一般得到綻放。大中觀法統的雛形到這個時候也就逐漸形成，隨後更有無數的印度和西藏學者以及瑜伽士們因而獲得了心性啓發，至於梅紀巴的大手印教法更是如此而分別流入至瑪爾巴譯師和阿底峽燃燈這兩位大師的法統之中。

大學者樂稱在從梅紀巴和其弟子寶手寂那裡領受了彌勒五論的完整傳承之後，便去了喀什米爾並且裝扮成乞丐以避免引起別人注意。然而他的隱裝卻被喀什米日學者桑札那認了出來。桑札那知道樂稱是一位大聖人，於是便立即向他做出參拜以及請求傳授教法。桑札那之後把所領受到的完整教法和口訣都記錄了下來，後來更將之傳給了他的西藏弟子。

到了十一世紀末，大譯師具智般若爲了學習和翻譯佛法而前往喀什米爾地區，跟他一同前去的還有一位名叫振卡沃切的老者。譯師向桑札那求授教法並繼而獲得了包括《寶性論》在內的完整彌勒文籍傳承。他對此感到非常滿意，之後也就直接返回西藏了。而振卡沃切則繼續留在喀什米爾，並且在另一位名叫祖樂金剛之譯師的協助下，在桑札那那裡請得了一些應合彌勒佛陀教法的參修指示，以求替自己的臨終時刻做好準備。因此桑札那便將整套五部論典以及甚深口訣傳給了振卡沃切，之後也就成爲了我們所認識的彌勒觀法統。

在回到西藏之後，祖樂金剛和振卡沃切都各自開始爲求教者傳授所得教法。祖樂金剛以翻譯眾多根本文籍以及撰寫一部關於桑札那所傳教法的註釋而見稱。儘管我們對早期的西藏他空見傳承上師所知甚少，但卻可以相信振卡沃切是將其智慧傳至法精進的。這位屬於帕當巴桑傑之希解傳承的上師，後來亦撰寫了不少關於彌勒著作的註釋。

根據多羅那他著作中的講法，該教法相信是以祕密口傳方式由法精進傳至噶當大師多巴智生，以及菩提護和童菩提兩兄弟。之後該傳承則流傳至納塘寺的覺頓祈願戒。他是一名專修金剛手菩薩法門的偉大行者，並且以能夠醫治由惡靈所引起的疾病而聞名。在擔任納塘寺住持的期間，他設立了一所印經堂並在那裡刻印了甚多典籍。他的主要弟子包括著名的有壞明慧劍，而此人也就是爲第一套完整手抄版藏文經論結集（甘珠爾和丹珠爾）負責翻譯的人。

彌勒傳承接著便由明慧劍的學生基頓妙音稱帶到了薩迦寺院。基頓巴在納塘寺原是一名備受尊崇的學者以及修行人，但到了十四世紀卻因政治爲由，他和學生們都決定要離開而前往薩迦。做爲一位大師，基頓巴受到了當地的歡迎並獲得了居舍供養。他對顯經和密續在任何方面都非常精通，而對像時輪密續、《三菩薩釋》、心要十經、了義十經以及彌勒五論當中所展述的了義內容尤爲重視。基頓巴因爲身懷廣博學識和甚深口訣之故，亦吸納了很多非凡弟子。

＊＊＊

每當我們回顧佛教思想是怎樣演進的時候，其實也會清楚看到不同階段的修行者在見修的成熟程度上到底是如何得到改進的。從佛陀在世的時候開始，這世間上便總會有著一些能夠領悟到其博大精深之妙義的非凡弟子。然而要讓一般佛教社群接受這些教法，則需要用上一千五百多年的時間。就在他們最終能夠理解到佛陀用意之完整面貌的時候，隱藏於密續教法裡面的高階法門，亦會如深藏的瑰寶一般被開採而得。

同樣道理，當這些傳承最初流入西藏的時候，因爲能夠領悟的人實在是少之又少，因此也就沒有得到很廣泛的公開傳播，而是以師徒密傳的形式靜靜地進行了約三至四百多年。直至十四世紀初期當所有因緣具足之時，我們便看到他空觀見的超凡智慧終於能夠大規模地展現人前。當基頓妙音稱在薩迦大寺院內廣傳彌勒觀法統甚深口訣的同時，克尊功德海則身在覺囊並教授著六支金剛瑜伽。而這兩支分流的大河最終亦將會被一名弟子結合爲一，並匯合成爲一片了義汪洋。

8 西藏的迦爾基法胤

早在蒙古人於一二四〇年入侵以前，西藏便已分裂成由不同王權和軍侯所統領的眾多鬆散王國。通過多次對衛藏所發動的小規模進侵，蒙古人繼而取得了安康等藏東地區的控制權，憑著其勢不可擋的軍事力量，他們最終也成功地將前藏和後藏納入了其帝國版圖。

在這段時期，蒙古人亦跟薩迦寺的著名開山鼻祖建立了相當緊密的關係。首先是薩迦大班智達盛喜勝幢受到蒙古朝廷邀請，成爲闊端王子的心靈導師。在盛喜勝幢過身之後，法王八思巴便被傳召入朝廷並擔當忽必烈汗的導師一職，而之後的數代薩迦崔津亦被宣稱爲西藏的精神以及俗世方面的領袖。

蒙古人當時在藏地主要是掌控軍事，而國家的行政以及管轄則交由藏人負責。在薩迦的管治下，衛藏被分成了十三個稱爲萬戶的行政區域，每個行政區域都有其各自所屬的萬戶府，負責向薩迦的本欽做出匯報。這是自新譯時期開始以來，首次有單一法統被推置於權力頂峰的情況出現。

| 右頁

多波巴般若勝幢

以他空觀宗見明釋了義。

儘管薩迦當時因盡得蒙古領主之優待而取得了甚爲顯赫的一席地位，但十三世紀末的衛藏卻仍然是處於心靈文藝復興時期的大潮當中。因於眾多不帶歧見上師的仁慈之故，不論是新譯或舊譯的教法普遍上都得到了茂盛發展。

就在這種充滿了非凡修學氣氛乃至相應證量也都甚高的獨特環境之下，一位極具影響力和遠見的奇才亦於西藏巍然冒起。

根據《大法鼓經》的預言所示，一位偉大僧人將於末法時期出世，並會傳揚以佛性做爲主旨的教法。正當佛法餘焰在印度聖地開始熄滅之時，在尼泊爾偏遠山區名爲多波的地方有名男孩出世了。這位男孩的名聲將會如三世全知佛陀一般廣傳天下，他的名字便是多波巴般若勝幢。

多波巴原本是先跟隨家人學習寧瑪法統的，在其年幼時便已經習得整部普巴金剛以及領受了眾多密法灌頂。據稱有一次在得到紅文殊灌頂之後，他亦相應地產生了智慧得到異熟的巨大變化，並且對學習佛陀教法生起了強烈的渴求。

多波巴在十二歲時成爲了一名僧人，接著便開始去尋求任何可以讓他涉獵更廣的學習機會。當時的寧瑪是以著重密法見稱，而薩迦則在治學方面擁有很大聲譽。過了不久多波巴很幸運地跟薩迦上師基頓妙音稱結上了法緣，而這是在他離開多波前往木斯塘之後所發生的事。多波巴一直都很希望能夠追隨基頓，然而當時他的父母卻只想他繼續留下並按照寧瑪的法統學習密法。

多波巴極其不願遵從父母的意願。在十七歲那年他便決定要離家出走並前往東面的木斯塘地區，亦即自五年前起基頓開始授學的地方。多波巴抵達後立即就開始了宗義學、攝類學、心類學以及星象學等科目的學習，並且很快就精通了這些學科的術語以及整體架構，甚至能夠跟眾多年長學員進行深入的研討和辯論。

基頓稍後因有緊急要事便返回了薩迦寺，而多波巴則仍留在木斯塘繼續接受磨鍊。過了一段時間，基頓知道自己或許再也不能夠離開薩迦寺了，於是就發信給多波巴和其他弟子，通知若想繼續學習的話便要前往薩迦寺找他。

成爲偉大利美學者

當再次跟隨基頓學習時，多波巴已是一名異常堅定和獨立的思考學者。在其他學生都只能對單一課題進行深入學習之下，多波巴卻可同時修學所有科目並且不會感到吃力。因爲這種特殊能力，他只用了一年半多的時間便已學通所有科目。

多波巴雖然也向當時的幾位薩迦大師進行學習，但他主要還是跟隨基頓妙音稱的教導。基頓本人對六支金剛瑜伽是懷有極大敬意以及非常尊崇的，故此亦較爲重視時輪金剛多於其他密續修法。再者，身爲彌勒觀法統傳承持有者的他，也就特別重視彌勒了義教法的學習和實修。這兩方面更深深地影響了多波巴，並成爲日後令他推動眾多宗義創新的基礎。

在基頓以及多位薩迦寺大師們的引導下，多波巴很快便對經續二學有了深切理解。除了時輪金剛之外，他更領受了喜金剛密續以及該修法體系，亦即道果的甚深要訣。

到後來，多波巴終在眾人要求之下而開始傳授教法。爲了做好準備，他先是去了附近的達那寺並在大師珍寶智那裡學習了三個月，從而亦盡得慈氏五論之深入教導和竅訣。在回到薩迦寺後，他便開始對宗義學、攝類學、心類學、星象學和戒律學這五大課題進行闡述。正如之前能夠在同時間學習多個科目一樣，他此時亦可將這些課題進行並排教授，在早上教授三科，在下午則教授兩科。直至所有的教程完成之時，多波巴做爲一名傑出學者的地位亦同時得到確立，並且從此成爲薩迦法統的一顆閃亮之星。

縱然已在薩迦寺院簷下學至頂峰，多波巴卻不會對其他法統帶有任何歧見。在二十二歲的那一年，他展開了周遊衛藏多個地區的旅程，拜訪了當時所有的重要治學中心。不論是隨學於哪位顯赫法統的上師門下，他都一致被公認爲一名識智雙全的優秀學者，因此不久之後也就被賦予了「全知」多波巴的稱號。

多波巴在是次遊歷的途中於卻隆寺大住持福德稱之處受了大戒，隨後更領受了噶舉和寧瑪的深入教法，以及希解和覺域二法的教導。當去到拉薩的期間，他拜訪了著名的大昭寺，亦即釋迦牟尼十二歲等身覺沃佛像的供奉之處。然後他又去了綽普寺並向彌勒坐佛聖像做出頂禮參拜，同時亦對該處的大佛塔深表稱歎。

當回到薩迦寺時，多波巴已領受了超過三十位不同上師的教導並且精通如海博法。在傳授了多次灌頂和教導之後，他便開始進行喜金剛閉關並繼而獲得了眾多成就徵兆，譬如能夠親見本尊以及八天女等。他在二十八歲時便被推舉成爲薩迦寺住持。

一位專於禪修的密宗瑜伽行者

多波巴當上住持一年之後，便開始對周圍的寺院進行遊訪。在是次行程當中他首次拜訪了覺囊山閉關處，並對能夠在那裡遇見甚多高證德修行人而感到讚歎不已。之後多波巴更常常對人說及當他看見每位覺囊行者都能通過實修而徹悟到實相本性時，便會感到自己實在是如此地微不足道。在拜訪完覺囊谷後，多波巴得到了很大的啓發，對覺囊教法的力量生起了完全信心。

接著他又去了噶舉的楚布寺，在這裡他會見了第三世大寶法王自生金剛。他們兩人在此期間亦對佛陀之教法做出了深入討論，而大寶法王則預示到多波巴在其已有的非凡證量之上，仍然會有再進一步超越的機會。該兩項事件在多波巴心中留下了極爲重要的影響，致使在回到薩迦寺不到一年，他便決定要卸下其尊貴地位並爲深入參修而奉獻此生。

在多波巴啓程去覺囊進行修行的前一晚，薩迦寺的其中一位上師袞榜稱勝幢便夢見全身泛光的觀自在菩薩被眾多僧侶圍繞，並一同踏上了前往覺囊的道路。就在同一時間，覺囊的時輪大師克尊功德海亦夢見迦爾基法胤白蓮在覺囊升起了佛陀教法的勝利幡幢。

到了第二天，當多波巴和隨行的八名僧侶抵達覺囊之後，功德海便爲他傳授了時輪金剛的完整灌頂、《三菩薩釋》的口傳以及六支金剛瑜伽的完整口訣，更將大成就者袞榜悲精進曾經用作禪修的吉祥寶地卡卓疊登精舍供予了他。多波巴隨即進入精舍，並且開始進行閉關。

在是次閉關完畢之後，多波巴去了一趟遵卻隆寺學習大圓滿以及那洛六法。他在這裡遇上了袞榜法稱吉祥賢，並且被認定是一名超凡聖賢。當回到覺囊的時候，他便被法稱祥說服了一同前去基仆精舍進行閉關，並且也在那裡向法稱祥傳授了《無垢光》的教示。

法稱祥在還未遇上多波巴前已是一名成就甚高以及備受尊崇的修學行者。他在七歲的時候便已能夠熟背慈氏五論，而不久之後又從貢塘寺住持接受了沙彌戒；直至十二歲前，他將全副精神都投放在宗義學、攝類學和心類學的學習之上；在其後的十一年間，他更遊訪了眾多寺院並接受各類教導以求自身對佛法的理解能夠得到磨鍊，而芸芸導師當中便包括有薩迦的蔣揚法勝幢、夏魯的大布敦仁千珠，以及桑普奈托的解脫譯師日勝幢。

到了二十三歲的那一年，法稱祥從克尊功德海領受了大戒，並學得時輪密續的甚深教導。以這些教法做爲根基，他很快就生起了多種禪定感驗。爲了要向法王遵巴學習以及請教修行，他之後又在遵卻隆寺留了下來。

多波巴和法稱祥兩人完成閉關後便一同回到了覺囊，而此時法稱祥亦成了多波巴的近身隨從。到下一年的春天，功德海便邀請多波巴爲覺囊眾僧傳授教法，而他本人則在同一時間爲多波巴傳授了一整系列的密法教導，如道果、密集五次第、勝樂密續以及息斷二法總集等。接著多波巴又在昆氏家族的請求之下去了薩迦寺，並爲當地的人們傳授時輪灌頂。

多波巴在覺囊弘法期間跟兩名最親密的弟子結上了法緣，分別爲羅札瓦智吉祥和麻迪班禪。智吉祥在十二歲時就已顯露出極高天賦，而其廣博學識和獨到見解更讓與他接觸過的人深感驚歎。他在十五歲時去了薩迦寺並追隨敦巴虛空智做深入學習，而在二十五歲時又去了札卡藍跟大譯師邦羅札瓦學習梵文。如是這樣過了多年，邦羅札瓦最終告訴智吉祥，是時候要爲所學之甚深教法進行驗證實踐了，同時更建議他應該去尋找多波巴般若勝幢。

當智吉祥去到覺囊時，多波巴正好在爲眾人傳授白蓮王的時輪註釋，接著便被安排跟他當面傾談。智吉祥此時亦深深地感受到這位覺囊大師的智慧和風範，並且赫然發覺自己竟然是如此地渺小，就像是須彌山底下的一根小草一樣。從那一刻開始，智吉祥便一直留在多波巴的身邊，並於最終領受了有關整套佛陀教法的大量傳承、釋要和竅訣。

大概就在同一時期，多波巴亦跟麻迪班禪見了面。麻迪班禪很早便被公認是彌勒佛陀的化身，在四歲時他就已經能夠背誦整部慈氏五論，後來又去了熱隆寺繼續學習，並在薩迦寺從蔣揚法勝幢那裡領受了眾多教法。據說在夏魯寺逗留期間，當他頭一次聽到多波巴般若勝幢這個名號的時候，便已經感到非常震撼並且不禁淚流滿面。

就跟智吉祥一樣，麻迪班禪是在多波巴剛完成禪修並準備要做《無垢光》之教授時而跟他碰面的。麻迪之前早已對多波巴能夠將眾多不同法源巧妙地融會入其評釋當中而深感讚歎，此時可以親自面見這位超凡上師，竟讓麻迪深受感動而不禁再次落淚。多波巴看到這種情況後亦心裡有數，於是便請麻迪入室詳談。當晚兩人相談甚歡，而從第二天開始麻迪便一直常伴在多波巴身旁，並且也盡得多波巴以及其弟子如法稱祥和智吉祥等的教導。

開啓他空觀見

多波巴在薩迦寺完成時輪灌頂之後，又去了卡卓疊登進行深入閉關。在沒有受到任何干擾之下，他用了一整年的時間去做時輪六支金剛瑜伽的修行。按照法稱祥的講法，在有著頭兩支瑜伽的實修基礎之下，多波巴便已經達至能夠親見無數本尊以及淨土的淨觀層次。然後在獲取第三和第四支瑜伽的基礎後，他更可以完全調伏自身的微細內風並且感驗到拙火的燃起，而就在同一時間他本身對他空不二觀見的體會，亦由實際的感驗當中產生起來。他深深知道這種體會實在是難以形容，故此亦不立即便向人宣說，而是決定要繼續閉關三年以完善頭三支瑜伽，以及令所達至之證境能夠進一步地穩固起來。

幾乎又是在同一時期，有一位名叫象敦嘉沃福德稱的謙卑僧人亦前往拜訪了多波巴。象敦嘉沃本是生於前藏的吉曲下游地區，在年幼時的大部分時間都是在拉薩的寺院中度過。他在二十二歲時移居至後藏，並跟隨薩迦寺的無畏稱學習以及受戒出家，而差不多在同一時間亦先後領受了同區多座寺院的不同教法。當時多波巴的名聲已經傳遍整個國度，而第三世大寶法王對他的特別稱許，更令象敦嘉沃對多波巴的印象尤爲深刻。

話說兩人有緣會面的那一天正值多波巴已經開始閉關，然而象敦卻仍有幸獲得這位全知上師接見。儘管他們只是傾談了片刻，但象敦卻已對多波巴的證德感到非常讚歎，並且覺得自己只不過是站在大鵬金翅鳥前的一隻小鳥而已。在接著的八年間，象敦領受了無數灌頂，乃至《三菩薩釋》以及其相關密續的教導。

多波巴出關後不久便受到功德海邀請去承接其法嗣以及繼任覺囊住持的要求。儘管多波巴本人只想留在偏遠之處繼續參修，但最終還是決定去拉薩的大昭寺一趟以做祈請。他問觀自在菩薩聖像到底該走哪一條路才會讓眾生獲得至益，到底應該去做閉關還是承接覺囊住持的職責呢？這時聖像的心間見有光芒照耀，而多波巴亦聽見了叫他去接受法嗣的聲音。當他返回覺囊寺時便被正式確認成爲了功德海的繼承者。

此後多波巴便將時間輪流交替分配做閉關和傳法之用。每年的夏冬二季他只會用作閉關，而弘法活動則會在春秋二季進行。他主要教授由基頓妙音稱那裡所領受到的多部了義典籍，但又會將所講的內容跟白蓮王的時輪評釋連貫起來。

功德海在一三二七年進入了般涅槃。爲了向這位摯愛上師致敬，多波巴決定要興建一座跟在綽普寺所見相類似的大佛塔。這座佛塔在意義上並不只是包含其對恩慈上師的無盡敬意而已，因爲對於無緣修學佛法的人而言，該佛塔更是一種信念明燈的代表。

多波巴最先是嘗試在上桑滇興建這座佛塔但卻沒有成功，然後就在下桑滇找到了一處較爲合適的位置，並親自爲此極具挑戰性的建設奠下基石。縱然因爲建造工程之巨大而引來諸多批評，但多波巴仍向眾人闡述這個建設將會如何成爲生起廣大功德的善因，以及會爲任何能夠看見、聽聞或觸及佛塔的眾生帶來無窮得益，並且更聲言該座聖山亦將會成爲智海之源，而任何對此番事業加以阻撓的人也必將深感後悔。

於是近郊的築匠和技工便陸續湧至該地，每個人都想爲實現多波巴的宏大願景而盡己所能。亦有人爲修建佛塔而捐贈物資，甚至爲工匠們提供膳食以及任何所需。當石材逐一被鋪上的時候，工匠們亦都會同時念誦觀自在菩薩摩尼心咒。該建設的名聲很快便傳遍各地，來自四方的供養物資亦都紛紛送至覺囊寺處。更有傳聞多波巴會在同一時間現身於各處不同地點，陪伴眾親密弟子一同鋪設磚石直至工程完成為止。

在佛塔逐漸建成的期間，多波巴亦會待在塔基進行弘法。這是他頭一次公開地教授如何明確分辨自空和他空觀見。有很多時候他也會以《三菩薩釋》去講授密宗他空見地，並且透過心要十經以及慈氏五輪去述及顯宗的他空觀見。

這些教導的內容很快就傳遍各個寺院，而學者們也開始於覺囊門前列隊要去跟多波巴進行辯論。在眾多學者當中有一位名為措利南界的大師。措界瓦成長於西部的阿里地區並曾在尼泊爾及後藏多處參學，包括薩迦和札卡藍這些大寺院等。此時的他早已憑著異常出色的辯論技巧而享負盛名並且贏得措利南界這個名號，亦即「全方皆勝」的意思。當時的措界瓦仍然是一名堅定的自空見擁護者，故當得知有多波巴的他空見教授後就心生好奇，並且想要對他了解更多。

在措利抵達覺囊寺的時候，多波巴正好剛為一群僧眾做完講示，所以他便請求多波巴為他進行單獨教授。而當他去到尊主多波巴的面前時，竟然感到好像有巨大光芒自他的身上散發而出，致使措利無法直視。措利赫然發覺自己竟是如此渺小，於是隨即以其顫抖的雙手獻上供養。這兩人接著便開始對眾多教法的理解進行討論，所涉及到的課題包括有宗義學、攝類學以及心類學等。措界瓦被多波巴的淵博學識所深深打動，而多波巴所述及的一些文獻對於措界瓦而言甚至是聞所未聞，讓措界瓦感覺到自己就像是咆哮巨江旁的小水渠一般地相形見絀。

於是他隨即便向多波巴跪拜並請求收他為弟子，而多波巴亦欣然接納所求。在之後的一段長時間裡，他領受了時輪圓滿次第修法的深入教導乃至各種各類的密法釋要。起初措界瓦覺得這些內容比較難以掌握，但隨後在多波巴的其他弟子如法稱祥和麻迪班禪等的指導之下，最終他亦對所修的內容生起了卓越洞見。多波巴透過多次跟當時最優秀學者們進行討論，對他空觀見的呈述方式亦越見細膩，並在最終撰寫了《山法了義海》這一部無遺巨著。多波巴僅在這部單一論籍當中，便已用到如海的顯經和密續例子，指出將自空執持為實相了義的繆誤之處。針對所有反對觀點，他都提出充足的典籍來源並以清晰的理證去支持其觀點，實為佛陀教法之了義的正確呈示。儘管有許多學者嘗試要貶低或者駁斥他的觀點，但其論據卻仍然堅挺屹立並且貫徹至今。

而多波巴的眾多論著都有一個特點，便是會將「新」的術語引入其中，以致能夠更貼切地形容究竟本性的各個不同面向。他更會為了要進一步釐清其闡述位置，而將先前的許多哲學名相在字義上做出相應轉化。如此善於靈活地運用言辭，也是令眾多執守固見之學者對多波巴反應甚為激烈的原因之一。他在很多方面已把空性的呈示方式徹底改變，而一般人對此卻是難以理解和接受。

多波巴論著的另一主要特點，便是會廣泛地引述不同經續，從而達到實化其觀點的作用。他會取證於多部原始文獻，而隨著時間增長，他的著作便越切合佛陀之廣大教法的原義。正是如此，他也就編織出了一種既是緊密而又統合，能夠讓人以基、道和果三個層次去理解了義的切入方式。以自身對了義所生起的洞見爲基礎，多波巴注意到當時的時輪密續以及其評釋《無垢光》的翻譯，都有需要做出更新。透過羅札瓦智吉祥和麻迪班禪智勝幢等的協助，多波巴以當時的梵文原典爲基礎，指導譯出了全新的翻譯版本。

在多波巴安排其弟子進行翻譯工作的同時，他自己則爲所有原典撰寫深入註釋和摘要，以求能夠讓了義得到明示。他同時也選擇保留了同儕布敦仁千珠之前所做的註釋。據聞其弟子措利南界之後也曾撰寫出一系列的深入註釋，但在形式上跟多波巴的卻有著明顯分別。縱然到現今多波巴的摘要仍然可以尋找得到，但是他的註釋卻是極爲罕見，人們甚至已經很難分辨出當中跟措界瓦所撰註釋的差別所在。

第二香巴拉在西藏展現

在大佛塔完工之後，覺囊谷亦成爲了信眾們的一處重要聖地，而絡繹不絕的人群也從西藏各地來到這裡做出祈願。多波巴的名聲此時已經傳遍整個地區，更被公認是史上證德最高以及最受尊崇的偉大上師之一。在接下來的幾年當中，多波巴的大多數時間都用於遊訪各處不同區域、建造佛壇寺廟以及進行深入禪修閉關。據說在某次閉關期間，多波巴便曾親見香巴拉極致淨土並透過禪定力量而漫遊其中。在另外的幾次閉關中，他則把全副精神都放在佛陀教法之各個面向的學習上面，而隨後更撰寫了多部論籍以及實修指引。

差不多就在同一時期，多波巴亦吸引了大批信眾到來，而當中更不乏在之後成了他的親密弟子，並且為發揚他空了義教法擔當了重要角色。涅溫盛喜祥可算其中一位最偉大的弘法者。他在年幼時已被功德海認證為時輪大師蔣薩般若的再世化現，隨後便留在薩迦寺以修學為主，亦曾深入地遊訪過整個衛藏，並從不同的上師那裡領受了所有主要法統的珍寶教法。涅溫盛喜尤其以機智和辯才最廣為人知。在二十歲那年他生了一場重病，剛好多波巴也在同一時間去拜訪薩迦寺。於是涅溫的友人便趁機把他帶到法主面前，當多波巴看見涅溫時卻向他吐了一痰，然而他的病竟然在瞬間得到了治癒。後來兩人終於在查哥宋寺正式見了面並做了一番暢談，自此以後涅溫盛喜對多波巴的信心亦變得相當堅定。之後他更跟隨多波巴一同返回覺囊，並在這位偉大上師以及其主要弟子如措利南界那裡領受了無數教法。

至於另一名重要弟子便是秋傑仁趨瓦了。他的原名本是仁千趨成，最初是在乃寧和夏魯二寺做修學，並且也是第三世噶瑪巴自生金剛的學生，被噶瑪巴認證為著名印度班智達聖賢無著的轉世化身。噶瑪巴曾建議仁千趨成前往覺囊寺，並

| 左頁

覺囊大佛塔

了義之海由此山谷流出。

且在多波巴那裡領受教法。當他抵達的時候，多波巴正好剛完成了一場關於《無垢光》的教示。在接著的二十年間，仁趨瓦除了在多波巴那裡受了大戒之外，更加獲得了眾多的時輪教法以及其他了義典籍。在此期間他亦成爲衮榜法稱吉祥賢、羅札瓦智吉祥、麻迪班禪和措利南界等人的學生。

多波巴在某次拜訪薩迦寺時又遇上了另一位名爲智勝幢的僧人。就在之前一晚，智勝幢便夢見了本尊金剛亥母，並且被告知有位迦爾基法胤將會到來以及應該在他那裡領受教示。多波巴之後亦用了很多時間將包括時輪金剛、《三菩薩釋》乃至十二組六支金剛瑜伽口訣在內的眾多教法傳授給了這位僧人。智勝幢接著又從法稱祥、智吉祥以及措利南界那裡領受了教示。措利南界更加推薦智勝幢前去曼曲精舍留居，因此不久之後他便獲得了曼曲卡瓦這個名號。

薩迦大師不空勝幢則是專程前去覺囊向多波巴求法的，他同時也帶了一位名叫唐波穹瓦的少年奇僧。當多波巴看見這名幼僧時心中甚是歡喜，然後便爲他們傳授了時輪灌頂和六支金剛瑜伽等的口訣。據說多波巴的灌頂力量甚爲強大，以致有很多人都會瞬間進入一種定境狀態，他們的概念心識會頓然息止，有的人甚至會做出各種各樣超乎尋常的動作，有幾次便見有參與者以禪定坐姿彈起至半空的高度。類似的情況經常會出現在多波巴所主持的灌頂法會裡面，故這亦成了覺囊法統的獨有特色，唐波穹瓦是次也獲得了同樣的極致空性感驗。多波巴之後更讓這名年輕僧人認出了優摩不動金剛的遺物禪帶，然後便向人宣稱唐波穹瓦其實就是這位大瑜伽士的轉世化身。唐波穹瓦接著便在多波巴那裡受了大戒，並在其主要弟子的指導下繼續進行學習和參修。

嘎戎瓦天勝幢被公認爲聖天尊者的轉世，而他本身也是一名傑出的學者和瑜伽士，曾先後跟隨楚布寺的鐸登稱獅、札卡藍寺的至寶賢、薩迦寺的蔣揚法勝幢以及貝塘寺的珍寶賢等大師學習。之後他自己亦成爲了一位備受尊崇的具格上師。在天勝幢修學於熱隆寺的某一天，偶然間聽聞了關於多波巴的勝妙教法以及其超凡成就。就在他三十二歲的那一年，天勝幢懷著虔敬之心前往覺囊並跟多波巴見了面，繼而更領受了包括時輪金剛、喜金剛以及勝樂金剛等密法的教示。

另外又有一名年輕僧人塘沃徹盛喜覺本，在隨學於遵卻隆寺的法王遵巴期間，讀到了多波巴的《法教總釋》祈請文。同樣是信心滿盈的他也去了覺囊以求能夠跟多波巴會面和詳談。縱然盛喜覺本亦曾經於著名寺院如薩迦等做過深入學習，但他卻從未遇見過一位像多波巴這樣卓越的上師。他赫然發覺到自己之前對教法的理解實在是不足以掛齒，直到如今遇上了多波巴，才讓他眞正地認識到佛法的奧義所在。自此以後他便決定餘生都要留守在多波巴的身旁。

多波巴的名聲並不只是在藏人之間流傳，關於其證德和成就的事蹟更進一步地傳至遠東大元順帝的耳中。元皇帝隨即派遣了使節前往覺囊，並希望多波巴能夠接受邀請來華以及傳授教法。儘管有關這段歷史的實情各有不同說法，但可以肯定的是多波巴對政治方面完全毫不在意，他婉拒了元順帝的邀請並選擇在接下來的四年當中進行閉關。在得知多波巴無意來華之後，元順帝最終也就發出御函，同意讓他留守西藏繼續其弘法事業。

早在元朝使節到來之前，多波巴便已決定要從覺囊住持的位置退下，並且選擇羅札瓦智吉祥做爲自己的繼任人，此後多波巴也就有更多隨意遠遊以及投入長期閉關的機會。智吉祥擔任了十七年的覺囊住持，直至到一三五四年撒手塵寰爲止。

爲了要替智吉祥進行舉殯儀式，多波巴返回了覺囊寺。然後他委任了措利南界做爲新的住持，而措利南界也爲多波巴最新建成的昂仁學院擔任了協助工作。然而就在繼任了整整四年之後，措利南界感覺到自己已經再沒有能力繼續看管兩間寺院了，因此在獲得多波巴的祝福後他也就退下了職位，繼而引退至色卡瓊精舍專注禪修度過餘生。多波巴接著便委任了寶勝幢做爲覺囊住持。

過了不久，多波巴去了納塘寺做弘法教示，他在那裡遇上了第三世噶瑪巴自生金剛的親密弟子秋傑圓滿吉祥賢。圓滿吉祥賢曾修學於楚布以及達隆這兩座噶舉寺院，某一次他有幸地拜讀了《了義海》一書，隨即便汗毛直豎感動得掉下淚來，自此以後他便一直祈求能夠有機會親自領受多波巴的教示。而當他得知全知多波巴就在納塘寺時，便決定要前往拜見以完成長久心願。

在衛藏傳播和平與和諧

多波巴的弟子們各自都成爲了證量甚高的大師，並且都被安排了不同的寺院和精舍做爲供養。

就在其法脈傳人都各見成就之後，多波巴便將注意力轉移至後藏薩迦領主和前藏帕木珠之間逐漸升級的政治紛爭之上。

帕木珠原本是薩迦所統領的十三個萬戶的其中之一，這個邦國最初是由達波噶舉學者帕木竹巴金剛王於一一五八年創立的。自此以後，該國亦逐漸成為一股富裕以及強大的政治勢力。

而當蒙古大元王朝開始步入衰退之際，其對西藏的影響力也同樣逐漸走向下坡。在欠缺蒙古盟友的支援之下，薩迦最終亦無法阻止極具野心的菩提勝幢奪得前藏地區並且自立為王。到了後來薩迦王朝更是完全垮台，而帕木珠亦趁勢奪得了前後兩藏的控制大權。帕木珠隨即便在雅魯谷王宮成立了一個新的政權，更以大吐蕃王朝時期的體制做為仿效對象。

處於這場權力紛爭之下，有很多寺廟不免亦遭受到嚴重破壞。雖然已經達至六十六歲之齡難做遠行，但多波巴卻深深覺得必須為此而盡己之力。於是他便決定要前往拉薩向釋迦牟尼之等身覺沃佛像做出祈請，希望能夠憑著此舉將和平與和諧加以推廣。

多波巴的這次旅程是從藏布江乘船而開始的，在沿途中他亦曾為了弘法而於涅薩和卻隆兩寺停留了一段時間。因為有喇嘛淡巴福德勝幢向他請求做第四次結集以及撰寫相關解說之故，於是多波巴便在卻隆逗留了將近一年。

在完成著作之後，多波巴便又繼續上路了。此時一些深懷敬意的弟子們為這位全知上師準備了一座抬轎，讓他可以緩緩地、較舒適地前去後藏。無論所到何處，他都被成群的信眾包圍並獻上供養和讚美。而親赴聆聽開示的群眾人數實在是太多了，以致傳譯者們往往需要一個接一個地，將開示內容重複傳至身處後方無法聽到多波巴說話的人們。

經過約半年的旅程，多波巴終於抵達拉薩。他在此處以黃金和酥油燈做出了長供，並於接著的半年間為從周邊地區湧至的無數群眾傳授教示。然而來參與的人數實在太多了，只有少部分人能夠順利擠入會場之內，曾經有好幾次因為場地不勝負荷，而發生了門道扭曲以及梯階倒塌的情況。

當多波巴在拉薩弘法時，他遇上了一名剛於年前受過大戒的年輕僧人。這位名叫福德賢的男孩跟多波巴亦是有著很深的緣分，之後更成為他的近身隨從。在接到被邀請返回覺囊的通知之後，多波巴、福德賢以及眾隨行人員，也就再次踏上了前往後藏的回程路上。

多波巴沿途所經過的地方，都有大量人群跟隨並且向他請求給予加持，而隨行僧人亦總會把多波巴的坐轎包圍抬高，讓群眾列隊逐一從轎底走過。據說此時很多人往往會失去知覺，並完全浸沐於虔信的氣氛當中。

途中，眾人在聶塘寺停了下來讓多波巴去拜訪阿底峽佛塔。他在這裡遇到了一位名叫直貢羅札瓦的傑出行者，其已精通薩迦和噶舉教法並且學識和修養兼備。當直貢羅札瓦跟多波巴面談時，感到自己就如太陽面前的一隻小螢火蟲一般，此時有一股不可言喻的強大信心不禁從心中生起，故此之後便一直追隨在多波巴身旁直到終生。

接著多波巴便被邀請去了夏魯寺弘法。他在抵達後便提出想要跟布敦仁千珠做佛法討論。有傳言說布敦當時正在日布精舍進行入定，當得知多波巴想要和他辯論之後，便打算以占卦來決定到底是去或不去。根據法稱賢的傳記所述，布敦應該是叫他的隨從去隨意取一本經書然後念給他聽，而這名隨從竟然就選中了內容有多波巴授記預言的那一本（亦即《大法鼓經》）。布敦覺得這是一種預兆，便決定有禮貌地婉拒了是次辯邀。於是夏魯眾僧便告訴多波巴，布敦因身體抱恙而未能來與他見面。這個時候，多波巴便宣讀了辯論的開場獨白然後深深地慨嘆起來。而此舉也令致寺院的牆壁當場現出了一道裂縫。

過了整整三年，多波巴終於回到了覺囊寺。然後在接著的一年當中，他只留在德瓦千精舍爲從各地絡繹不絕而至的訪客們給予加持和教示。公元一三六一年秋，多波巴的年歲已是六十有九，而各種各樣的臨終徵兆亦開始在他的身上顯現。

過了不久，多波巴便做了一生中最後的一場公開教示，內容涉及到《山法》以及時輪法道前行實修方面的深入指導。在六天內講到整個課程的一半時，他突然向弟子們宣告自己已經不能夠再繼續講課了，然後便囑咐要好好珍惜所得之教法並給予了他們最後的忠告。多波巴完全沒有顯現出絲毫病痛，而所有記載亦都描述到當時的他看起來似乎是更加容光煥發以及更具健康神采。

當天晚上，多波巴召集了他的年長弟子們，並向他們授示了十相自在的詳細形相。在眾人散去之後他便躺下睡著了，只是在將近半夜時醒過一次並且問他的隨從：「現在天亮了嗎？」隨從回答說長夜漫漫，當時連半夜都還未過完呢。多波巴接著說道：「那麼很快便要天亮了。」當黎明終於到來時多波巴亦坐了起來，在整理好身上的僧服後便又進入了甚深的禪定狀態。他睜著雙眼凝視前方，過了不久也就進入了般涅槃。

＊＊＊

隨其一生的終結，全知多波巴亦為整個西藏留下了一道永久不滅的印象。縱然有人會因為不明當中深義而將他的觀點視為異端說法，但他卻是以一切眾生之裨益為重而永不卻步，直至最後一口氣時他仍然繼續分享其智慧而不帶任何虛偽和自負。他以釐清教法為己任，同時亦將所有跟他相遇過的人帶到更接近於了義實相的境地。

多波巴不帶歧見以及不分教派的取態，更讓他從當時的所有主要法統裡聚合到了一群極度虔誠的信眾。他的十四名心子更珍存了他空觀見的精髓，並且將之廣傳至西藏的各個區域。按照預言所示，多波巴的教法亦將會在之後的八十年間持續綻放。

9 覺囊法道綻放

在帕木珠王朝統治的期間，西藏亦曾經歷了一段較爲和平與繁榮的時期。大司徒菩提勝幢便對衛藏施行有力管治並將整個地區劃分成若干個新建城邦，每個城邦之總督的任期皆爲三年，以確保權力能夠定期交替。在大體上，帕木珠當時亦爲西藏民眾提供了一個適合於追求心靈法道的安全環境。

在這樣的環境之下，自十四世紀下半段開始亦見到有眾多法統都得到多元發展的情況。薩迦在當時便算是最大的已創立宗派，而噶舉法統卻是以多個不同族氏派別的形式迅速冒起。至於寧瑪和噶當的寺院體系則是仍然壯大，而像香巴、希解以及覺域等較小傳承雖然並沒有自己所屬寺院，但卻又不礙其教法在區內得到廣泛傳播。

在多波巴之前，覺囊通常會被認爲是屬於薩迦法統，並且是以時輪金剛做爲專修的其一支派。

然而在多波巴引入了他空觀見的呈示之後，覺囊從此亦被清晰地界定爲一個獨立的專屬宗派。自十四世紀開始，覺囊跟其他法統便已經有著非常緊密的連繫，然而彼此間的見地和修法則仍然保持著各自原有的特色。

正當覺囊處於擴展階段的同一時期，另有一支法統亦見在衛藏逐漸成形。格魯（亦即之後對這個派別的稱呼）原本是由宗喀巴智賢稱所創立，宗喀巴曾於各個不同法統做過深入修學，故此亦可稱得上是一位不折不扣的利美大師。有見於當時藏地的佛門在見地和行爲上都普遍地處於敗落的情況，宗喀巴便立心要用其一生以及盡最大努力將之加以修正。

薩迦大師仁達瓦童子智是宗喀巴的其中一位上師。仁達瓦曾於涅溫盛喜門下修學過他空宗義，但後來卻對多波巴的觀點持有批判態度。他甚至嘗試過要貶低他空觀見乃至時輪密續本身，並曾公然聲稱此二者皆爲「非佛法」。縱然宗喀巴似乎並不同意仁達瓦這種針對時輪金剛的批判觀點，但卻同樣也認爲應成中觀見乃是解說空性究竟本質之最高見地，而對之甚爲推崇。宗喀巴自己亦撰寫了甚多評釋，以主張月稱一直以來在龍樹中觀解示方面的卓越地位。

由宗喀巴所撰寫有關宗義方面之著作的一個共同特點，便是經常會用到一些針對多波巴的批判論點做爲其自身體系的呈示基礎。這種取向往往亦會將他自己置身於覺囊的對立面上，並且更爲這兩個宗派之間播下了關係不和的種子。然而無可否認的是，儘管宗喀巴本身的宗義見解並不盡爲人所認同，但其甚具邏輯以及條理清晰的呈示方式，卻普遍地受到各方所讚歎。不久之後兩個陣營亦相繼形成，分別爲擁護自空觀見的一方，以及擁護他空觀見的另外一方。

除了宗見方面的改革工作之外，宗喀巴也很重視將寺院清規重新建立起來。在蒙古人之前的縱容統治下，有很多僧侶對持戒守誓早已經是鬆懈置散，尤其是在女色以及飲酒方面。宗喀巴認爲這種缺乏紀律的現象絕對是一種嚴重過失，故此便把戒律規條（毗奈耶）以及菩薩學處重新納入至修學主線，從而對當時的不良風氣做出相應整治。

帕木珠一向都以虔誠見稱。他對宗喀巴的改革熱誠甚爲欣賞，故此便施予大力資助並於拉薩近郊興建了一座全新寺院，而每一年亦會在拉薩本地舉辦一次默朗祈願法會。至於該座新建的甘丹寺日後也就成了宗喀巴信眾們的聚焦所在。

宗喀巴從此便開始吸引到大批弟子前往拉薩地區。過了不久，哲蚌寺和色拉寺亦相繼建成。在數年間這三座寺院的發展都達至了小城規模，而每間寺院亦各有超過一萬名常住僧眾。宗喀巴的這些追隨者們之後亦形成了人所共知的格魯派，其在藏文的意思爲「善統」。該法統對大乘經教方面的系統性修學尤爲重視，而修習密法則是屬於那些至少已有二十五年經論基礎，並相對上屬於較爲少數的修行者們的專利。

多波巴十四心子

當宗喀巴和其信眾們正致力於建立起自宗法基的同時，維護和推廣多波巴教法的重任則落到了其十四名心子的肩背之上。這班心子就如太陽光輝一般自覺囊的中心散發而出，各自都遍布於衛藏的不同寺院和精舍做長駐以及弘法。這裡的每位弟子皆是已達極高證境的金剛瑜伽行者，不單能夠以因明理學去闡明以及維護宗義，更加可以透過自身的甚高證德做爲眾人的閃亮模範。

1. **袞榜法稱祥：**在修建覺囊大佛塔完工之後，法稱祥便決定要將全副精神都投放到單獨靜修之上。然而他的原定安排在閉關期間卻遭到打斷，他接到了敦巴智的邀請要前去曲桑寺設立課程以及協助教學。他在之後的數年間教授了一系列的不同科目，當中便包括有四次時輪評釋的完整講解。

當沒有授課時，法稱祥則會好好地善用時間進行閉關。據稱他曾經於定境中親見阿彌陀佛淨土，甚至可以清楚看到自己體內之各種風息的不同顏色。經過更進一步的密集修行之後，他更加生起了天眼神通，並且能夠憑著意生之身在任何地方做出示現。

法稱祥之後代表多波巴去了中國。他爲元朝皇帝展示了自己的證量，並於逗留中國的七個月間毫不間斷地傳授佛法。他在那裡詳細地敘述了多波巴的生平事蹟，更將多波巴火化後所遺留下來的其中一顆骨舍利送給了元朝皇帝。在返回曲桑寺的路上，他曾於沿途多處做過停留，並為人們傳授了時輪評釋以及其他課題。

至到八十一歲的那一年，年邁的法稱祥被邀請去貝登寺進行弘法。儘管曾經透過天眼神通而事先得知是次旅程將會充滿危機，但是他卻仍然堅持上路。就在路經一處山口的時候，他和同伴們便遇到了一名叫作強巴悉地的當地軍閥所襲擊，而法稱祥亦因此慘遭砍殺致死。他的遺體之後被帶返了曲桑，並由法道兄弟麻迪班禪和措利南界兩人負責主持了火化儀式。

2. **羅札瓦智吉祥**：在智吉祥四十一歲時，多波巴便將一整套聖物交給了他，並宣稱其為覺囊法座的繼任者。在接著的十五年間，智吉祥曾為大佛塔做過多次的裝飾建設，其中便包括有十六大阿羅漢聖像、支撐主殿的三十二柱以及座台的八十短柱等。在其盡心經營之下，覺囊寺和大佛塔亦都各見輝煌光彩。在智吉祥辭世後的火化過程當中，便曾出現虹光滿天以及地動山搖等的奇異現象。

3. **薩桑麻迪班禪**：麻迪班禪獲得了多波巴之淵博學識的完整傳承，之後他亦成為了一位著名學者和瑜伽士。在一三三七年，他被邀請去了薩桑甘丹寺進行弘法。他在這裡用了一年的時間教授《無垢光》評釋，住持大師月勝幢對他的講解極為印象深刻，於是便決定要將整座寺院供給麻迪班禪做爲長留居處，而從此以後他亦被尊稱爲薩桑麻迪班禪。在其餘生當中，麻迪班禪遊訪了各處地區，並於納塘、勒卜、夏魯、熱隆、尼洋彤、薩迦以及桑普等寺院，爲人們傳授了眾多不同教法。據稱在每次傳法時，總會有至少四百名弟子將他圍繞其中。

4. **尚敦嘉波福稱祥：**福稱祥曾於多波巴處隨學二十八載。在他六十四歲時，堪千拉旺便向其供予了四座位於貝登的寺院，而福稱祥之後更在那裡興建了一尊等身的多波巴金身坐像。據稱當其上師法稱祥爲該造像進行開光時，便有天降花雨以及滿天虹光等的眾多吉祥瑞兆出現。在接著十五年裡的每個夏季，福稱祥都會爲眾人講授《三菩薩釋》，而其餘的時間他則會用於禪修以及著書之上。便是如此，他亦得以成就了聞、思和修之般若。

5. **覺囊措利南界：**措利南界在昂仁寺時傳授過時輪金剛的教示，其後更獲得邀請而成爲該寺院的住持。當羅札瓦智吉祥辭世不久之後，他便受到了多波巴的請求而擔任了覺囊住持一職。措利南界在接著的四年間便身兼了領導昂仁和覺囊二寺的重任。據稱有一次當措界瓦和眾僧在覺囊寺爲某座全新印經石模作加持時，所撒出的米粒竟奇妙地也在昂仁寺裡同時出現。措利南界最終亦在獲得多波巴的祝福之後，從該兩間寺院的住持職位退下並移居至色卡瓊精舍，此後他便只是進行嚴密閉關，直至多波巴去世後才決定要出關以及再次擔任覺囊住持一職。而這一次他則留任了十五年，並爲眾人傳授了時輪評釋的深入教示。

在七十二歲的那一年，措利南界前往了拉薩以及衛藏的多處地區，並將時輪大法傳授給廣大群眾。在回到後藏時，他又再一次前往了色卡瓊精舍進行閉關。據稱在是次回程途中，措利南界和他的隨眾亦幾乎遭到之前殺害法稱祥之軍閥的同一毒手，而大家最終可以安全回程全是因為措利南界早已透過天眼神通看清情況，故而能夠避過一劫。此後措利南界便一直留在色卡瓊精舍，直至一三八六年與世長辭為止。

6. **澤千涅溫盛喜祥**：涅溫盛喜祥五十六歲前一直都是待在多波巴的身旁，期間除了深得這位全知上師的教示外，亦曾於其弟子措利南界之處領受教法。有段時間涅溫更獲得了薩迦寺的邀請，並在那裡用了數年時間教授他空宗見以及時輪密續。相信仁達瓦也是在這段期間從這位偉大上師之處領受到其大部分的竅訣。

涅溫於一三六六年在尼洋谷蓋建了澤千寺，而其餘生基本上都是留在該處，並為眾人傳授了如宗義學、攝類學以及時輪大疏等的深入教示。隨著時間過去，他最終所聚集的弟子人數便約有六百，於是澤千寺亦因此而成為衛藏一帶最具規模的覺囊寺院之一。據悉廝迪班禪便曾到訪澤千寺，並協助過涅溫替眾多聖物以及新建佛壇進行開光。涅溫在九十五歲那一年辭別塵世，並以安住於自然光明淨境的狀態維持了整整八天。

7. **法主仁千趨成**：仁趨瓦在五十八歲時獲邀去了位於前藏的堆龍南界寺。他在那裡住了下來，並長期爲眾人做時輪評釋以及其他科目的深入教示。他亦興建了一尊彌勒佛陀巨像，並邀請了麻迪班禪爲其開光。

之後他又去了貢塘寺爲人傳授六支金剛瑜伽的口訣。在貢塘寺逗留的期間，他曾參與了一場連續進行五天的辯論，據稱擊敗了所有的挑戰者，當時在場的人無一不對這位成就非凡的大學者和瑜伽士生起極大信心。仁趨瓦在晚年時回到了堆龍南界寺，並在該處用了三年時間傳授《三菩薩釋》的教示。同時他亦撰寫了兩部非常長篇的評釋，名爲《入二資糧道》。

8. **曼曲卡瓦智勝幢**：智勝幢曾是措利南界的親密弟子，並且從他那裡領受了如密集金剛以及勝樂金剛等不同法統的眾多灌頂和口訣。在一三五八年，他以隨從身分跟隨措界瓦一同去了前藏。在路經後藏的回程途中，有人向智勝幢供予了一座名爲曼曲的小精舍，而智勝幢則在其上師的力勸下接受了該處做爲長居之所，並立即進入了閉關。

有一天當曼曲卡瓦在進行密集禪修的時候，他竟然在禪夢中看見了彌勒佛陀騎著一頭泛光的白獅到來。彌勒被身旁的十六大阿羅漢圍繞其中，而每位羅漢的彼此談話都是跟慈氏五論當中的內容有關。到了清晨他便被一陣法螺響聲喚醒，原來這是要通知大麻迪班禪已經來到精舍了。當時他所騎乘的就是一頭白色混種犛牛，而其身邊則有十六名僧人伴隨同行。曼曲卡瓦認爲這是一種吉兆，於是亦對麻迪生起了極大信心，並感覺到他和彌勒實爲無別無異。於是他便趁此機會請求麻迪傳授慈氏五論的教示，然而麻迪卻回答說：「我已經在夢中教過你了，故此在這裡也就不必再重複一次了。」儘管最終麻迪還是答應了所求，並在接著的一個月內爲聚集當地的一千多名僧眾傳授了深入教示。

在另外某個時候，喇嘛淡巴福勝幢亦來到了後藏的聶塘寺進行弘法。當時那裡有著許多自空觀見的擁護者，他們皆認爲究竟本性的真義亦即空無一物。曼曲卡瓦便在接著的七天裡跟眾僧進行了辯論，而在此期間更盡顯了他對經論以及因明方面的深入掌握。當辯論完畢時，喇嘛淡巴以及眾大師們亦都對曼曲卡瓦生起了極大的崇敬之意，更向他獻上無數供品。

曼曲卡瓦接著又去了前藏的一些周邊地區寺院繼續弘法，其中便包括有巴仁和直貢兩寺。當傳授完時輪金剛以及其他課題的教示後，他便返回了曼曲精舍然後立即進入閉關，直至得知其上師措利南界到訪聶塘寺時才再出關。在那段時間，措界瓦亦勸服了曼曲卡瓦要爲眾人去做佛教宗義方面的深入教導。

9. **唐波穹瓦智慧祥**：在仁千趨成過世後，唐波穹瓦便接替了前藏堆龍南界寺的住持一職。多年以來他曾傳授過眾多教示，而當中最被他本人所重視的便是時輪密續了。最後當他離世時，更是處於臨終淨光的定止狀態長達四十九天之久，期間他的肉身亦全無一絲腐壞之象。

10. **嘎戎瓦天勝幢**：天勝幢曾經跟隨多波巴和其眾弟子做深入學習，之後更獲邀成爲嘎戎寺的住持。他在該處連續教授多年，並盡顯了其所領受全部法統的淵博知識。接著他便接受了堪布菩提賢的邀請而去到了那千南卡卓寺。在這段期間他蓋建了許多聖像以及修葺了眾多佛壇，更爲眾人傳授了多次教示。他亦撰寫了一部名爲《基道果》的關於六支金剛瑜伽的詳細評釋。

11. **塘沃徹盛喜覺本**：在四十八歲那一年塘沃徹到訪了達那寺，接著便成爲了該寺的住持，並在隨後的六年裡一直教授時輪密續。後來他又去了雅魯地區，有人供予了他另一座寺院，自此他便一直留在該處教授《無垢光》之教示，直至七十二歲離世爲止。

12. **秋傑圓滿祥**：圓滿祥曾在多波巴那裡領受大戒，其後便獲邀去了前藏的桑普寺教授時輪密續以及金剛瑜伽。接著他又去了巴仁寺，並爲眾人傳授了以了義經籍做爲依據之更加深入的時輪金剛和他空觀見方面的教示。

有一次當圓滿祥去拉薩教授修心法門時，順便去了色拉寺和哲蚌寺一趟。他在該兩處地方跟數百名持斷見的自空觀學者們進行了辯論，並在最終讓佛法得到正確的闡明，更因此而贏得在場所有人士的尊崇和敬意。

不久之後，他便在拉薩北面的澎波地區蓋建了一座名爲迦拉波的閉關中心。他在精舍裡爲那些資質比較平庸的學生教授《入菩薩行論》，而對資質較高的則會傳授六支金剛瑜伽方面的教示。在辭世時，他更是安住於淨光定境當中達七天之久，而在此期間亦有種種奇異景象相繼出現。

13. **察敏巴福德賢**：在多波巴離世之後，福德賢便跟隨了幾位同時期的卓越大師繼續學習，而他本人最廣爲人知的身分可能就是做爲涅溫百子當中最傑出的那一位了。他曾先後在麻迪班禪、措利南界、布敦仁千珠、喇嘛淡巴福勝幢以及佛子無著賢等人那裡領受過教示。

在五十三歲那一年，福德賢獲邀去了康區木雅地帶的塔公寺。該間寺院當初是由多波巴弟子智慧稱，亦即慈氏卡沃切所建立的。多波巴曾預示說他將會遇上吉祥天母的化身，並且會被給予一頭驢子；接著他便要跟隨驢子步行直至驢子去到某處並且趴下睡著爲止，到了這個時候他就要吹響螺殼以及向多波巴做出祈請，然後在該處興建寺院。按照預言所示，他最終蓋建了額敦紀卻息寺。之後福德賢又在同一地區興建了數座寺院。福德賢在康區總共用了十一年的時間教授時輪評釋。

在他六十三歲的時候，噶瑪法祥賢便把察敏寺供予了給他，而自此以後他亦成爲了噶舉法統當中的其中一位重要傳承上師。憑著其眞誠不偏的風格，福德賢更是十五世紀眾多大師如薩迦的榮敦些嘉全知，以及第六世噶瑪巴通瓦具義等人之上師。他深深受到眾人尊敬，縱然在晚年時疾病纏身，他卻仍因於極大慈悲而繼續傳授教法。直到九十二歲之齡（法祥賢於九十三歲時辭世），他都一直在傳授時輪金剛並且永不言倦。

14. 直貢羅札瓦瑪尼卡施：直貢羅札瓦是在多波巴晚年遊訪衛藏時才跟這位偉大上師相遇的。在很短的時間裡，他就已經盡得多波巴所傳授之六支金剛瑜伽的深入教示和口訣。當多波巴離世後，他便去了札卡卻登寺繼續進行參修。據稱當地便有很多人曾經目睹瑪尼卡施能夠跟鳥獸直接溝通，故此人們也都對他生起了極大信心並且欲拜他爲師。有許多弟子在跟隨他學習了三年之後，亦都各自成了出色的大學者。

有一次直貢羅札瓦接受了勝格澤領主以及三百名僧侶的請求，前去傳授卓傳承的時輪灌頂。當時的天空竟然滿布虹光，更有很多人聲稱曾看見他在半空中漂浮，並將自己的金剛鈴杵置於虛空之中。

涅溫盛喜祥之後邀請了他去澤千寺，在那裡他們兩人做了整整五天的佛法討論。直貢羅札瓦接著又去了江孜並爲當地的領主傳授教示，在其逗留的一個月期間，他便曾跟二十五名學者以多波巴的教導爲題做過辯論，自此人們亦對他空觀見有了更多的理解以及生起了更大信心。

直貢羅札瓦在外奔走多年之後最終亦返回了覺囊寺，並爲眾僧傳授教示。當他看到大佛塔時，不免憶起了自己的全知上師，不禁地淚如雨下，他對多波巴的敬愛就是如此地深厚。到了七十五歲那一年，他發覺到自己的身體已經不再如昔，這時候剛好有人想邀請他去做閉關，但他卻並不打算就此讓自己的一生畫上句號，而是選擇了繼續盡獻餘生去為人們教授《三菩薩釋》。如此過了數年之後，他亦與世長辭了。

這些偉大上師們憑著永不言倦的決志和無可計量的慈悲，最終也令使覺囊教法成功地傳遍整個衛藏地區。除了多波巴在他空觀見方面的著作之外，另外更有十四名心子分別撰寫出多部評釋，以致當中的許多關鍵要點都因此而得到了進一步的展述和澄清。故此以甚深他空觀見做為理解了義的取向，亦逐漸得到了當時大部分寺院的接納。

法脈伸展至藏東

多波巴的影響力並不只是局限於衛藏地區。正如之前所述，覺囊教法首次傳至康區和安多一帶的遠征成果，正就是由多波巴的弟子慈氏卡沃切所成辦的。原本來自於康區的木雅地帶，他的本名為木雅智慧稱。智慧稱為了要跟隨多波巴學習，便從木雅步行至覺囊，他在多波巴身邊逗留了整整六年之後才返回康區。接著他便走遍了安多和康區一帶，在各處傳授教示並蓋建了許多寺院和精舍。縱然這些寺院如今大部分都已經被納入至其他法統，但智慧稱將他空觀見帶至藏東的影響仍然是關鍵的，並且更為後世開創了一條非常重要的先河。

至於第二波的伸展則是見於一四二五年，由覺囊大師寶吉祥在湛塘建成著名的秋傑寺後開始。珍寶祥（寶吉祥之前的稱呼）生於安多的嘉絨地區，自年幼時起便已跟隨日巴般若祥修學。在領受了沙彌戒以及眾多基礎教法之後，寶吉祥為了要跟隨當時的幾位大師學習經續，而去了西面的後藏地區。他的上師包括有薩桑麻迪班禪、覺囊措利南界、澤千涅溫盛喜、佛業賢、菩提獅子以及菩提峰等。在眾上師們的指導之下，他成為了一名大學者以及他空觀見的擁護者；更從直貢羅札瓦瑪尼卡施和卻沛怙那裡，領受了六支金剛瑜伽以及眾多密續儀軌的深入竅訣。

寶吉祥在後藏逗留了十二年，之後便收到措利南界的通知，說是時候要回藏東以印證多波巴向他所述及的一段預示。跟慈氏卡沃切興建塔公寺的故事非常相似，寶吉祥亦被告知要在驢子背上放上法螺和小佛塔，然後東行至康區和安多一帶。當驢子趴下時便要去吹響法螺，而所在之處也就是蓋建寺院的正確位置。要寶吉祥跟眾上師們分離實在讓他感到非常悲痛，然而他還是按照了措利南界的要求而展開了是次旅程。

他是經由藏北去到康區的。先是取道阿里然後東行至安多，然後再向南行至康區。他在沿途各處亦興建了如阿里卻宗等的多座寺院，然而最終到了湛塘谷才是預言所說的眞正地方。寶吉祥在途中從不間斷地念誦《文殊眞實名經》直到吹響法螺的那一天，接著他便向天地宣告：「這裡便是佛法勝幢最佳的安立之地了！」

寶吉祥正要進行蓋建工程前，注意到另有一座苯教寺院就在同一山谷。縱然整個事件的具體經過並不十分清楚，但人們卻認爲寶吉祥曾把一雙鞋子做爲禮物送至苯教寺院那裡，而苯教寺院則以一張白色坐墊當做了回禮。這樣表示苯教將會離開山谷並讓覺囊在湛塘扎根，於是秋傑寺亦因此而得以順利建成，並迅速成爲一處學修並重的活躍社區。

到這裡我們還有一點需要注意，那便是在政治上湛塘地區其實是屬於中國明朝的受保護領地，而不是衛藏的帕木珠。儘管在傳統上該地區可以說是康區的一部分，但由於噶瑪巴和大明皇帝的密切關係，中國人便對該地區的一眾鬆散小國給予所需的軍事以及政治支援。如此亦意味著康區將會免於受到之後在衛藏發生的權力爭鬥所波及，而這一點對於覺囊法統日後的流傳亦起了非常關鍵的作用。

在寶吉祥的善巧帶領之下，秋傑寺得以快速地壯大起來。過了不久這座寺院便需要開始進行擴建工程了，全是因爲在剛建成的短短時間裡，便已有大批的僧侶爲了修學覺囊教法而從四方八面湧至，故此亦令現有的院舍很快就不勝負荷。在一四六二年，噶希巴珍寶祥的其中一名親密弟子珍寶稱便建成了次久寺。

因於珍寶稱的優秀領導，次久寺很快就成了該地區第二座最重要的覺囊寺院。據稱在高峰時期，秋傑和次久兩寺就各有超過一萬常住僧人在這兩處修學多波巴和其弟子的教法。

寶吉祥的第一次轉世爲珍寶賢。生於嘉絨地區的霞穴，他在短短時間之內便已成爲了一名傑出的時輪大師，更於秋傑寺被委任爲寶吉祥的繼任者，故此也就獲得了秋傑嘉瓦尙的稱號。嘉瓦尙最爲人所知的便是培養出了大批學者，並將他們派遣至周遭地區去建立分寺。藉著眾人的努力，單單是嘉絨一帶就已經創建了超過一百零八座覺囊寺院。據稱嘉瓦尙在自己出生地附近的霞穴便創立了五座寺院，並且在這些地方做閉關以度過餘生。

在嘉瓦尙過世後不久，便有一名男童在一個擁有大吐蕃王松贊干布之血脈的後人家庭中出世了。該男童名爲豐盛賢，自幼齡起便已開始修習密法，並且很早就已獲得了蓮花生大士以及眾多本尊的淨觀感驗。他十歲那一年在次久寺受了沙彌戒，更加被珍寶稱認證爲秋傑如來賢的轉世靈童。之後更被委任而成爲秋傑寺的監督人。

秋傑豐盛賢用了數年專心致志地跟隨多位導師學習和修練時輪金剛。到二十三歲時他已經是一名學有所成的大師了，每天皆會從頭至尾將《無垢光》評釋念誦一遍。後來他更遊遍了整個地區，並經常在深山洞穴以及偏遠之處進行參修。在這段期間他亦生起了一些非凡力量，譬如能夠在堅石上留下手掌腳印等。有一次他爲了要阻止一場戰事蔓延，而運用法力使自己騎著獅子的形象於空中出現，致使眾人在目睹後因心感折服繼而決定棄戰。從此之後他也就獲得了嘉瓦勝格，亦即「獅子勝王」的稱號。

有關其驚人證量的傳言之後便傳遍了整個區域，於是嘉瓦勝格亦因此而吸引了許多聲名顯赫的弟子如「黑帽」噶瑪巴德新謝巴等慕名前來。第五世噶瑪巴原是大明皇帝明成祖的根本上師。不久之後嘉瓦勝格也獲邀去了北京弘法。在抵達中國以後，他為明朝皇室傳授了教示並確立了湛塘跟中國皇帝之間的檀越關係。覺囊之後得以迅速發展便是因為獲得了這種支援之故，致使四百多座寺院之後能夠在安多以及康區建立起來，並繼而完全改變了當地心靈傳統的面貌。

無歧見智慧之海

回說衛藏的情況，當時的形勢變化則稍為有所不同。在經歷過宗喀巴以及其兩位心子賈曹傑和克主傑的數個世代之後，格魯教義亦變得逐漸鞏固起來。隨著時間過去，甘丹、哲蚌以及色拉等寺已經把可以接受的教本限制至僅僅數本而已，並且只有那些順應於宗喀巴教導的典籍才會獲得採用。

隨著「可以接受」的定義變得越來越縮窄，很多教本也因被標籤為「異端」而變成了禁書，當中便包括了哲蚌寺創辦人妙音秋傑以及色拉寺尊貴上師智慧珍寶獅等的典籍。這兩位大師的著作被認為是推崇他空觀見而遭到了封存。從此以後，自空與他空這兩派擁護者之間的隔閡因此而變得深化和更加明顯。

另一方面，同樣的裂痕也在所謂的「新薩迦派」與「舊薩迦派」之間出現。新薩迦派大多是由支持格魯自空觀見的學者所組成的，他們比較重視治學而輕於實修。而舊薩迦派則秉持了薩迦祖輩的傳統觀見，主要是按照道果法系的密法修持為據。這種以瑜伽實修做為定位的取向，亦跟寧瑪、噶舉以及覺囊等法統比較接近。

在接著的幾百年間，格魯和其支持者們亦漸變得更加孤立起來，而其他法統卻選擇繼續把治學和實修放到同等比重的取向之上。至於覺囊對宗義觀見方面的辯論則是變得越來越不在意，反而將精力更多地放在瑜伽禪修之上，以求能夠藉此而獲得更高的證量。縱然時輪金剛是他們的專修法道，但有許多偉大的覺囊上師卻同時也持有其他法系的傳承，故此便有不少來自其他法統的弟子會上門拜師，於是覺囊亦因此而成為那些不分教派修學行者們的匯聚之地。

要舉例子的話，那麼澤千涅溫盛喜的心子竹千盛喜智便算是這類上師的典範。原本生於在後藏具有極高地位的夏卡巴家族，盛喜智五歲的時候便已經常在夢裡遇見多波巴。在八歲時他亦生起了極強的出離心，並在薩迦喇嘛淡巴福勝幢那裡受了戒。之後他更被認證為大布敦仁千珠的轉世靈童。

在接下來的十三年間，盛喜智一直都在其主要上師涅溫盛喜的指導下做緊密學習，也在其他偉大覺囊上師如措利南界及其繼任人嘉瓦覺尚那裡領受教法。在涅溫盛希建成了所屬的寺院之後，盛喜智也就跟了過去繼續修學。直到一三八六年，他更被委託接替涅溫盛喜而坐上了澤千寺的法座。

當時的夏卡巴家族曾經分裂成兩個派系，並捲入了持續的嚴重紛爭長達十二年之久。這場族氏內鬥所帶來的苦況更波及至整個地區，於是盛喜智便決定要出面干預從而將紛亂平息。他召喚雙方至澤千寺並且協助他們制定和解條約，然而和平局面卻僅僅只維持了三年左右，雙方的戰火便又再度重燃起來。盛喜智自此亦對世俗人生之脆弱感到極度無可奈何，最終也就選擇了退下法座，留在遠山精舍進行嚴格的單獨閉關。

在接著的五十年間，他幾乎把餘生都用於修行之上，並因此而獲得了卓越非凡的證量。盛喜智本是以專注於六支金剛瑜伽的修練而享負盛名，但同時卻亦以精通眾多其他法統的修法而為人所知，故此上門求教者絡繹不絕。他曾多次做過時輪金剛瑜伽、道果、密集五次第，乃至那洛、尼古瑪以及蘇卡悉地六法的傳授。不論所傳的哪一個法，他總是向人強調必須要學修並重，而不是只停留在學識上的層面；他會要求眾人將所學到的甚深竅訣實際地應用至修行之上。

蔣揚至寶賢是盛喜智的主要弟子，生於後藏的札瑪地區。至寶賢曾在覺囊住持卻沛怙以及寶菩提和法智慧那裡修學過一段時間。為了要透過辯論以鍛鍊頭腦，於是他便遊訪了同區的多間不同寺院，譬如薩迦、納塘、澤當、桑普以及貢塘寺等。

當他遊訪拉薩的時候，便曾有過兩次非常印象深刻的淨觀感驗。第一次是在他拜訪釋迦牟尼等身覺沃佛像時發生的，當時他正站在法主的聖像面前，而聖像的心間竟忽然有耀眼光芒發出繼而融入至他的身體之內。然後他的一切念頭亦在那個瞬間完全息止，同時更進入了安住於了義實相的甚深禪定當中。

第二次則是在他到大昭寺觀看多波巴像時發生的。當時他看到有無數的多波巴化身自聖像心間放射而出並遍滿整個虛空，然後所有的化身又全都回至多波巴像內並且與之融合，使聖像有如被注入了生命一般，並向至寶賢做出了一些從未聽聞過的教示。在聽完這些開示後，他的心中亦隨即生起了甚爲超凡的證量。

至寶賢之後又繼續行程去了多座寺院，在此期間亦跟隨了像多波巴弟子察敏巴、大寧瑪住持蓮花賢以及薩迦大師蔣揚寶勝幢等學習，而在最終成爲他根本上師的則是澤千寺的盛喜智。至寶賢在盛喜智那裡領受了一整系列的灌頂、密續評釋以及有關一切內密和外密修法的如海竅訣，另外他又在桑丁童子珠那裡領受了香巴法統的殊勝口訣。於是他亦因此而成爲一位通達顯經密續的至尊利美大師。

在接著的數年之間，至寶賢秉承了多個不同法統的寺院法座。而讓人嘖嘖稱奇的是，他竟然是在同時擔任著第十四位覺囊法座繼任人、澤千寺住持、桑丁區博東寺的住持，以及江孜區不分教派寺院白居寺的住持等多個位置。

有一次當他於白居寺做參修時，在禪觀中見到了香巴拉的某幾位迦爾基法胤，他們慫恿他要去傳授六支金剛瑜伽。故此，在出關後他便開始傳授該法並獲得了約三百名僧人的領受，而當中就有許多人在受法期間同時也生起了一些非凡感驗，包括有安住於淨光心性的定境當中，又或者是開展出天眼神通的能力。每一位受法的人都或多或少會產生出某些頗爲深刻的變化。

至寶賢繼而亦成爲了覺囊、薩迦以及香巴噶舉等的重要傳承持有者。在他的眾多弟子當中，跟覺囊法統連繫最爲緊密的四位就是福德勝幢、至寶勝幢、虛空法護以及法護勝幢了。而虛空法護在這四人之中，更是六支金剛瑜伽的主要傳承持有者。

虛空法護生於後藏的謝東蒙地區，從小便已開始學習佛法，到年紀稍長時就已成爲昂仁寺的助理住持。他在其主要上師蔣揚至寶賢那裡領受了時輪密續以及六支金剛瑜伽的教示，更在至寶賢的指導下成爲一名覺囊他空觀見的專家。虛空法護接著又在澤千寺擔任了一段時間的住持，然後最終亦被委任而登上了覺囊法座。在任職覺囊住持的期間，他爲眾人傳授深入教示，同時亦爲大佛塔和周邊的德瓦千、基朴以及卡卓疊登等閉關中心之重建和修葺進行監督。

虛空法護在覺囊的繼任者是利美大師枸壤盛喜善。枸壤巴早年主要是在巴隆寺和薩迦寺接受訓練的，接著也就成爲一名優秀的道果法系修行人。後來他又在袞榜朵玲巴那裡領受了大手印以及尼古瑪六法的關鍵口訣，繼而亦成了香巴噶舉法統的其中一位重要傳承持有者。到了晚年，他更成爲了虛空法護的親密弟子，並領受了時輪金剛以及六支金剛瑜伽的深入教示。身在覺囊的期間，他亦學習了整部多波巴般若勝幢的論著以及措利南界的評釋，故此後來也就成爲一名偉大的他空觀見擁護者。

枸壤巴的大部分時間都用於修行之上。據稱，他曾透過淨觀而在許多不同的本尊以及袞榜悲精進等上師那裡領受了教示。在成爲覺囊住持之後，經常參與三年期閉關的僧侶和僧尼人數多達七十，而進行嚴密單獨閉關的富經驗瑜伽士更多達數百多人。枸壤巴在一五二八年退下法座，並指定了他的法道兄弟虛空吉祥賢繼任其位。

班禪虛空吉祥賢曾於昂仁寺進行過香巴盛喜具德所傳之「南界稱北傳承」的時輪金剛修練，其後又在虛空法護的指導下學習了覺囊的時輪金剛。在經由六支金剛瑜伽的修習而獲得了深高證德之後，虛空吉祥賢接著便修建了哲蚌寺（跟格魯哲蚌寺同名的另一座寺院），並在該處將全部時間都用於爲不斷湧至的男女瑜伽士們傳授金剛瑜伽。後來他又接任了南界札桑寺的法座，於是整個絳氏王室亦因此都成了他的弟子。虛空吉祥賢在深入教授時輪金剛以及多波巴著集的同時，亦爲人傳授勝樂金剛、喜金剛、密集金剛、怖畏金剛、尼古瑪六法、瑪姬拉尊施身法以及噶當修心法門等的修持口訣。

緊隨虛空吉祥賢的是另一位具高證量成就者珍寶賢，或以其梵文名洛千剌那巴札稱之的話會更廣為人知。他曾在多間大寺院進行修學，然後又成為了虛空吉祥賢和枸壤盛喜善兩人的弟子，並從他們兩人那裡獲得了如珍寶一般的智慧。接著他便進入了整整四年零八個月的嚴密閉關苦修時輪六支金剛瑜伽，而其所成就的非凡證量最終亦為人所共知。在同一時間他也創建了多座寺院，譬如位於絳區昂仁附近的曼登寺便是其中之一。他更加修復了由偉大香巴上師湯東嘉波所建立的日吾其寺，以及曾被著名大師昨美羅札瓦所擁有過的芒卡目古隆精舍。

* * *

十五世紀末期的情況大概便是如此。這個時候的覺囊寺不單只是學習時輪金剛以及他空觀見的重要中心，更是由印度傳入西藏之八大實修傳承的匯聚之地。就跟那爛陀和超戒寺一樣，覺囊谷亦是由眾多密法修行者如百川般匯合而成的汪洋，而當中的每一個人也都真切地追求以透過自身感驗去開啓實相的究竟意義所在。這種充滿著甚高證德的環境，亦造就了另一位被稱為至尊覺囊巴大師的成就舞台，而其偉大之程度則只僅次於全知多波巴本人而已。

10 前藏紛亂

在接近十五世紀初的時候，位於後藏的仁蚌城城壘遭到嘎日虛空勝幢所奪得，他的祖先曾被往昔吐蕃帝王冊封爲臣。仁蚌城自此便開始累積財富以及將勢力建立起來，令致處於前藏和後藏之間的舊有敵人因備感受壓而導致了不少紛亂。仁蚌城憑著漸趨強大的影響力和軍力取得了後藏地區眾多鄰近城壘的控制權，可以說是公然地挑撥了帕木珠王朝支配當地的現狀。

儘管仁蚌城和帕木珠之間的關係大致上仍算平和，但在權力平衡的分布上卻可看出仁蚌城實質上已算是掌控了整個後藏，而帕木珠對於前藏的統治形勢則是岌岌可危。到了十五世紀末，帕木珠王室的內部鬥爭更加使得該王朝失去了大部分的影響力，因此亦讓仁蚌城有機可乘，並取得了大部分地區的控制權。以日喀則做爲基地，仁蚌城最終更完全接管了前後二藏，然而同時卻仍保留著帕木珠以做爲中央政府的傀儡。

爲了進一步鞏固其在前藏的影響力，仁蚌城也開始向拉薩地區伸展。由於仁蚌城當中主要都是屬於後藏心靈法統的信眾，故此便跟噶瑪噶舉、覺囊以及薩迦等的連繫較爲密切。而拉薩周邊的眾多格魯寺院則被認爲是跟帕木珠站在同一陣線，所以也就被仁蚌城視爲會妨礙到其勢力擴張的潛在威脅。因於這個理由，仁蚌王朝便開始對格魯僧人的活動施加限制。

他們首先是嚴禁格魯的人參與默朗祈願大法會。這個盛大的年度法會原本是由宗喀巴在帕木珠的支持下創立的，然而此時卻改由噶舉以及薩迦的僧侶去做全權安排。接著格魯更被命令嚴禁佩戴其傳統的黃色頂冠，而是要以噶舉、覺囊和薩迦所使用的紅冠代替。這當中的每一動作都是爲了要壓制格魯的身分象徵而設，並且是要令使噶瑪噶舉能夠壯大起來，以成爲拉薩的主導法統。

公元一五〇六年，仁蚌巴在拉薩出資興建了一座全新的噶舉寺院，但據稱卻遭到了色拉和哲蚌二寺的僧侶拆毀，以報復一直以來所受到的壓制。這些舉動很明顯都是由政治原因所推動而產生的，並且亦同時在格魯和噶舉之間挖開了一道宗派敵對的深溝，而這種敵對的局面更在接著的一百年間有增無減。

爲利美運動打開通道

有一些上師亦看到了這種不同法統之間關係漸趨緊張的情況，於是便決定要將每個法統的優秀特點做出標榜，而不是嘗試去刻意比較以及硬判優劣。他們皆以不分教派和不帶歧見做爲取向，藉此讓眾人認識到每個法統的獨有精神價值所在，並同時去保存那些將近消失或被遺忘的法系傳承。而這些深具創意的上師們所做出的貢獻，更爲日後在藏東康區眾王國內興起的利美運動奠下了不可磨滅的基石。

正如我們之前所見，覺囊是透過將佛陀教法在學習和實修（亦即顯經和密續）方面做完整統合而成爲其法統基礎的。透過其對時輪金剛的深厚理解，覺囊的眾大師們亦都會在精神和政治上保持著不持歧見的取向。他們不會選擇投靠任何陣營，而總是將焦點完全地放在佛陀教法的實踐之上。

巴丹盛喜解尊便是展現出這種態度的其中一位偉大行者。生在現今位於尼泊爾的木斯塘地區，盛喜解尊從小就已經在薩迦法統的影響下成長。他在叔父仲巴法主盛喜尊成那裡受了沙彌戒，並在接著的四年間盡得其所傳授之學識，而仲巴法主爲他傳授的主要都是道果法系修法的灌頂和口訣。

到了盛喜解尊十三歲的那一年，他和哥哥一同取道後藏而去了北面求法。他們在薩迦寺接受了袞榜朵玲巴的教導，並在色多堅寺跟隨了釋迦具尊的弟子不空成就學習攝類學和宗義學。在寺院逗留的期間他們卻遇上了天花疫病的爆發，而盛喜解尊的哥哥以及眾多其他學生很不幸地都在該處失去了性命。

盛喜解尊深受失去兄弟的打擊，之後便決定了要進入連續八個月的閉關。起初他只會去背誦典籍，直到有一天不空成就來訪時發現了，便將他狠狠地斥責了一頓，責怪他沒有好好地善用時間。

盛喜解尊因此而得到了提醒，了解到若背太多書的話反而不能夠達至證境，爲了要獲得證悟他必須要在修行方面著力。故此不空成就便傳授了很多口訣給他，而盛喜解尊在餘下的閉關日子裡亦都勤於將之付諸實修。

出關之後，盛喜解尊在接著的五年當中不斷深入學習道果法門，並且於鄰近的俄爾寺和昂仁寺領受教示。在成爲一名頗有成就的修行人後，盛喜解尊便返回了木斯塘。他在叔父那裡受了大戒，更在俄爾寺的天尊獅子那裡領受了眾多的深奧教示。過了不久，盛喜解尊便被委任成爲普帕寺的新住持。

然而在接著的一年裡，他的父親和仲巴法主相繼離世，盛喜解尊在經歷極度哀傷的同時卻也獲得了一切現象皆是無常的深切感驗。於是他便決定要卸下住持之職，開始流浪隱士的生涯。他會居於木斯塘區內的偏僻之處，偶爾亦會在普帕寺出沒並爲眾人傳授教示。在他的另一上師過世之後，盛喜解尊便曾在其寺院擔任了三年的職務。在此期間他亦趁機持續地緊密學習。

盛喜解尊在二十七歲的那一年又再去了北面一趟，爲的便是要遊訪位於前藏的拉薩。在途中他很幸運地於大楚布寺逗留了一段時間，並且在噶瑪巴那裡領受了噶舉法統的眾多完整傳承。在往後的幾年之間他又曾多次往返於木斯塘和前藏兩地，陸續地蒐集了各類教法並於閉關時將之付諸實修。

在所有已領受到的教法當中，盛喜解尊最爲虔信的便是瓊波觀行以及其香巴噶舉的法統了。他最初是在大師賈貢善勝幢那裡領受到這些教法的，後來亦因在淨觀中多次遇見尼古瑪瑜伽母而對此法生起了堅定信心。

在他頭一次的淨觀裡，尼古瑪便爲他傳授了灌頂以及尼古瑪六法之教示和口訣，乃至大手印和紅白空行修法的教導。她將所有教法傾囊相授之後便對盛喜解尊說道：「如今再也沒有任何教法可以傳授給你了！」

另有一次他在夢中獲得了第二次的淨觀，夢見自己被兩名女子帶至莎薩林火化場，尼古瑪此時身處於一大群空行母的中央，正主持著薈供儀式並爲他做了加持。然後那兩名女子便將他護送回到西藏的家裡，接著就醒過來了。盛喜解尊先後經歷了多次類似的感驗，並且亦在眾多印度和西藏大成就者那裡領受了無數的教法和口訣。

多年以來不論盛喜解尊去到什麼地方，他總會在當地傳授尼古瑪六法以及道果之教法，據說在其一生當中便曾傳授過香巴教法至少一百多次。有一天他忽然生起了想要學習和修練吉祥時輪六支金剛瑜伽的渴求，於是便想透過占卦決定到底該向哪位上師請求教法。結果卦象強烈顯示他應去尋找時輪大師洛千剌那巴札。

去到覺囊寺後，他領受了剌那巴札的所有廣大竅訣並且立即將之付諸實修。在剌那巴札的引導之下，他很快便達至了非凡的證境，故此對金剛瑜伽的信心亦因而變得更加強大了。

覺囊寺要選出新任住持的那一天終於到臨。眾人要在多波巴大佛塔前從裝滿名字的帽子裡抽出角逐人選，而盛喜解尊在連續三次都被抽中之下，無容置疑地當選為法座的繼任人。他在接著的二十年間從未間斷地為人傳授教示，並用很多時間撰寫文籍以及閉關禪修。

盛喜解尊就是在這段時期將其一生所領受過的眾多教法結集成單獨一冊，名為《解尊精髓竅訣》。這是史上首次有人把八大實修傳承做出完整記錄以及清晰呈示，而當中便包含了不同藏傳法統的精髓所在。如此亦標誌了利美這股嶄新學風的開端，而在往後的數百年間更會有不同的利美大師陸續出現並將之做擴展延伸。

這部典籍的獨到之處，就在於能夠讓人透過一冊便可盡得各個不同傳承之教法要義。如此一來，傳法之事亦相對地變得更為簡易，而不必去顧慮需要用到多部不同典籍的問題，且該冊之內容更附有以前從未收錄過的眾多竅訣。這兩個特色更使得盛喜解尊之著作成了保存不同宗派傳承的重要貢獻，尤其是處於當時教派敵對正在醞釀中的嚴峻局面。

叛亂者、守護者和教派分裂衝突

盛喜解尊到了晚年時，衛藏又發生了另一次重大的權力轉移，於是該國度的法統平衡亦因此而遭受到了極端重整。仁蚌城縱然在實質上是支配著大部分的衛藏地區，但卻仍有很多位於後藏區域的敵對勢力正為了準備推翻這個執政氏族而蠢蠢欲動。

而他們的機會亦終於來臨了。在當時有一位名叫噶瑪才丹的公職人員，看起來非常謙遜低調，被仁蚌領主調派至日喀則去擔任該戰略要地的總督一職。就在仁蚌城沒有做出任何戒備之下，噶瑪才丹和其所屬勢力便利用了周邊地區之動盪環境而發起叛變。內戰便是如此爆發並且持續多年，在此期間流血衝突不止。最終噶瑪才丹擊敗了仁蚌城並且自封成為後藏大王，而藏巴汗王朝亦從此建立。

跟以往王朝有所不同的是，噶瑪才丹本身與任何先帝君王並沒有絲毫世襲連繫，因此其統治的合理性對他而言便顯得格外重要。他首先是藉著軍事占領擴展其王國版圖，然後又從帕木珠手上奪得前藏控制權，接著便是跟安多的蒙古人締結聯盟以及侵略大部分的藏西區域。其次，他又拜了第九世噶瑪巴和第五世夏瑪巴為師，並以大功德主的身分跟他們建立起緊密的連帶關係。除了得到噶瑪噶舉之不受動搖的支持外，噶瑪才丹還向寧瑪、薩迦以及覺囊等寺院做長期供養以做為拉攏。

同時間在拉薩，一位叫作福德海的年輕人則在格魯法統內以具德上師的名聲漸露頭角，他被確認為宗喀巴弟子根敦珠的第三次轉世。在芸芸學生當中，福德海的成績最為卓越，更處處展現出超越其實質年齡的非凡智慧。他很快便升上至哲蚌和色拉二寺的住持法座之位，當時這兩間寺院總共有數千名常住僧侶，不論是糧食和物資方面都非常依賴周遭區域的大力捐助，而像福德海這種轉世上師的其中一個責任，便是要經常出訪近郊地區以及籌集所需供資。隨著不斷外訪，他做爲偉大上師的名聲亦傳遍了整個地方，最終更獲得了蒙古皇帝俺答汗的注意。

大汗邀請了他去蒙古，而福德海亦為蒙古朝廷以及全國的眾多村落傳授了教示。福德海在是次旅程當中被賦予了「達賴喇嘛」的名銜。「達賴」一詞亦即蒙古語「大海」的意思。當達賴喇嘛返回西藏時，他亦已從北方蒙古盟友那裡獲得了非常穩固的支持。

回說衛藏的情況，當時便有幾位藏巴汗王曾先後多次對格魯進行侵犯以求鞏固自身地位。做爲噶舉的堅定支持者以及對外來力量如蒙古人等緊持對抗態度，藏巴汗其後所執行的一系列災難性政策，亦導致了本已緊張的教派分裂情況更進一步趨向惡化。

在噶瑪才丹孫兒噶瑪教護的領導之下，格魯的影響力和資源亦較之前更深受約束。其多座寺院被迫改宗成爲噶舉中心，而原本所坐擁之土地也被藏巴汗奪去。在幾座主寺的供應鏈被強制截斷之後，便有色拉寺和哲蚌寺的僧眾跟兩千多名喀爾喀蒙古人聯合起來發動武裝叛變，以求將藏巴汗之勢力驅走境外。然而叛亂最後卻以失敗告終。做爲報復，藏巴汗便抄奪了這些寺院，並將其僧眾放逐至拉薩北面的達隆地區。噶瑪教護同時亦趁此機會正式宣告第十世噶瑪巴法音金剛成爲西藏的精神領袖。

在這段紛亂時期，有一名叫作盛喜寧波的男孩出世了，他跟熱羅札瓦金剛稱有著血緣關係。金剛稱除了因精於巫術而爲人所知之外，他本身也是屬於某個尊貴氏族中的一員。據稱盛喜寧波在一歲左右的時候就曾向人宣告：「我是盛喜解尊！」並且能夠清晰地記起前世的經歷。然而直到他四歲之前，這些情況一直都受到保密。之後他便被帶至秋隆蔣哲那裡，並由盛喜解尊的主要弟子教理海所接見。

教理海曾在色多堅寺跟隨他空大師釋迦具尊學習，其後他便開始走訪遠郊地方並選擇僻靜之處進行禪修。據稱他曾於夢中獲得了金剛瑜伽母的淨觀感驗，故這亦成了他的主尊修法並精勤參修。此外他又在覺囊盛喜解尊那裡領受了時輪密續的教法、完整口傳，以及盛喜解尊盡其一生所結集而得的深入教導。於是教理海亦成了包括覺囊以及眾多後藏法統的主要傳承持有者。有說噶瑪巴和薩迦崔津二人便給他起了「佛法寶藏」這個名銜，以對其做爲他們法統之具德上師的肯定。教理海最後又成爲了秋隆蔣哲寺的住持，而該間寺院正是由盛喜解尊所創立。

教理海正式確認了盛喜寧波的轉世身分並賦予了他「救渡怙」這個法號，接著又爲他傳授了盛喜解尊的整套教法。在盛喜解尊弟子如強巴自成、多玲盛喜勝幢和札多巴天帝稱等人的督導之下，救渡怙不久亦開始了對經續這兩

| 左頁

至尊多羅那他

一位重啓多波巴他空見視野的偉大利美上師。

大寶庫進行緊密學習，其中便包括有薩迦法統之道果教法以及大手印修法、那洛六法和尼古瑪六法等之口訣。在將這些竅訣付諸實修之後，救渡怙亦很快便獲得了本智證境的喜樂感驗。

盛喜解尊之前委任了其侄子盛喜吉祥賢做爲覺囊繼任人，而救渡怙亦在這位大師那裡領受了時輪評釋以及六臂大黑天護尊的修法。在救渡怙做好準備之後，教理海便把時輪金剛的所需灌頂和教法以及六支金剛瑜伽的獨有口訣全部傳給了他，另外又向他傳授了多波巴著作完整結集的教導。透過這些修法，救渡怙亦獲得了很大啓發並因此而成就了甚高證德。

到十六世紀末，印度教和伊斯蘭教在印度本土越見盛行，而佛教則幾乎完全絕跡。儘管仍然尚有小部分的密宗瑜伽士殘存，但他們都只進行祕密修練而不爲外人所知。他們當中有一些人流浪於印度遠郊，最後則前往其他還有佛法的國度。而當時年僅十四歲的救渡怙便如此遇上了佛多古托那他。

佛多古托那他跟救渡怙之前所見過的瑜伽士非常不同。他本身已是完全精通於金丹術的修練，故此可以不吃不喝但身體卻又能夠發出巨大熱力，以致就算是處於西藏的嚴寒冬天亦不需要身穿任何衣物以做保暖。他所擁有的神通能力眞是數之不盡，而任何跟他遇上的人都會被其本領所折服並生起虔敬和信心。救渡怙便是在這位大師那裡領受了之前從未見到在西藏流傳過的如海教法。

救渡怙在一生當中曾持續跟隨過多位印度的佛教和非佛教菁英奇才學習。他和佛多古托那他一同翻譯了許多以前從未譯過的典籍，並且盡極大努力去釐清當中的教法內容。救渡怙可以說是史上直接隨學於印度大師的最後一代西藏上師的箇中代表。

公元一五八八年，救渡怙被委任爲覺囊住持，而自此也就有了至尊多羅那他這個稱號，亦即「救渡怙主」之梵文意譯。他取用此名除了是因其師爲印度人外，更是由於他亦清楚記得自己的前生爲印度大成就者納婆索巴之故。以自身的過去世記憶及其上師佛多古托那他所講述的故事爲基礎，多羅那他隨後更撰寫了一部以印度歷史爲題的深入著作。該部典籍的準確性一直以來都備受高度評價，故此直到今天仍然被學者們廣泛運用。

多羅那他在覺囊任職住持的時候，便留意到人們對多波巴他空見之演繹的理解似乎有著很大程度的落差。他覺得這是因爲長期以來當中已摻進了太多先代覺囊法座的不同介紹以及解譯之故，這樣便導致了人們對多波巴原意的理解變得有所不足。假如置之不理的話，恐怕失去教法原意的情況會更進一步惡化，於是多羅那他便爲自己定下了釐清他空觀見的任務，並且要讓多波巴的原有視野得到重啓。

爲了做到這點，多羅那他便找了多位同期的學者進行辯論。通過這種方式他亦發現到人們對他空觀見普遍都存有眾多誤解，而這樣亦導致了行者們難以去感驗到其教法眞義。譬如其中一個常見的誤區便是認爲他空和唯識是屬於同一種見地，所以任何見於唯識的謬處則亦同樣會見於他空觀見之上。多羅那他的大部分著作都是以反駁這種錯見做爲重點，並且更進一步爲他空中觀宗見立下正確定解。

多羅那他的上師強巴自成更建議要修復多波巴大佛塔，相信這樣亦會爲多波巴教法的再次興盛而締造出善緣。多羅那他深受這個主意所啓發，於是便用了極大努力將佛塔還原並且重獲昔日光輝。就在修復工程完畢時，多羅那他亦得到了一次不尋常的淨觀感驗。他看見整個天空都布滿了覺者，而他們全部都朝著同一方向前行。多羅那他跟隨他們到了一處豔紅的三角山谷，在山谷中央則有一座水晶巨山巍然聳立。他看見山內有無數佛塔，而每一尊佛塔當中則有無數佛陀，正在爲無數的菩薩傳授教示。所有覺者這時皆向這座佛塔奇山做出長供。多羅那他馬上便意會到原來這座就是印度功德山佛塔，而佛陀最初亦是在此處爲人傳授吉祥時輪密續的。此時他的心中猛然感受到了這部教法的加持，深信是次淨觀感驗亦即爲修復覺囊大佛塔所付出之努力和堅定決心的召喚成果。

當西面的絳氏宗族跟藏巴汗的領主們爆發起戰鬥的同時，覺囊谷的存亡亦受到了敵對兵團的威脅。多羅那他好不容易才將他空教法振興起來，然而現在看來所有的成果好像隨時都會被毀於一旦，故此亦感到有些沮喪。有一天他在大佛塔座下入定時，忽然生起了一股要從世間紛亂中抽離並且進入閉關的渴求。到了破曉時分，佛塔內的其中一尊造像竟然變成了多波巴本人，他告訴多羅那他不要就此失去信心，一切事情都會安然無恙，假如能夠繼續付出努力的話，必定會爲眾生帶來最大得益。

到了第二晚，多羅那他又再次向多波巴做出祈請。這次他則是以曇無竭菩薩的形態示現並跟多羅那他提到了一段四言偈頌。多羅那他在一瞬間便恍然大悟，更藉此而徹悟到究竟了義的證境。據稱他便是在此一刻達至了對他空觀見的最透徹理解，而之前的所有疑惑亦一掃而空。他隨即就撰寫了一部名爲《他空中觀莊嚴論》的典籍以及一部附冊，當中便有引述到多部經論以支持其觀點。自此以後，多羅那他便經常透過淨觀去親見多波巴並且領受教法。

雖然多羅那他在爲他空觀見做出釐清方面有著很大貢獻，但若跟之前他所撰寫的眾多儀軌和修法典籍相比，在這方面的著作數量其實可以說是相對甚少。儘管其在哲觀上的理解已經是登峰造極，但多羅那他一直以來卻更重視實修，經常強調需要透過禪修感驗而將教法融會貫通。縱使身爲覺囊住持多年，除非是爲了要做年度教示之外，他幾乎甚少留在覺囊，而是遊訪不同寺院並且結集教法、辯論教義、傳授灌頂以及投入閉關參修。因此他亦被很多人稱爲「賈康巴」，在藏文即「周遊者」的意思。

跟先輩盛喜解尊一樣，多羅那他也是一位對所有法統都不帶歧見的上師，並且會積極去保存和傳播八大傳承的實修法門。多羅那他用了多年時間去結集一些罕見以及瀕危的傳承教法，更將《解尊精髓竅訣》做擴充整理而成爲現今眾所周知的《覺囊一百零八精髓竅訣》。他同時又撰寫了大量的歷史典故、祈請願文和修行指引做爲該部結集的附加內容。

因爲寫了這部著作以及身爲眾多後藏法統傳承持有者的緣故，多羅那他也就成爲了該地區最受尊崇和歡迎的上師之一，而藏巴汗領主不免也會熱切地想將他納入並成爲其上師名單當中的一員。在一六一五年，藏巴汗噶瑪圓滿南界向多羅那他供予了一片位於覺摩囊谷尾段的土地和大量物資以興建寺院。多羅那他亦接受了這些供資，並開始了達丹旦秋林寺的興建工程。十三年後，他爲新建成的寺院進行開光並且也成爲了該寺住持。

達丹旦秋林寺很快就發展成爲一處集佛法學習和實修於一身的主要院舍，變成了新一代的覺囊法統中心。在這座宏偉的複式建築圍牆之內，便有一間佛學院、多間禪修閉關舍，十六間佛堂以及一座主殿。多羅那他同時亦加建了一間印經堂，並在此監督包括甘珠爾、丹珠爾以及眾多西藏大師如多波巴和其弟子們之典籍等的印模製作。在接著的多年間也有很多來自蒙古的弟子前往達丹林進行學習，於是多羅那他和該國之間的連繫亦有所增強。

在同一時間，爲了要鞏固其前藏統治的藏巴汗們亦正馬不停蹄地東征西討。他們爲要支配前藏而燃起的戰火，最終亦導致鬥爭雙方都造成了重大傷亡，至於色拉和哲蚌二寺更不免亦因爲藏巴汗的矛頭所向而陷入災劫之中。格魯派當時所受到的攻擊，幾乎讓其喪失能夠生存下去的機會。

多羅那他亦深知這些戰事在西藏所造成的極大死亡人數。當時他已步入晚年，心裡感到非常疲憊和悲哀，明白這種局面只會爲眾生帶來更甚的痛苦和慘況。有一天，他私底下跟其親密弟子和祕密明妃至尊瑪佛業自在母談到了自己所預見的兩個未來徵兆。

在第一個兆示中，他見到有一位僧人從哲蚌寺前來拜訪，這名僧人請求多羅那他能夠代表甘丹法統去利益眾生。這樣或許可以視爲是要多羅那他透過其影響力去勸阻藏巴汗對前藏的格魯寺院進行清洗；然而在另一方面，這亦暗示了多羅那他的未來轉世將會利益到的可能不是覺囊而是其他法統。

至於第二個兆示，則是在多羅那他接到達丹旦秋林行政部所發出的信件時發生的。在西藏，一間寺院的法座通常會以三種方式選擇得出，分別是從現任住持的弟子當中選一，或是跟隨某一特殊轉世體系而找出靈童當任，又或者是按照某一氏族的血統而決定。一直以來，覺囊選出住持的原則都是以才爲用，而多羅那他亦打算將寺院法座傳給其親密弟子佛海。然而信中卻說道，將來的住持一律都會由多羅那他的血緣關係者當中選出。而當時之行政部便是由多羅那他的侄子所掌管，故此下一名繼任人似乎就是非他莫屬。多羅那他將此視爲達丹旦秋林原有之清淨傳承受到破壞的徵兆。

聽了這兩個兆示的解說之後，佛業自在母感到非常錯愕並乞求多羅那他不要離棄覺囊。縱然他亦對佛業自在母的眞誠十分感激和珍惜，但卻深知有些情況已成定局，而接下來自己可做的實在不多。人們的共業已經成熟結果，這就表示可以改變的機會亦已消逝。現在唯一能夠做的，便是去接受新的處境並盡量好好利用其緊隨的形勢。

時勢逆轉

公元一六二一年，藏巴汗的軍隊完全控制了拉薩以及前藏的其餘地區。第五世達賴喇嘛的侍從於是派遣了一名祕密特使前往蒙古去請求這個盟友能夠給予幫忙。當去到青海湖地區的時候，他們已經成功獲得了兩千名蒙古軍隊的支援，並且更在列隊前往拉薩的途中加入吉曲下游之蒙古人，因而使士兵人數進一步地增加了不少。

藏巴汗的軍隊很快便被這支強大的蒙古兵團逐出了拉薩，而被迫退守至位於角布日的圍城之內。在糧水物資供應完全斷絕的情況下，藏巴汗亦只好妥協並交還出之前所奪得之格魯寺院，以及釋放眾多在囚格魯僧侶以求減輕罪責。便是如此，藏巴汗最終也就被逐離出前藏了。

噶瑪教護最初並不是就此坐以待斃。當他撤退至後藏時，便曾派遣了騎士前往藏東尋求盟友提供支援。當時有位蒙古部族首領林丹汗原本是答應出兵去爲藏巴汗助戰的，但過了不久這位大汗卻突然離世，於是其所做承諾亦因此而無法兌現。另有一位蒙古軍閥措圖太極本來也跟藏巴汗結成了聯盟，以望能夠攻克其位於青海湖的競敵。而白利苯王不空金剛當初亦選擇了跟藏巴汗站在同一陣線，但求能夠藉此清除掉那些在其王國內由格魯所引起的教派分裂情況。

面對威脅而有所動作的，無獨有偶。格魯派和其盟友們也曾經向和碩特蒙古人領主固始汗求助。固始汗答應了他們的請求，並迅速調派了軍隊前往拉薩地區。當措圖太極的兒子看到對方兵力之規模時馬上便要求進行和談，繼而亦轉向改爲去支持這支前藏大軍。此時的拉薩已是處於蒙古人的緊控之下，固始汗又向第五世達賴喇嘛賜予了「持教義者，佛法之王」的名銜，更將他正式擁立爲西藏的至尊領導者。

固始汗的軍隊最終亦橫掃了藏東的各個王國，並且推翻了白利王以及取得康區的大部分控制權。他們接著又回到了青海湖，先是清除所有的反對勢力，然後便將目光轉至後藏。公元一六四二年，蒙古大軍大敗了噶瑪教護的殘餘勢力，正式爲藏巴汗王朝畫上了句號。固始汗把藏巴汗之前位於日喀則的十三個薩迦屬區全部供予了達賴喇嘛，而這亦表示前藏、後藏和康區全都歸於蒙古人的統治。

儘管蒙古人在西藏所布下的軍力極爲龐大，但在行政上卻交由第五世達賴喇嘛和其新組政府甘丹宮全權負責。不幸的是，新的管治者似乎亦跟之前的那位一樣地心胸狹窄。爲了要鞏固權勢，新的中央政府亦開始強迫之前的敵對寺院進行改宗，並奪取了其所有土地的控制權。

由於噶舉法統曾經受過藏巴汗的大力支持，他們很快地便成了受到拉薩所孤立的針對目標。第十世噶瑪巴最終亦被迫流亡以及輾轉停留在安多、康區以及不丹等地避難。之後，有許多位於衛藏的噶瑪噶舉寺院亦都被迫接受改宗而不復存在。

達丹旦秋林被迫改宗

至於覺囊，也遭到了同樣的噩運。在一六三五年多羅那他離世之後，甘丹宮便發出了嚴禁在西藏境內爲他進行轉世認證的指令。這樣也就導致了後來有人聲稱多羅那他已改在蒙古投生，故此便有了眾所皆知的至尊丹巴仁波切的出現。

按照當時的多部記載所示，多羅那他在其人生的最後二十年間曾經遊訪蒙古，這亦是爲何人們認爲他最終會選擇該處做爲轉世之地的原因。更有傳言聲稱至尊丹巴也是哲蚌寺創立人和他空見守護者妙音秋傑的轉世，這種宣稱無疑是強把多羅那他跟格魯之間連繫起來，以及將其轉世去覺囊化。

然而這兩段記載亦尚有多處疑點，皆因在多羅那他的完整自傳裡似乎從未提及曾經去過蒙古，至於由盛喜解尊所撰寫的傳記當中，也同樣不見有提及過妙音秋傑爲多羅那他的前世之一。而根據所有覺囊的歷史文獻所示，似乎也跟這段宣稱有著很大出入。不論如何，該敘述在前藏基本上已是成爲了官方歷史教本所呈示的事件版本。

在多羅那他過世後，他的弟子佛海擔任了覺囊法座一段短時間，但其後也就辭世而別了。寺院

達丹旦秋林：位於衛藏的覺囊最後主寺遺跡。

法座接著便由多羅那他的另一名主要弟子盛喜珍寶海接任。他曾在多羅那他那裡領受了時輪密續的深入教示，以及六支金剛瑜伽的完整口訣。他的超凡機智盡爲人知，據稱可在每一天記背三十六頁典籍。珍寶海連續擔任了達丹旦秋林寺的住持約十五年。

到了一六五〇年，在妙音祖古（至尊丹巴的另一稱呼）的催促和班禪喇嘛的協助下，達丹旦秋林最終亦被改宗而成爲了格魯寺院。首先便是多羅那他和多波巴的教導被標籤爲異端學說並被封存在寺院的印經堂裡，接著又建立了一所新的學院並只容許人們學習格魯教義，而當時的班禪喇嘛更要保證寺內僧眾只接受格魯法系的灌頂以及念誦格魯祈請文。在覺囊教法被禁止傳播之後，有很多僧人都因拒絕接納新的教程而決定要離開寺院。珍寶海自己便選擇去了桑額日沃德千做閉關，而其餘留下來的人則盡量將之前所學得的教法暗地裡付諸修行。達丹旦秋林在一六五八年亦被正式改名爲甘丹彭措林。

遷徙藏東避難

僅在短短的數十年間，達丹林便從最開始一顆閃耀的覺囊法統之星，沉落至昔日光輝的影子底下。隨著該座主修學院的消失，許多位於衛藏周邊的寺院亦逐一步上了它的後塵。過了一段時間，整個前藏便已完全難以見到一絲覺囊蹤影。然而不論格魯如何竭盡所能地去限制覺囊行者們的外在行爲，卻始終無法使他們心中的意向產生改變。

幸好這並不是覺囊法道的終結之處。當時位於藏東的大部分寺院幾乎都沒有受到衛藏的戰事波及，因爲有明朝皇帝保護的關係，覺囊教法在安多和康區仍然可以繼續繁衍。而隨著後藏的情況逐漸變壞，多羅那他的眾弟子們亦要開始爲自身的前途做出打算了。

智慧南界在十六歲時遇上了多羅那他，之後在跟隨這位至尊覺囊巴的日子裡，便盡學得了顯密兩面的精要。他最初是從多羅那他處受沙彌戒，而傳授大戒給他的則是珍寶海。在其殷切的指導之下，智慧南界最終亦成爲了一名精通時輪金剛和他空見修法的專家。

就在達丹林的情況越趨緊張的期間，智慧南界遊訪了札什倫布寺並從第一世班禪喇嘛領受了教示，接著便又去了拉薩跟第五世達賴喇嘛會面，以及做了時輪金剛和他空觀見方面的長談。據稱達賴喇嘛尤對智慧南界的淵博學識感到非常印象深刻。

經過這次的會面之後，智慧南界亦清楚得知覺囊在衛藏的前景是絕對不會明朗的，於是他便開始深思應該如何才能使自宗法統能夠安然渡過前方的重重烏雲。在接著的數年間他反覆地考量了各種可能情況，但始終還是無法得出任何定案，直至獲得了三個淨觀的感驗時才讓他有所決定並且做出行動。

在第一個淨觀感驗裡他看到了白度母。白度母告訴他將會在路上遇見一座外形有如臧巴拉財神的山，而在那裡會看到一間寺院，她再三敦促智慧南界要前往贊塘地區去尋找這座寺院。

智慧南界的第二個淨觀是在位於大佛塔上的卡卓疊登精舍內進行密集禪修閉關時出現的。這次他看到了多波巴以全身透明的形相示現，並告訴他其命途將會在藏東得到延續。智慧南界本身對該次禪示並不在意，覺得這純粹是禪定時自己心裡所生起的幻象而已。

在最後的一個淨觀裡則見到了雄威護法，並告訴他一定要前往康區。於是智慧南界便去了日卓千摩閉關中心，並向至尊瑪佛業自在母請教。按照當時的情況推看，他們也都認爲假如是前往藏東的話應該是對覺囊教法最爲有利的。於是智慧南界便做好了決定，先是在大佛塔那裡做了長供養，然後便啓程前去藏東。

他首先遊訪了札什倫布寺，之後又去了拉薩拜訪哲蚌寺。他在那裡逗留了一年，然後在一六五七年的夏天開始往東面的康區進發。在達丹林被改宗的同一時間，智慧南界正好在爲另一座最新建成的寺院進行開光，而這間新建寺院更是以藏哇爲名以紀念該法統本身的清淨流源（「藏哇」在藏文爲清淨的意思）。接著他便爲眾人傳授時輪灌頂，並在之後舉行了超過五十次的傳戒儀式，而一個壯大的僧眾社團亦由此成立。在嘉絨當地的一名領主的贊助下，智慧南界又遊訪了整個安多地區並爲當地人傳授了許多教示。他在藏東總共留了十二年，最後經由蒙古返回前藏。

藏哇寺的創立標誌了覺囊由衛藏遷徙而出的開始，接著仍然會有數代人緊接其後，而智慧南界侄兒額旺佛業的一生正就是這種轉折的寫照。在十六歲那一年他在叔父那裡受了戒，然後便去了恰隆寺並在恰隆金剛勢的督導下開始了其學習生涯。在接著的四年間他盡得了宗義學、攝類學和戒律學的知識，並且更在智慧南界那裡領受了時輪六支瑜伽方面的眾多教示。在完成所有的學習之後他便去參加了考試，而當時有第五世達賴喇嘛在場監考。

儘管他亦由此而獲得了一個可以在贊塘任教的機會，但卻因爲雙親不願他離開而將之推卻了。在叔父過世以及達丹林被正式改宗之後，額旺佛業便決定從此就要以流浪隱士的方式過活。在接下來的六年當中，他便曾遊訪多間覺囊寺院傳授教法，但主要則還是留在偏遠的阿米圖精舍內專心參修六支金剛瑜伽。出關之後，他又在彭措倫珠寺待了四年進行傳法。

在這段時期，額旺佛業亦因其不分教派的觀點而逐漸爲人所知。他曾經修習過許多不同法系並受到了格魯、薩迦、竹巴噶舉和覺囊等所尊崇。他在一七〇七年受到委任並登上了恰隆多傑札寺的法座，接著便在該處設立了一間專門讓人參修覺囊法統之六支金剛瑜伽的學院。之後他更成功地將數部覺囊教法引入至哲蚌寺和甘丹寺的格魯教程當中，此舉可以說是一個非常重要的里程。自第五世達賴喇嘛在當時跟隨了某幾位寧瑪和薩迦的大德學習之後，便有很多格魯巴亦同樣地緊隨其後，並對其他法統之教法亦開始漸持開放態度。看來似乎在針對格魯權力的威脅被清除以後，他們從此便可以放心把精神完全地投放在心靈法道的追求上面了。

公元一七一七年，額旺佛業又再一次受到了贊塘藏哇寺的邀請。這一次他接受了教職並在此留任了數年。在他任教的期間有非常多的學生慕名而至，而除了藏哇寺之外他亦經常遊訪周邊區域以及傳授教示。不僅只是在贊塘而已，他更先後在安多的阿壩和嘉絨地區興建了多座寺院。

額旺佛業在晚年時獲得了拉藏汗的邀請前往蒙古。他在該處爲眾人傳授了甚深教示並且亦接受了不少弟子。接著卻因爲有戰事在各個蒙古部族之間爆發而使得額旺佛業暫時無法返回西藏，於是他便在蒙古多留了一年並創立了數間佛學寺院。而當戰亂在最終平息之後，他隨即也就回到了後藏。他餘生都是在札什倫布寺中渡過，除了一般的教學之外，他亦特別將覺囊教法傳授給了一位名爲長壽金剛的蒙古領主。

在偉大上師如智慧南界和額旺佛業等的引領之下，大部分身在衛藏的覺囊僧侶亦覺得如能遷往安多和康區的話，應該會是一個較好的選擇。隨著越來越多的僧眾們陸續湧入至該處地區，有幾座新的寺院亦因此而相繼地建立起來。公元一六一四年，著名的嘎日氏族有一位名爲喇嘛賽藏的後人，同時也是至尊覺囊巴的直屬弟子，便是在安多的阿壩地區蓋建了賽格寺。到了一六五七年，智慧南界的弟子盛喜吉祥賢也建起了卓克桑都寺。這兩座寺院在日後亦成爲覺囊教法得以流傳以及讓人參修的重要中心。

＊＊＊

每當我們回看在十六和十七世紀所發生的事件時，或許只會簡單地把當中亂局的產生原因歸咎於某一方，然而當時的實際情況和環境卻是我們所難以想像的，故此我便希望能夠在這一章裡為大家呈現出當時政治和法統的影響力到底是如何地錯綜複雜，並繼而導致覺囊被迫離開衛藏的經過。當中的問題所在並不是非黑即白那麼簡單的。

我們可以肯定一點，那便是像達賴喇嘛、噶瑪巴以及多羅那他等的高證德聖賢們，都真切希望能夠將弟子們引導至更加深入的和平與和諧。然而不幸的是，當他們的忠告良言到了那班野心勃勃的政治首領們時卻都變成了耳邊之風，世俗權力最終蓋過了一切。就算所有的紛爭和混亂皆是以宗教的名義發起，但實際上行動本身卻跟法統所教導的內容背道而馳。

在此我真誠希望各位能夠誠實地並不帶歧見地細看當時的歷史事件，只有這樣我們才可以真正地從錯誤中獲得裨益，甚至因此而對所有涉及其紛亂當中的受難蒼生生起更大悲心。如此我們便會開始真正地認識到寬恕的真正涵義，並平伏和消除至今仍然留存在西藏社會中那揮之不去的殘留怨恨。

11 流存於藏東

早在蒙古人入侵並於拉薩成立甘丹宮之前，前藏本有的先後數個王朝大多都是自治和獨立的。儘管內部紛亂從未完全停息過，但西藏跟其鄰國在相對上卻都是一直處於穩定局面的，這或許是因爲其與蒙古眾汗以及中國皇帝的特殊關係所致。歷代的西藏上師皆會身兼鄰國君主的精神導師，而該國君主則會在有需要時爲西藏提供財政援助以及政治保護。這類檀越關係在傳統上只會引伸出一種宗主國和附屬國的象徵意義，故此藏人在內政的處理上仍然是自主的。

在被固始汗侵占後，這種關係卻因爲在軍事方面的比重有所加強而發生變質。甘丹宮政權本來就沒有屬於自己的軍隊，一直以來無論是在內外事務、法律執行以及面對政敵方面都要重重依靠蒙古，如此便導致了有外來兵團慣性駐紮當地以及活躍於西藏境內的情況出現。儘管這種情況的歷代表現方式不盡相同，但卻仍然都持續至今。不論如何，衛藏的命運到現在似乎已經跟外來野心勢力的交纏變得不可分割了。

然而於此期間，在藏東邊境眾國內所發生的故事卻是顯得有點不同。由於在地理上有著天然邊界為屏隔，因此前藏和藏東在發展上可以說是各自獨立的，而那些位於藏東的偏遠山村和寺院基本上只受到當地的軍閥所管轄。在這種荒涼和偏僻的地方，中央政府的律令可謂是遙不可及，故此當地的小國或部族亦便理所當然地成為了唯一的實質管治者。當時藏東的大部分地方都沒有受到拉薩地區的政治動盪所影響，而且主權在名義上雖然是掌握在外國帝王的手中，但人們在這裡的生活卻是依舊不變地維持了數百年之久。

當步入十八世紀之時，前藏和藏東的情勢仍然是各走各路，而該兩處地區的不同政治環境亦成為了塑造覺囊法統歷史的關鍵所在，尤其是見於因受教派敵對局面而幾乎在前藏地區完全消失的前提之下。

兩個帝國之間

在固始汗於西藏建立起和碩特汗國之後，中國亦很明顯地看到了權力平衡方面的轉移。當時的明朝已統治中國近三百多年，並於一六四四年被滿族人入侵和推翻，大清皇朝自此建立並定都於北京。

第五世達賴喇嘛認為必須要跟新皇帝建立起一段健康關係才能為區內帶來和平，於是便派遣使節前去中國祝賀新政權的成立。這次見面之後，清皇朝便正式確認了甘丹宮爲西藏的合法執政者，在形式上就跟之前的明朝承認帕木珠一樣。

在前藏，達賴喇嘛基本上把國家的行政權力交由他的總理第司佛海去負責。在其領導之下，興建布達拉宮的繁複工程便正式開始，而該座宮城在日後更成爲達賴喇嘛統治西藏的象徵。佛海亦爲格魯法統的擴展付出了極大努力，他曾先後爲二千多座寺院的改善和興建進行了支援工作。正是如此，在隨後的三十年間，格魯法統亦便發展至擁有多達三千一百五十間寺院以及三十四萬僧眾的規模。

當第五世達賴喇嘛在一六八二年辭世的時候，佛海便決定要將其死訊保密。他深知當時政局的穩定與否，與達賴喇嘛的在世權威密不可分，因此也怕在這段權力的眞空期間必然會有紛爭冒起。正當眾人都還認爲達賴喇嘛仍然在進行閉關的同時，佛海則繼續抓緊對政府的控制，並在暗地裡爲剛選出來的達賴喇嘛繼任人梵音海進行培訓和監督。然而蒙古人最終也開始對法海的說法有所懷疑，於是他只好將當時才年僅十四歲的梵音海倉促推上法座。

年輕的第六世達賴喇嘛是一名非常反叛和不愛受到拘束的人物。他對嚴守規律的寺院生活毫無興趣，而經常喜歡流連妓院和酒館，以及爲心儀的紅顏吟詩作對。這些行爲無疑會讓那班蒙古和中國的功德施主們非常難堪，做爲極度重視清規戒律的格魯信眾而言，亦必定會對其所作所爲感到難以理解。

在十八世紀初期，西藏落入了拉藏汗的控制之中。他承繼了由固始汗所開拓的和碩特蒙古王族血脈，而法海在當時則是已在拉薩學習多年的準噶爾蒙古領袖的親密朋友。這段關係最終亦令法海失去了大清皇帝以及拉藏汗對其的信任，而拉藏汗同時亦將之視為可以除去其政治競敵的一個機會，於是便把佛海殺了然後自封為西藏之王。

拉藏汗上位後所做的第一件事，就是把第六世達賴喇嘛逐出布達拉宮並且將他囚禁起來。然而因有清皇帝出面請求，拉藏汗最後便將年輕的達賴喇嘛送往北京。而接著所發生的故事竟有兩個版本：第一個版本提到梵音海不知是被殺還是患病的緣故，在前往北京的途中便離世了；第二個版本則描述他先是從挾持者處逃離而出，從此以後便四處遊蕩度過餘生。然而到底哪一個版本才是他的眞正結局，我們卻始終不得而知。

就在梵音海的死訊傳出之後不久，拉藏汗便將法座賜給了一個被他稱為第五世達賴喇嘛之眞正轉世的人。但由於他在賜位前並沒有尋得宗教當局的諮詢，故此這位新任達賴喇嘛智慧海也就被大多數的西藏人視為是冒牌貨，更有人聲稱此人其實便是拉藏汗的兒子，充其量也不過就是一個政治木偶罷了。當時的西藏人普遍都對拉藏汗的此舉感到不滿，於是尋找眞正第六世達賴喇嘛轉世靈童的過程亦因此而展開。

之後便有一位名叫善緣海的人選在藏東被找到了，此時的清皇帝將之視爲插足西藏的一大機會。善緣海這名年輕人對拉藏汗而言絕對會是非常明顯的政治威脅，故此所找到的轉世靈童也就必須受到嚴密守護而不能落入中央政府的手中。如此他便在清朝的守護下一直留在藏東，並且在不同的寺院接受訓練。

公元一七一七年，準噶爾蒙古入侵西藏並推翻了其宿敵拉藏汗，於是準噶爾汗國的版圖亦因此而伸延到了這些地區。在把「假」達賴喇嘛廢除之後，他們繼而更在拉薩進行了洗劫和掠奪，導致整個藏人社會都對準噶爾生起了極大的憤恨。準噶爾部本身也是主張教派分裂的格魯支持者，並以打壓其他法統，尤其是寧瑪和苯教而爲人所知。

清皇帝認爲西藏正是處於「敵對勢力」的控制當中，故此便派出數支遠征軍隊以求將藏人從蒙古人的壓迫中「拯救」出來。因有後藏和藏西地區部隊支持的緣故，清兵很快也就攻入了拉薩並將準噶爾部逐離。之後他們便把西藏立爲清朝的保護國，更正式將善緣海封爲第七世達賴喇嘛，並於拉薩布下約三千人的常駐兵團。做爲是次改革的後續，清朝又將第司一職廢除，並以另一個稱爲噶廈的管治機構替代之。該機構由三名在家人總督以及一名寺院僧人所組成，負責制定政策並向做爲清帝代表的駐紮大臣做出呈示，而達賴喇嘛則是所有議案的最終決定者。

覺囊避難之地

之前曾統治衛藏的和碩特部此時主要是留守在東面的安多地區。在準噶爾部被逐出後，拉薩新政府恐怕和碩特蒙古又會再次歸來，於是便向清皇帝請求能夠提供更多支援。爲了進一步鞏固西面邊疆，清朝於是又派遣了多支軍隊前往安多和康區，並將和碩特部的殘餘部眾逐出境外。大概就在一七二〇年，清朝將西寧定爲行動基地，接著便正式吞併了整個安多地區並以「青海」一名代替之。

此後過了不久，固始汗的孫兒智賢教掌便帶領了一支包括藏人和蒙古人在內的二十萬叛軍向駐紮西寧的清兵進行攻擊。當時的前藏軍隊卻選擇了跟清朝站在同一陣線，去迎戰這隊同樣有著藏人的敵對兵團。結果叛軍遭到了大敗，而當中的參與者更被殘酷屠殺。

大清皇朝在接著的十年間亦以同樣方式將藏東的大部分地區都納入了控制範圍。在拉薩駐紮大臣的幫忙之下，他們更在西藏和中國之間設定了新的邊界，而這些地區從此亦正式成了由北京直接掌控的範圍。

大致上而言，當時中國比較看重的似乎是這些地區的戰略價值，而在實質管治方面則交由當地的領主負責。這亦表示在接下來的數百年間，那些位於青海和四川省的藏傳寺院基本上都可將精力放在心靈法道之上，而不用擔心會捲入至任何大型的政治紛爭當中。這種在相對上較爲安全和自由的環境，亦爲原本來自後藏的覺囊教派提供了重組以及重新建立寺院學府的完美條件。

在十七世紀，智慧南界爲中覺囊和東覺囊之間建立起了連繫，而之後的額旺佛業更進一步增強這段連繫，爲藏哇寺的成長創造了綿綿不絕的動力，然而藏哇寺卻直到十八世紀才算是自成一格。在歷經了數代的傑出金剛上師帶領之下，覺囊社群也就逐漸成形，而六支金剛瑜伽的實修體系亦隨之得到了確立。

多羅那他當初在達丹旦秋林爲智慧南界傳戒的時候，便曾交予他一條由三種顏色線條所結成的加持繩，用以預示日後將有三名菩薩做爲其轉世傳人出現。智慧南界的第一次轉世爲額旺掌教南界，也被稱爲嘎威法增。嘎威法增在後藏出生和成長，曾在恰隆瓦額旺佛業那裡領受過眾多教法。他在十歲時領受了六支金剛瑜伽的口訣，然後便立即開始了爲期兩週的短時間密集閉關。他在十六歲時領了大戒並被賜予了額旺掌教南界這個法號。其後他又跟隨了班禪喇嘛智賢原慧和秋傑普賢王等上師繼續學習。

受到了贊塘秋傑如來自成的邀請，之後教掌南界便擔任了藏哇寺金剛上師的職位，先是往東去了安多，然後南下贊塘。在途中他經過了阿什瓊王國，並在那裡爲阿什瓊王掌教盛傳授了十五天的教示，而亞爾堂寺亦在這段時間創立。阿什瓊王和當地的寧瑪住持東渣喇嘛盛喜更將這座原本是屬於寧瑪的寺院送給了覺囊，於是亞爾堂寺也就成爲了第一座位於果洛偏遠地區的覺囊寺院。

當教掌南界抵達贊塘的時候，據說當地的所有神祇和精靈都聚在一起迎接他的到來，並且承諾將會爲佛法做出奉獻。當時整個社區亦爲他進行了一場別緻的歡迎儀式，而秋傑如來更將自己的住處供予了這位上師。在接著的數年當中，教掌南界便爲眾人傳授了完整的時輪灌頂以及時輪評釋的深入教示，並爲其弟子們傳授了六支瑜伽的實修指引。

以贊塘做爲基地，教掌南界之後亦多次遊訪了其周邊地區以及傳授教示，如此亦讓人們不禁對覺囊法道生起了極大信心。他用了長時間去遊訪安多的阿壩、察科以及達庫等地區，並且由此而吸納了很多新的弟子以及獲得大量供資。他將所有的這些供資全數捐予其他有需要的人，尤其是送給仍然留在前藏的覺囊僧侶們。

教掌南界的名聲很快便傳遍了整個區域，而很多地方的領主都趨之若鶩並相繼邀請他到訪。在傳法的期間他亦常常向人展示神通，譬如控制火勢強弱以及令水瞬間沸騰等。而每當領主之間有戰事爆發的時候，人們便會尋找教掌南界做爲中間人去調停紛爭。儘管教掌南界本身並不願意介入這類世間事務，但仍會答應幫忙並盡力給予所需協助。然而不幸的是，最終卻有一名領主向他下了毒，以致教掌南界在某天突發身亡。

在教掌南界過身之後，他的主要弟子額旺克尊盛便接任了藏哇寺的金剛上師一職。克尊盛是人們的完美榜樣，向人們示現了做爲嚴守清淨戒律、深具典籍學識，以及能夠透過深入實修而獲得超凡智慧的模範。他在札囊山精舍做了一段相當長時間的靜修，之後便被當地的社群供予了一處甚有加持力的地方用於興建新的寺院。據說該地點從前亦是著名瑜伽士無畏克尊海曾多次教授甚深時輪六支瑜伽的地方，而額旺克尊盛在該處做禪觀時更曾親見一眾佛陀以及淨土境域。孜郎寺之後也在同一地點創立，如此便讓覺囊在果洛和安多阿壩地區穩固地扎根。

普賢佛業南界被認爲是偉大時輪上師智慧南界的第二次菩薩轉世。在年幼時他便已在一眾高證德喇嘛如其根本上師額旺克尊盛那裡領受了教示。當去到藏哇寺時他更領受了所有吉祥時輪修法的灌頂、傳承和口訣。他對這些教法特別珍視並精勤地將之付諸實修，故此亦獲得了甚多非凡證境。就在佛業南界的成就得到了揚名之後，如海的信眾亦由安多和康區等地陸續湧至。甚至是十三世噶瑪巴伏魔金剛等的大師，也不惜長途跋涉親自前來領受教示。

普賢佛業南界的心子是高證德瑜伽士具力自成海，尤以精通於拙火定而廣爲人知，他所成就到的力量是既兇猛且又不屈不撓的。當地的一切惡魔和神靈亦皆受其所號令而盡心侍奉佛法。他在由克谷興建了下藏哇寺，並且在竹千額旺佛業轉世無畏海的協助之下，一同做出了許多有利於眾生的偉大事業。

緊隨自成海之後，便是智慧南界的第三次轉世偉大金剛上師至寶無畏南界。生於瑪郭谷的他，主要是在贊塘藏哇寺跟隨喇嘛天頂海和具力自成海等學習。在領受了眾多深入教法之後，他便去了覺囊谷並在基朴精舍進行了一次嚴密閉關。除了主修時輪金剛瑜伽之外，無畏南界也領受了尼古瑪六法的教示和灌頂。透過不懈地精進參修，他最終亦成就到了非凡證境並成爲一位德行圓滿的時輪大師。在他回到贊塘藏哇寺後便被推舉接任金剛法座，並成了覺囊法統的主要傳承持有者。

藏東的利美運動

到了將近十八世紀末的時候，位於拉薩的西藏中央政府和鄰國尼泊爾的關係亦逐漸變壞。公元一七八八年，尼泊爾軍隊向北延伸並發動了第一次廓爾喀入侵。當尼泊爾在不斷挑撥西藏邊境的同時，清朝的駐紮大臣除了將達賴喇嘛送離拉薩之外，並沒有做出任何應對動作。到了一七九一年的第二次入侵時，尼泊爾人又進一步占領了後藏的日喀則地區，更對札什倫布寺進行了洗劫。這場紛亂最終在藏中聯軍把廓爾喀兵擊退至加德滿都後，才算是得到解決。

拉薩在經歷多年的政治動盪和尼泊爾的兩次入侵之後，清朝皇帝亦決定要對當地的地區管治進行改革。他委派了兩名新的拉薩駐紮大臣與達賴喇嘛共同執行管治，並對邊界區域進行積極巡邏和防衛。該項決定導致許多新的堡壘在衛藏相繼建成，而進駐的中國軍隊亦隨之明顯增多。儘管有人認爲清朝對西藏的控制會因此而變得更加堅固，但這段關係的本質其實仍然是象徵性的，而行政方面在整體上則仍然是由藏人噶廈的影響力所主導。

格魯這次亦獲得了清皇帝的支持，並且幾乎完全地支配了整個前藏。縱然其他法統仍有少數信眾留在這個地區，但大部分都已經改宗或在多年的教派分裂衝突中流徙他方。正如之前所述，他們當中有很多都去了安多和康區等地尋求庇護，而當地的眾多獨立王國亦促成了不同法統得到多元發展的局面。爲了要盡力保存這些教法（大多數都已接近失傳），於是便有幾位偉大上師開始提出了不分教派（利美）的取向。

就跟盛喜解脫和多羅那他這兩位利美先驅一樣，薩迦上師蔣揚欽哲旺波和噶舉上師蔣貢康楚羅卓泰耶也都擔當了推廣在當時被稱爲「利美運動」的重要角色。幾乎在整個十九世紀都見他們極力去掃除各個法統之間的歧見觀念，並且更積極地教導了整個世代的弟子們去珍視自身所屬的心靈遺產，以及尊重同樣爲克服無明的強大和獨到的其他法道。

欽哲旺波主要是去收錄各個傳承教法並將之傳授給其弟子們，而蔣貢康楚則是把眾多教法結集起來並將之匯編成一部稱爲《五寶藏》的百科式典籍。康楚在其著作中便常對至尊覺囊巴表示崇敬之意，並視他爲自己的主要啓發泉源。正如其自傳裡面所述，康楚便曾經說過深信自己是多羅那他的其中一個轉世。或許便是擁有這種跟覺囊深厚連繫的緣故，康祖之後亦自發地遊訪了贊塘並跟隨了藏哇喇嘛額旺法增海學習。

生於蘇卡地區，法增海在成長階段便已渴望要進入贊塘寺學習和修行。當他十歲時便決定要離家出走然後去了藏哇出家。經過多年的學習，他最終亦在其上師拉節喇嘛額旺海那裡領受了完整的時輪教法。法增海先是用了三年時間進行嚴密閉關以修習首兩支金剛瑜伽，接著又深入地學習和參修了一系列不同法統的修法。他似乎亦跟寧瑪的大圓滿教法以及香巴的尼古瑪教法有著特別深刻的連繫。

法增海此後便被公認爲一名具高證德的修行人，更被藏哇寺選中而成爲代表該寺的巡訪上師，主要是遊訪各處並以藏哇僧團的名義去執行教儀以及傳授教法。憑著其不懈努力，那些曾被他到訪過的社區也都獲益匪淺，於是他亦因此而籌得了充足供資並爲贊塘提供了擴展的資源。

在至寶無畏南界五十歲的時候，他選中了法增海做爲其繼任人，亦即贊塘藏哇寺的金剛上師。此後法增海便不斷爲僧眾授予灌頂、傳承以及口訣，而蔣貢康楚大概亦是在這段時期抵達贊塘寺，並在他那裡領受了如他空中觀、密集金剛、施身法以及時輪六支瑜伽等的眾多教法。他們兩人的連繫異常深厚，更是互相尊敬以及深信對方。

到了第二年，法增海便被阿壩地區的美王邀請去許多不同法統的寺院進行弘法，自此便成爲眾人皆知的一位非凡利美行者。接著他又將尼古瑪六法傳給了偉大的寧瑪上師巴楚仁波切，並把六支金剛瑜伽授予了席千大日。在晚年時，他又去了噶舉的優拓寺並在此處傳授了眾多教示。法增海便是如此奉獻自己的一生以求能爲一切眾生謀取裨益，不因他們各自的信仰不同而有任何分別。他的事業後來由其三名心子所繼承，分別是額旺法聖賢、額旺法通海以及額旺法持海。

額旺法聖賢七歲時已在無畏南界那裡受戒，此後便一直用功學習以及修行佛法。當他二十五歲的時候便已學遍了超過一百多種屬於不同密法體系的壇城，並且能夠生起清晰禪觀以及詳見其中的各項細節。因爲這個緣故，法聖賢也就成爲覺囊派寺院裡最受推崇的儀軌上師之一。

法聖賢更先後在蔣貢康楚、巴楚仁波切以及優拓噶瑪等人那裡領受了眾多教法，故此對所有主要法統的修法也甚爲精通。在把這些教法付諸實修之後，他亦因此而獲得了許多非凡的禪觀感驗，譬如有一次當他修練時輪金剛時便親見到白蓮法胤以全知多波巴的形相示現；另有一次在修馬頭明王法時亦親身得到了彌陀淨土的感驗。他更經常在禪觀中遊訪香巴拉，並且見到一位頭戴白冠的人爲其揭示出種種隱祕。

就在法增海離世不久，法聖賢便頻頻做著同一個夢，夢中看見自己的上師浮現於天空並爲他唱出一首深義道歌，並傳授眾多教示和給予加持。之後便有大批民眾爲向法聖賢求法而從不同地區到來，然而法聖賢對請法者的要求卻甚爲嚴格，故此能夠成爲合格弟子的人數亦相對不多。

當那位頭戴白冠的人又在某次淨觀當中出現，並告訴法聖賢要將教法傳授給更多人時，法聖賢便放下了自己所設下的限制並開始更加開放地傳授教法。就在法聖賢抵達阿什瓊、拉節以及蘇卡等寺爲眾僧傳授灌頂和教示的同時，他亦獲得了眾多供資並將之用於贊塘寺祈願大殿的興建之上。

公元一八七八年，在法聖賢臨近人生終結之時，他向其信眾宣告：「我在今年便要去了。你們務必要嚴守戒律，千萬不要讓覺囊的清淨法統因爲個人的傲慢或怠惰而有所沾污。由始至今我的所有誓言從未曾有過任何缺失或退轉，並且也已安住在擺脫一切二元的覺受當中有好一段時間了。對我來說，日與夜的循環已經融爲一體。那股自然生起的光明一直都充盈在我的心中。」講完這段話後不久他便辭世而別了。

法聖賢的繼任人便是其法道兄弟額旺法通海。就跟法聖賢一樣，他同樣也是藏哇聖僧法增海的親密弟子。在十三歲時法通海便領受了修習六支金剛瑜伽以及尼古瑪六法的甚深口訣，據稱在他領受到這些教法的同時便立刻獲得了超凡的淨觀感驗，並且能夠看見自己上師與全知多波巴實爲無二無別。他的心性自此亦受到了很大啓發，並且能長時間地安住在非二元的不易定境當中。

當法通海進入金剛瑜伽的嚴密閉關時，更獲得了許多甚深證境。他不但可以完全掌控空色境界的無窮展現，更能夠調伏自身的明點和氣風流動。自此他便開始感驗到一切現實景象皆爲無盡淨土以及具備各種不同外形和顏色的本尊示現，於是最終法通海亦因爲能夠把這些感驗結合爲一，而直接證悟實相之究竟本性。接著透過尼古瑪六法的修練，他更因此而精通了光明和夢瑜伽，並繼而獲得了種種奇妙的神通力量。

到了四十五歲的那一年，法通海在成爲一位高證量瑜伽士後被推舉並擔任了藏哇寺金剛上師一職。他在餘下的一生裡從不間斷地傳授教法，而在此期間能夠深受其法益的贊塘僧眾數目便已達至數千。他的大部分人生都奉獻給了時輪的傳承，以致覺囊教法由佛陀時代流傳至當時都仍保持清淨無缺。在示現出種種病癥之後，法通海最終於一九一〇年與世長辭。

額旺法持海可以說是藏哇聖僧的所有弟子當中最廣爲人所知的一位非凡密宗行者。他被認爲是虛空藏菩薩的化現，以及多波巴弟子袞榜法稱祥的轉世。他在世時便練就了許多奇妙的神通力量，更讓無數的弟子得到啓發而修習六支金剛瑜伽。

他生於蘇卡地區的瓦修村莊，原本一直都是接受叔父的教導，直至年紀稍大後才前往贊塘。當他最初遇見藏哇聖僧的時候，心裡便已對這位偉大上師生起了一股強烈的敬意和虔信感覺，因此也就毫不猶豫地立即向他自薦爲徒。之後他又領受了金剛瑜伽的前行教法和口訣，並被賜予了額旺法持海這個法號。

法持海接著便進入了閉關，並且很快就對六支瑜伽的各個階段生起證境。透過首兩支瑜伽的階段，他已經能夠將自身的感官跟空色的十種驗兆完全融合，而此後所謂的禪定和非禪定境界對他而言亦不再有任何分別。當他修至第三和第四支瑜伽時，已完全調伏其內在風息和明點，他能夠穿牆過壁，以及在盤腿的同時亦能夠彈跳至半空。當修到第五支瑜伽的時候他便已能夠直接感驗到香巴拉淨土，更可以經常遊訪該處並且直接領受口訣。有一次他便是如此而被傳授了一系列的全新瑜伽姿勢，這些姿勢經實修後亦被印證為具有甚大成效，故此也就被確認而成為法統中的一個傳承法門，並且受到眾寺院所廣泛採用。

當法持海修至第六支瑜伽時，心性亦已完全跟本初光明融合為一。藏哇聖僧知道如果讓他繼續下去的話，便將會永遠融入至淨土當中，因此便用了自己的精神力量去把這位弟子帶回凡塵世間。法持海之後便向其金剛兄弟們提過，不能在淨土留下的確讓他感到非常失望。於是他的上師便勸他把焦點更放在如書法、星相以及繪畫等的外在法道上，從而讓自己跟這個世間不脫連繫。儘管對其上師的勸告完全聽從，卻無礙法持海最終達至精通六支瑜伽的非凡境界，甚至在其他各類無上瑜伽密續法系的修練上也是一樣。

有一天法持海得到預示將有幸遇上一位身穿白袍和紅色禪披的超凡上師。之後他便找到了拉孜皈怙這一位寧瑪上師。他在拉孜皈怙那裡領受了眾多教法，而當中最為特別的也就是施身法這道甚深法門了。這種修法的重點便是需要遊訪許多鬧鬼之地，並以心念將自身施捨予當地的惡魔和鬼靈。據稱在法持海進行這種參修的時候，附近的人們亦都會聽到許多奇怪和恐怖的聲音，他們經常因此而被嚇至慌忙逃走。

法持海一生中的大部分時間都代表藏哇寺去遊訪整個安多和康區，並且會用神通力量治療當地的傷病患者。而每當有喪事時他亦總會及時出現，並且以遷識法將新亡魂送往淨土。因擁有奇妙的神通本領而聲名顯赫，法持海同時亦成爲一位深受各方所尊崇的偉大上師。

在完成代表藏哇寺的任務之後，他便將重點放在已經領受到的甚深竅訣之上。他接著去了噶日山居進行閉關，並且在那裡爲少數有幸的學生傳授了時輪和香巴法系的生起與圓滿次第修法。他的所有弟子都在修行上獲得了極高成就，並且對這位上師生起了毫不動搖的信心和虔敬之意。有人認爲便是因爲他們的虔誠力量，故全部人都達至了通達如海的知識以及證悟的境界，儘管當中有很多人未曾做過任何的正式學習。

每當法持海傳授灌頂或進行任何生起次第修練的時候，他總是會以該本尊的形相向其弟子們做出示現。譬如在他修金剛瑜伽母時，眾人也會看到他眞的顯現出了金剛瑜伽母的實質形相。同樣地，當他參修忿怒大威德金剛時也就會顯現成無數形相並向十方做出展現。他的弟子當中便有許多都聲稱曾經親眼見過他所做出的種種奇妙事蹟。

法持海在其一生中亦因從不間斷地念誦《文殊眞實名經》而爲人所知。他曾經各自念誦時輪以及勝樂心咒多於五百萬次。他的著作數量甚豐，當中包括一系列的祈請文和實修指引乃至多部深度評釋，致使受到啓發而修習六支金剛瑜伽的人數因此而有所激增。

在七十五歲那一年，法持海感到自己已完成了人生中的大部分責任，也就開始減少與人交往，並且逐漸潛入至一種由高層次淨土與這世間相互交融而成的恆續證境當中。很多人都將之視爲法持海即將離世的徵兆，因此他的眾弟子們都誠懇地向他哀求繼續住世。

法持海答應了眾人的請求，接著便以禪定坐姿保持不動長達三年之久。他經常多天不吃不喝，而每當有弟子向他請求進食少許時，他便會進食大量食物。然而不論吃了多少，他卻從不需要解手出恭。在這段期間，他的舉止總是那麼地不尋常和讓人意料不及，但卻處處充滿著啓發性以及蘊涵深義。

在接近臨終之時，喇嘛法持的呼吸亦變得極爲沉緩和深長。直至離世的一刻他都保持著這種狀態。有一天他的侄兒發現法持海以禪定姿勢僵坐不動並且雙眼目光朝天，侄兒一時難忍離別傷痛，便聲淚具下地乞求喇嘛法持能夠回來吃點早飯。這時的法持海忽然現出了忿怒形相並且斥責侄兒不該對他打擾。過了不久之後他又告訴侄兒不要掛心，然後便在他的身旁躺了下來。此時法持海的心性已經與臨終光明融合爲一，變得跟實相本性無二無別。

之後便有說法認爲法持海在僵坐時，其實正在將心識導向至一名剛剛出世之人的心相續中。然而不幸的是，由於這個過程受到了他的侄兒的打擾，因此他無法獲得原本所要達至的結果。然而不論如何，在他過世之後卻仍見甚多奇蹟出現。譬如在火化儀式之後，人們便在塔裡發現了屬於兩個人的兩組舍利，該奇妙現象顯示出法持海應已獲得了時輪本尊與雜色佛母的雙運成就。

覺囊學風復現

自前藏的動亂時期過了以後，覺囊已甚少再將焦點放在學術以及宗義的辯論之上。他們的教程變得比較著重在感驗本性方面，並且主要以虔信和禪修力量做爲認識非概念性究竟實相的取向。因於這種轉變，覺囊在該時期亦鮮有學者出現，而在這段時期所撰寫的典籍基本上多以實修方面的專門解說爲主。直至十九世紀末當利美運動完全遍及藏地之時，便有一眾才華洋溢的覺囊上師開始再次重拾學術研討，以及撰寫出更多的理論文獻。藉著他們的努力，覺囊那道悠遠流長的修學傳統亦得見復甦，而眾多覺囊寺院也開始再重回至學修並重的平衡之道上。在這股改變浪潮的前端，我們便看見有一位名叫邦達喇嘛的身影。

法教妙善海生於贊塘谷的邦達村莊，在他出世後很快就被發現竟然身負高超智力，他以毫不費力對任何科目都能夠做出深入理解而見稱。因爲距離自家極近的緣故，他在年幼時便已將大部分的時間用於跟隨藏哇寺的上師們進行學習。

邦達妙善十八歲時去了康區並進入了卓千寺的吉祥獅子佛學院。他在那裡按照古印度顯教傳統完成了五部大論的學習，之後又在眾多大師如卓千仁波切、蓮花金剛、巴楚仁波切、鄔金無畏法自在以及堪布阿貢等人處領受了一系列的殊勝教法。

隨著吉祥獅子的學習階段完畢之後，邦達妙善接著又去了八蚌寺並在偉大利美上師蔣貢康楚羅卓泰耶無邊的指導下進行了那洛六法的學習和修練。他同時亦開始爲眾人教授《入菩薩行論》等課題。據稱當他在該處學習的時候曾遇上一個人，告訴他千萬不要僅僅只因擁有豐富學識便感到滿足，而是應盡最大努力將所得之教法付諸實修和內證。

在二十五歲那一年，他收到了弟弟的通知要他回去贊塘。他最終同意了並在藏哇寺中住了一段頗長時間。於此十二年間，他在藏哇聖僧的指導下精勤地修習時輪金剛，以及領受了其他修法體系的眾多灌頂和口訣。

邦達妙善在其上師過世後仍繼續留在贊塘地區進行學習和教學。做爲新任金剛上師額旺法聖賢的弟子，他完成了時輪金剛方面的學習並領受了針對六支金剛瑜伽實修的所有重點口訣。他一直都留在額旺法聖賢的身邊並居住在修行院內，直至這位上師於一八七七年與世長辭爲止。

邦達妙善對佛法的渴求是永無止境的。他在贊塘進行參修的同時亦繼續學習宗義，尤其是對宗喀巴以及妙音喜笑的典籍最爲熟習。

直到一八八四年他已精通了一眾如海經續，便決定是時候要將焦點放在實證之上了。他先是去了噶日山居，接著便向大瑜伽士法持海請示教法以及領受了眾多非凡口訣。藉著努力不懈的密集修行，他最終亦感驗到了種種的成就徵兆。

之後他又遊訪了各地的山居精舍，並爲眾人傳授教法以及進行嚴密閉關。在格沛山居他傳授了一生當中的大部分學術教示。以其淵博學識和對佛法的深入理解，邦達妙善絕對堪稱得上是一位眞正的利美大師，於是不同地區的弟子們亦因此而慕名前來。邦達妙善的著作數量甚豐，更曾用大量時間撰寫出多部文獻，在其集作裡便有針對時輪密續各個不同方面的深入評釋，以及相信應是藏文版本當中最爲詳細和最具分量的《現觀莊嚴論》註釋。

邦達妙善在晚年時獲請擔任了噶舉優拓寺的金剛上師，並且在該處建立了一間專爲修習那洛六法而設的禪修中心。此後他便將餘生用於傳授自己在蔣貢康楚那裡所領受到的所有教法。他更開創了一套獨特的閉關流程，使弟子們能夠以此做爲基礎而盡得啓發，並於瞬間生起甚深證境。

在六十三歲時邦達妙善於淨觀中親見到文殊菩薩，並被告知自己將會投生至香巴拉淨土並且成爲其中一位迦爾基法胤。之後他便甚少向人示現忿怒形相，並且爲即將到臨的死亡一刻做好迎接準備。就在某一天吃完早飯之後，他便把隨從遣了出外並以禪定姿勢坐直，然後在進行那洛六法中的遷識修法之後不久便與世長辭了。

邦達妙善的遺風則經由其親密弟子額旺資糧海而得到延續。資糧海被確認爲偉大覺囊學者涅溫盛喜祥的轉世，他在非常年幼時便已開始進行學習，更於八歲時就已經熟讀以及流利念誦得出多部經籍。在十歲那一年他去了噶日山居並向額旺法持海求學，其後又受了沙彌戒以及獲得了部分跟時輪金剛一般前行所相關的修法竅訣。資糧海之後也精勤和堅毅地投入修行，而隨著日子增長他最終亦獲得了六支金剛瑜伽獨有前行和正行的所有必需灌頂和口訣。透過參修這些甚深法門，資糧海的心續亦因此而異熟起來並感驗到了許多轉化證境。

在資糧海十八歲的那一年，法持海爲他傳授了一系列不同密續修行法系的灌頂。他更在盛喜哲自在那裡領受了多波巴著作總集的完整傳承。就在資糧海專心致志念出各個本尊的所有心咒的同時，他亦於淨觀中感驗到了眾尊的穩定和清晰顯相。

資糧海在能夠以禪定和持咒生起證德之後，便開始轉往並著力於學習和觀思方面，以求能夠擴展眼界，並爲利益眾生而提高自身能力。在邦達妙善的指導之下，他對因明和攝類學等多方面的典籍亦進行了深究。做爲他們兩人共同的合作成果，資糧海更編出了一部全新版本的《攝類》（用於辯論學習的課材），當中便包括了每一條課題的詳細解釋。資糧海接著又爲了要替邦達的著作提供進一步解說而撰寫了一部密集評釋。有了這兩部先驅性的典籍之後，眾弟子們不但都得到了因明邏輯方面的訓練重點，更對所論及的實相本質取得較爲深入的見解。

隨著對眾多顯經和密續的背後深義越加掌握，資糧海之後又去了贊塘寺並繼續對其師邦達妙善的典籍做了更進一步的學習。在領受了六支金剛瑜伽的深入教示和口訣後，他接著又撰寫了數部著作以釐清當中的一些難明之處。

在他三十歲時，資糧海大多都留住在熱瓊德殿秋嵩的贊塘精舍。在這段時期他爲該地區的僧眾和喇嘛傳授各類教法，而所涵蓋的科目便包括有因明、攝類、經論以及密續，而當中尤以時輪金剛爲重。他又撰寫了一系列的著作做爲對他空觀見本義的評釋，同時亦爲各個佛教以及非佛教宗派的法系義理提供了非常清晰的界定。資糧海也盡得了邦達妙善所秉持的不分教派智慧，並對他空觀見擁有極爲獨到的理解，堪稱得上是覺囊思潮的清流典範。

喇嘛資糧的其中一名心子便是額旺睿智稱，亦以大麻迪仁波切這個稱呼而較爲人所知。這位二十世紀覺囊行者的著作數量甚豐，更被認爲是多波巴、盛喜解尊、至尊多羅那他、持明大日金剛、德童空行洲和米龐妙音南界海等人的綜合示現。他在年幼時便被人發現常常會走入樹林並在木塊上刻寫文字，他的雙親皆覺得這個小孩並不平凡，因此到了七歲時便將他送去學習，而他亦很快便對文法、星相、儀軌以及各種不同表演藝術方面的知識有所掌握。

到了十二歲那一年他去了達厄山閉關處，想取得有關於禪修方面的指引，然而閉關處的上師可能覺得他年紀還小，便告訴睿智稱必須先在第二天早上把時輪前行法本的所有內容背熟。出乎上師的預料，睿智稱眞的做到了這項看似不太可能的要求，竟然能夠謹記並念誦出其中的所有段落，於是上師便答應讓他留下。第二天，睿智稱做了一個奇怪的夢，看到有一整列的佛塔布滿在自己心間。他的上師認爲這是一個非常特別的吉兆，接著便爲這名男孩傳授了時輪法系的完整修法。

三年過後，睿智稱亦領受了大戒以及獲得了六支金剛瑜伽修法的口訣。透過針對此法和其他各類密續法系的精進參修，他很快就生起了種種心靈感驗，並且能於瞬間便切入至證悟道歌所唱誦的境界當中。

睿智稱最初是在熱瓊山閉關處遇上喇嘛資糧的，他在那裡學習了整套覺囊教程以及邦達妙善海的多部深入著作。在喇嘛資糧的指導之下睿智稱亦成為一位精通攝類學、宗義學以及所有形式經續的大師。在移居至贊塘之後，他又跟隨了喇嘛智賢戒學習。據稱僅僅在八個月的時間裡他便已熟記整部密集版本的般若波羅蜜多。在遊訪過同時期的眾多覺囊寺院之後，睿智稱最終亦成為深受當地眾人所尊敬和推崇的偉大上師。

如果只是在學識層面上獲得理解的話，睿智稱並不感到滿足，他隨後便嘗試要綜合眾多的所得教法。為此他便將大部分時間都用於嚴密閉關，並專心參修六支金剛瑜伽和尼古瑪六法，但求能夠透過切身感驗而達至融會貫通並且把要義記錄下來。在之後的一段長時間裡他又撰寫了大量典籍，而所涵蓋的課題則包括有攝類學、他空宗見以及時輪生起和圓滿次第的修法等。

＊　＊　＊

覺囊法統到了二十世紀初又見再次綻放。贊塘在這段時期已成為該地區最大型的複合寺院之一，有數千僧人日夜不斷地專心學習以及進行參修，而如此巨大的變化實在讓人始料未及。

當時清皇朝對西藏的影響力已大爲減弱，隨著如不列顛和俄羅斯等帝國勢力的日益增大，西藏亦因爲具有重要戰略價值的緣故而不免成爲別國所虎視眈眈之地。爲防俄羅斯占得先機，英國人便派遣了遠征部隊前往西藏，以求雙方能夠先制定貿易條約並將俄方阻擋門外。十三世達賴喇嘛不知該如何去應對入藏英軍，故先是逃到蒙古然後又去了北京。在英國人成功占領拉薩後，中國政府亦與之商談了多項條款，如此也就確定了清朝對西藏擁有主權的情況。就在達賴喇嘛返回拉薩不久，他又因西藏和清廷之間爆發了衝突而被逼再次流亡印度。

在康區的多個藏東王國叛變失敗之後，清皇帝便相繼在青海、四川以及雲南等地增加駐軍。爲了將整個西藏完全納入控制範圍，拉薩最終也難逃成爲這幾支軍隊的攻打目標。然而這個打算卻也因爲清朝在歷經多年內戰後被推翻而宣布告終。隨著辛亥革命的成功，中華民國亦因此而成立。十三世達賴喇嘛看準了這個機會而立即宣布藏人獨立，並將西藏定爲一個自主國度。

這一連串的事件致使西藏步入了正式分裂的局面。達賴喇嘛的控制範圍包括衛藏、阿里以及康區西部，而中方則掌控了整個安多以及大部分的康區東部。這種分裂狀況不單只對西藏文化的發展產生了關鍵性的影響，更在之後的一百年間深深地左右了其在國際社會中的呈現形式。

12 新世界的挑戰

二十世紀標誌著整個世界格局的重大改變。隨著現代化戰事的急速演進，眾西方國家在實力上已將東方對手遠遠拋離。這些帝國勢力爲了要滿足國內大量興起之中產階級的需要，而不斷向外擴展乃至延伸全球，以求能夠獲取更多的稀有和奇異珍物。藉著強大軍力，這些西方列強更可以輕易地逼使那些較爲落後的敵人屈服投降，並且強逼簽署貿易協議以保證用於生產的物資可以源源不絕供應。

東方世界當時所面臨的情況極爲嚴峻。假如不迅速步入現代化之路，自身亦會不受控制地一直任由外國勢力所擺布。日本便是其中最早明白到這個道理，並積極要擺脫這種困局的東方國家。透過貿易同盟如美國、英國、法國以及德國之助，日本很快就掌握了提升其軍事力量所需的種種知識和資源。

歷史鐘擺使亞太地區的勢力平衡從此不再一樣。日本接著入侵了朝鮮，搶先其他外國勢力取得了對朝鮮半島的控制。朝鮮原本是清帝國的其中一個藩屬國，此舉引致與中國爆發了直接衝突，然而在科技力量強弱懸殊的情況之下，日本很快便重創了朝鮮和中國軍隊，之後不但取得了整個朝鮮半島的控制，更進一步侵占了滿清的部分屬地。其後他們達成協議，朝鮮被宣布成爲了獨立國家，隨後日本更將一些富爭議性的島嶼納入了管治範圍，而中國亦被強逼爲此繳付大量的白銀做爲戰敗賠款。

除了是次事件之外，中國又先後多次敗於其他外國勢力而割讓了大量土地。事實清楚地擺在面前，現代化對中國而言是最急切不過的了。爲了不讓同樣的慘敗在未來再次發生，清政府於是便召令創立菁英團隊，接受西方先進戰略和武器使用的訓練。這些團隊後來亦成爲了所謂的新軍並且受到袁世凱將軍所掌控。

踏入二十世紀初，中國歷經了一連串的嚴重災荒，導致整個國家都陷入了亂局。當時的各類因素造就了極端民族主義暴亂的出現，並且以清洗國內的外國人做爲目標，其中最爲人所知的便是義和團暴亂了。這支民族主義兵團橫掃了整個中國更泛起了陣陣暴力浪潮，導致大量外國人和基督徒因此而死傷。在清皇朝宣稱拒絕制止義和團之後，西方八國便決定組成一支爲數約二萬人的聯軍入侵中國。

在是次戰亂當中，袁世凱跟帝國主義者們站在同一陣線並且殺滅了過千的民族同胞。戰事在一九〇一年結束，而北京亦落入了八國聯軍的手上。聯軍繼而進駐了首都，而中國亦為此被逼繳巨額賠款給聯軍眾國。

在接著的十年間清朝推出了一系列的改革方案，以求在整體上完全革新政府、軍事以及整個中國社會。這些維新變法的原意本是想透過「西化」令使國家勢力增強，並在最終達到可與當時橫掃中國的眾帝國勢力在體制上看齊。其中尤為重要的便是針對增加稅收以抵償對外賠款而制定全新稅法。另外，新的警力和刑法體系亦相繼設立，以求能夠對不滿變革的群眾實施更大控制。

面對如斯眾多的突變事故，國內漢人對滿族小眾所領導之政府的憤恨情緒亦因此而日益加深。有很多人也都認為變法的效益不大，反而會令致國人更加受到外國勢力所壓。由武昌起義做為引爆點，在一九一一年便在中國有一連串起義命名為辛亥革命。儘管是次革命並沒有任何一方實質擔任中央指揮，然而幾乎所有參與的人都是以民族統一、國家現代化以及擺脫外國控制的理念去做聯合行動的。

革命結束後中國變成一分為二。在北方，清皇帝從此退位，而中華民國國民大會亦於北京成立，並由北洋軍隊的袁世凱所領導。在南方的革命力量則是效忠於孫中山，並於南京成立中國國民黨。

處於這個動盪和紛亂的時期，袁世凱的新軍亦分裂成了眾多地區勢力，各自坐擁一方並且變成強勢軍閥。這班軍閥有很多都宣布獨立爲邦，於是就釀成了所謂的軍閥割據時期。與此同時，西藏和外蒙古也各自宣稱獨立，並且著手將境內的中國兵團陸續逐出境外。

而身處青海、四川和西康這三個省分的藏人，則仍然受到兩股軍閥勢力所支配，分別爲統治青海的馬家軍以及掌控大部分四川和西康的劉文輝。儘管前藏已經宣告獨立，但這兩名軍閥卻憑藉手上兵力而逼使安多和康區的藏人領袖們接受中華民國做爲領主。

就在白利康巴人族長跟新龍和達吉兩寺發生衝突的期間，第十三世達賴喇嘛的政府亦派遣了部隊前往協助調停。而白利族長卻徵得四川軍閥劉文輝的幫助，結果把一場細小紛爭演變成中藏之間的全面戰鬥。當戰事蔓延至鄰近的青海省時，馬步芳也加入了戰局當中。這兩名軍閥很快便除掉了藏人兵團，逼使他們撤退並繼而取得了大部分西康的控制權。到了一九三三年，在英國政治的壓力推動下，西藏亦跟青海和四川兩省達成了協議而正式爲紛爭畫上句號。對於藏人而言，這也表示原本稱爲安多和康區（多康）的地方從此便正式改由中華民國所控制了。

暴風前夕的寧靜

儘管先後有多番事故致使西藏亦捲入至歷史的巨變當中，然而對於多康的大部分人來說，生活卻依舊維持不變。不論是活在中國軍閥或藏人領主的管制之下，當中的分別基本上是頗為輕微的。這些軍閥在處理對抗時固然都表現殘酷，但在整體上只要眾寺院不妨礙到民國統領的話，他們追求心靈修道的自由其實是不會受到干預的。正當中國在隨後幾十年間都陷入內戰困局的同時，身在贊塘的覺囊僧侶們卻仍然可不受影響地繼續以證悟做為目標而進行參修。

就在如此充滿動盪和不安的年代裡，一名異常特別的僧侶亦來到了這個世間，不僅不會對所發生的任何事只做冷眼旁觀，而是更積極去擔當著要維持覺囊傳承並且不讓其失傳的法統護使。這位被稱為喇嘛龍程的僧人，之後也成為了我的至寶上師，亦即皈主喇嘛智賢佛業。

喇嘛龍程於一九一七年在蘇卡地區出生，不久便被人們公認為天賦異稟。當他還是幼童時便已經常模仿僧人做禪定狀並且給予友伴們教導。在稍為年長時他則開始流露出不羈調皮的本性，並且經常愛向別人提出挑戰。他的父母當時都認為這個孩子將來必定會成為一名偉大戰士，卻萬萬沒有想到他最終竟然走上了心靈法道。

在十四歲的那一年，他心中生起了想要出家的巨大決心。儘管他的雙親皆覺得他會中途放棄，但是他卻堅持踏上了前往加玉寺求法的路上。喇嘛龍程便是在此處遇上了偉大的時輪上師額旺教無邊。

教無邊在十二歲時便已經是額旺法持海的弟子了，之後更去了噶日山居在法持海的精舍精修六支金剛瑜伽。在他的上師過世之後，教無邊便去了贊塘藏哇寺並且跟隨邦達妙善海、盛喜哲以及喇嘛南尼等大師學習。習畢後他便回到了家鄉加玉並成為了加玉寺住持宋沃皈怙的助理。如此過了十二年，最後他亦從其上師處接任了該間寺院的領導法座。

教無邊本身是一名非常謙虛的修行人，從來不會讓其所處高位影響到自己的心靈參修。不論收到多少供資，他一律不會用於物質享受之上。他一生中所居住的僅是一間簡陋的房間，並且只以糌粑和酥油為糧。便是如此，他向人們展現了眞正的富足即是以知足為根本的生活方式。

喇嘛龍程在教無邊那裡領受了五共同以及二不共前行的教法，之後便一直精進參修，故此很快也就生起了種種基礎證德。接著他又獲得了時輪灌頂，並且接受指導進行六支瑜伽修行。只在短短兩週他便已能夠顯現出第一支瑜伽的十種驗相，讓教無邊感到驚喜萬分，繼而便宣告喇嘛龍程其實就是非凡大成就者的在世示現。就算一直都專心一志地進行時輪參修，但在外相的顯現上他卻始終仍是一名戒律清淨的僧人。儘管他的證境已經達至甚高層次，但總是嚴格遵守寺院清規。

在喇嘛龍程二十多歲的時候，他的家人因陷入了生活困境而無法讓他繼續在寺院學習。故此他便回到了家鄉，並在替家人尋找經濟來源的同時亦不停地進行心靈參修。在這段期間，喇嘛龍程經常為周遭社區的在家居士們念誦經籍。

有一天第九世班禪喇嘛到訪了他的地區，大批群眾隨即聚集該處為了親睹這位一代名師的風采。所有的村民列隊成行逐一向其獻上白色哈達，然後接受班禪以手輕按他們頭頂做爲祝福。然而就在喇嘛龍程做出供養的時候，班禪喇嘛竟然頓住了並且向他凝望片刻，接著又伸出雙臂抱著他的頭，更將自己的頭額按在他的頭額之上。

在喇嘛龍程三十歲時，他家裡的狀況有了很大改善，因此他便可以再次回到寺院並在喇嘛智賢戒的督導下進行正式學習。智賢戒曾經做過額旺法通海的學生，並且也是喇嘛資糧海的心子。他以做爲一名戒律極爲清淨的修行人而著稱，從來不會受到任何世間惑象所迷亂。

在接著的兩年當中，喇嘛龍程一直緊隨其師並且日以繼夜地不停艱苦學習，既不休息也從不讓自己分心。憑著堅定的決心和專注之力，他在很短時間內便已經把需要十二年以上的學習內容全部都完成了，此後他亦成爲了一名學修並重的偉大行者。

一九四九年，喇嘛龍程不幸染上了痲瘋病，接著便立即進入了閉關做金剛手菩薩的密集修行。在這段期間他感驗到自己的病以成千上萬的蚯蚓和小蟲形相顯現並從體內湧冒而出，然後全部衝向壇上的食子供品以及融入其中。在出關的時候，他身上的病竟然全部都消失而不需要任何的醫藥治療。至於那些食子亦好像都受到了加持一樣，之後也不會變壞並且一直存留芬香。而每當摻水之後，人們更認爲這些食子亦具有強大藥效。

共產中國崛起

正當喇嘛龍程在跟疾病搏鬥的同時，中國亦於共產黨的掌底下發生著翻天覆地的巨變。早在一九二六年，國民黨南方首領蔣介石便曾經跟共產黨組成過聯盟。當時的蘇聯便向他們提供了所需的訓練和武器，而國民黨亦答應容許共產黨員在國內發展相應勢力。國共這時候組成了國民革命軍並且開始向北京進發，爲的便是要統合各方軍閥以實現一個團結而單一的民國。

但是在遠征期間，蔣介石的想法卻改變了。他不願意再跟國民黨內的左傾成員共享權力，接著更開始對團內的共產勢力進行殘酷清洗。結果國民黨亦因此而分裂成兩個派系，分別是以蔣介石爲首的右傾南京國民政府，和以汪精衛爲首的左傾武漢國民政府。然而武漢政權隨後也將共產黨逐出團外，這時國民黨跟蘇聯的同盟關係亦正式告終。

在被逐出軍事據點並且流散國內各處之後，共產黨便開始進行游擊抗爭以求推翻當政的國民黨。一九三四年，就在國民軍隊忙於對付其他敵人的同時，共產黨亦趁機開始了一系列的戰略性撤退，亦即史上所稱的長征。共產黨最終在西北方的陝西地區重新整合，毛澤東自此成爲該黨的統領。在長征途中，他們又成功地聚合到了不少勞農的支持，而大多數都是不願再生活於軍閥的控制之下。

一九三六年，歐洲正逐步走近第二次世界大戰，而日本帝國當時則已坐擁僞滿洲國並開始對中國大陸虎視眈眈。爲應對敵人的殘酷侵略，國民黨和共產黨同意先把分歧擱置一邊，並將焦點全部都放在對抗日軍之上。然而其所達成的國共合作卻只稱得上是雙方敵對的暫停而已，並不能算是眞正結盟，於是彼此在跟日軍作戰方面仍然是各打各的。

整場抗戰似乎亦讓共產黨占了良機。當時的國民主軍大部分都去了各個城市抵抗日軍並且元氣大傷，而共產軍隊則主要以游擊戰方式在城外地區對敵。如此一來，他們的傷亡數目亦相對較低，並且更藉此而強化了跟其他深受日軍魔掌所害之群眾的深入連繫。

經過多年的戰局，日本最終在太平洋戰爭中敗於美國手上並且宣告投降，其後中國的內戰又再次繼續。此時的共產黨亦因把握到國民黨的數次戰略錯誤而能夠席捲全國，並取得了國民黨所控制的多處地方。到了一九四九年，國民黨和一眾同盟軍閥亦正式戰敗並流亡至台灣島。中國終於實現了成爲一個具有完整大陸國家的夢想，然而在經歷了約三十多年的戰亂動盪之後，死亡的人數亦已多於千萬。

不幸的是，死亡人數更在毛澤東所領導的共產黨執政之後，因對國家實行一連串所謂的改革而不斷上升。在一九五〇年代初，共產黨便已透過煽動農民去批鬥地主和商人，並將所奪得之土地和財產做出重新分配。單是這項政策估計便已造成一百至四百五十萬人死亡。藉著這種恐怖運動不但成功將那些受過教育的菁英分子清除，並且更進一步鎖定了農民的支持。

就在共產黨不斷鞏固中國大陸境內勢力的同時，人民解放軍的成立則是以鎮守在傳統上屬於中國邊界的地區爲主。在拉薩政府多次跟共產黨談判卻仍然無甚結果之後，共產黨最終亦便長驅直進至昌都等藏東地區，並且正式向西藏宣戰。藏人部隊無論在數量、訓練以及武器上都有所不及，故此很快也就被中國軍隊所殲滅。隨著軍力喪失，西藏人接著亦不得不接受和簽署《十七條協議》，並正式將西藏納爲中國的一部分，從此也就受到北京的共產政權所直接掌控，而人民解放軍亦於一九五一年列隊進入了拉薩。

西藏中央政府幾乎在整個一九五〇年代都享有很大的自治，以及能夠繼續按照原有的方式管治。儘管衛藏地區大致上仍然沒有受到土地改革的影響，但藏東的青海和四川兩省卻不是同樣幸運。這兩處地區有許多原本屬於寺院和貴族的土地，都被重新分配給了農民。有很多高階喇嘛亦被視爲貴族階級而受到關押或遭到民眾批鬥，他們被置於群眾聚集之處遭受公開羞辱、折磨甚至殺害。

縱然身處藏東省分的人們生活已是急轉直下，喇嘛龍程卻倖然地避過了種種逼害衝擊。在他居住的地區，共產黨剛開始所推行的改革進程仍然算是比較溫和的，只是涉及到黨幹部和當地群眾一同興建學校和基建等。然而至一九五〇年代末期，行動卻是轉趨激烈和具破壞性。

在這段時期，喇嘛龍程仍然繼續進行閉關，並會用很多時間去學習眾多不同科目如星相、醫學以及佛教宗見等。到了五年後的一九五四年，他完成閉關並成爲一名學識淵博的大師，然後便受到札什瞿塘寺的邀請去擔任了堪布（導師）一職。該寺當初是由額旺教顯明所建立，之後曾經有一段時間做過大瑜伽士額旺法持海的居處。喇嘛龍程在那裡任教期間亦會運用所學的知識去幫許多人治療痲瘋以及其他病患。因爲他的不凡能力，其具效療法很快也就廣爲人知，而來自不同地區的人們亦不斷湧至，以求能夠獲助治癒身上病痛。

在五〇年代末，共產黨便開始了肅清社區領袖的行動，並將他們運送至「再教育」營。喇嘛龍程也是因此而被送到了位於果洛的亞爾堂營，雖然當時所處的環境頗爲惡劣，但他在此卻遇上了一眾著名的具德喇嘛，並因此而有幸地領受到了甚多難得的教法。

反抗和重創

共產黨的種種政策導致多康地區的騷亂日益增多。在傳統上，藏東地區的人皆以彪悍和獨立著稱，因此見到當地人發起反抗戰鬥亦不足爲奇。曾經有一小眾反抗鬥士在美國中央情報局的協助下，透過游擊戰術而在安多以及康區製造了很多亂局。

隨著反抗運動擴散至整個地區，人民解放軍繼而亦展開了殘酷鎮壓以求杜絕藏人的戰鬥意願。

爲了搜出反抗勢力的領袖，士兵們便經常會用恐怖手段如強姦以及嚴刑折磨等。當發現有寺院成爲游擊戰士的根據地時，士兵也就開始針對僧侶和僧尼們，他們會被強逼還俗，同時又有很多寺院因爲之前曾經做過抗軍藏匿之處繼而遭到了破壞。

正當戰鬥在藏東肆虐蔓延的同時，年輕的第十四世達賴喇嘛亦接到邀請而前往城外共軍基地去出席一場文藝表演活動。然而在抵達時他的護衛人員卻不被允許一起陪同入場，故致使眾人對達賴喇嘛的安全有所擔憂，繼而觸發了數千藏人列隊於羅布林卡宮外。到了第二天，情況隨著共產黨軍隊在羅布林卡宮範圍設置砲隊而令緊張氣氛有所升溫。唯恐襲擊一觸即發，達賴喇嘛於是趁著黑夜潛逃出走，取道南路前往印度。數天之後拉薩也響起了砲火。而就在平伏動亂的行動其間，甘丹、哲蚌和色拉等幾座大寺院亦慘遭嚴重破壞。到一九五九年，中華人民共和國基本上已經對西藏領土取得了牢固控制。

將中國樹立爲社會主義強國一直是毛澤東的心願，於是他便開始了稱爲大躍進的新一輪「生產改革」，其中便包括有土地改制這一項。毛澤東認爲透過設立人民公社以集體化國家的農業經濟，便會使糧食產量急速增長，而城市的工業化接著亦會受到支持。這場運動最後卻是以完全失敗告終，更導致了饑荒蔓延以及民亂處處。

當時果洛的大部分地方皆爲石質牧地，新政策對於當地人的災難性影響尤爲明顯。安多地區的藏人多數都是靠畜牧維生，尤以養殖犛牛為主。毛澤東的改革令他們失去了所有牛隻，並且更被逼要參加人民公社。為了達到北京所定立的糧食生產指標，他們都被派去至荒地耕種，但卻因為土地不適合耕種最終導致食物嚴重短缺，讓民眾陷入了饑荒。在這段時期便有很多藏人以身犯險去偷取少許食物，為的僅僅只是想養活家人而已。

在大躍進被認定為政治災難之後，毛澤東隨即也在政治舞台上失去了光輝，並被逼由國家主席一位退下。在接著的七年之間，共產黨內便有批判毛澤東以及其為立下權威而戰略運用失當的聲音不斷迴響，他的影響力已經漸見倒退和失落了，然而這段期間的藏人卻因此而能從過往十年的逼害中漸漸喘過氣來。不幸的是，毛澤東接著又準備發起另一場新運動以重奪其黨內控制，而藏人是次短暫的休養生息機會亦將再次遭受踐踏。

一九六六年，毛澤東發起了文化大革命。他透過種種渠道去營造了政府受到資本主義所影響而漸變腐敗的氣氛，繼而又號召了全國青年投入至對抗「修正主義」敵人的暴力階級鬥爭當中。當時遍及全國、稱為紅衛兵的學生武鬥組織亦相繼成立。這些團隊展現出了對毛澤東的狂熱忠誠，因此他也就藉著對紅衛兵的完全支配，而將所有異己有系統地逐一剷除。

在文化大革命之下，西藏的心靈法統亦首當其衝地受到了攻擊。之前已達成的所有妥協此時都功虧一簣，而原先只是在藏東推行的土地改革卻逐漸蔓延至整個青藏高原。紅衛兵們開始在藏人社區內展開行動，進行了大型的社會「再教育」，極力去推行毛澤東思想並且要完全把四舊（亦即舊風俗、舊文化、舊習慣和舊思想）破除乾淨。

這場運動造成了超過千間的寺院遭到破壞，而無數的典籍和珍貴舍利亦因此遭到焚毀和輾碎。在眾覺囊主要寺院幾乎都被完全拆倒之下，喇嘛龍程則是憑己所能而挽救了大量聖物，並以其豐富的中國法律知識去說服那些共產黨幹部。之後他便被調派至一處不受紅衛兵所監視的偏遠公社負責看管政府設施。因此之故，藏人們都紛紛將所藏佛像以及其他聖物交予給他，而他亦將所得之物全部都藏在自己的農房裡。漸漸地，他也就積累到了如同寶庫一般的眾多珍貴舍利。

在這段異常艱難的時期，很多僧侶和僧尼都跑去躲起來了。有的選擇留在在家居士社群當中，白天工作而在晚上修行。儘管任何形式的宗教活動都被嚴厲禁止，卻有許多覺囊行者冒著生命危險繼續承持時輪教法。而有的則逃至荒郊野外並且尋找偏僻洞穴，爲求竭盡所能將金剛六支瑜伽傳承延續保存。

重建和保存

文化大革命一直持續到一九七六年毛澤東逝世爲止。其後就在共產黨內部正商議該由誰接掌權力之際，鄧小平隨之冒起並成了中國的新領導人。他緊接便掀起了經濟改革，廢除國有公社，更將

札什瞿塘寺

土地歸還人民並且放寬對宗教信仰的限制。連同黨書記胡耀邦的支持，共產黨對西藏的政策隨即做出了改變，於是西藏民族文化也因此而得以踏上復甦的步伐。

藉著這段時期，喇嘛龍程亦回到了頹敗的札什瞿塘寺。文化大革命後，該處唯一殘存的建築便是被之前共產黨士兵們用做行動基地的寺院主殿。而喇嘛龍程便是如此開始在這般頹垣敗瓦中進行傳法。

喇嘛龍程對於修葺寺院並不十分著力。隨著文化大革命過後，多康的人們已是非常貧乏，故此對他來說最首要的任務便是先讓清淨的佛陀教法得到保存，而寺院的重建工作則是等到環境有所改善後才去做出打算。他把所有精神全部都放在為身邊的數百名弟子傳授灌頂和教法之上，這群弟子之後有很多亦都成了傑出的學者和修行人。這些從瞿塘寺出來的堪布們分別去到了當地的不同寺院，協助設立佛學院校並讓正統經續教學能夠得到傳播。

在其晚年時，喇嘛龍程便決定要將培訓弟子的重任交給他的兩名親密弟子，亦即喇嘛囊通和堪布囊瓦祥。喇嘛囊通以做爲一名戒律極爲清淨的僧人而見稱，他憑著精煉其微細風脈而成就到了顯著證德。他曾經在大瑜伽士額旺珍祥的指導下參修時輪，之後又隨學於喇嘛龍程並被委任爲札什瞿塘寺的金剛上師。而堪布囊瓦祥則被選爲常住導師，負責爲眾僧建立起學程基礎。身爲一名修學行者，他亦曾經在多位大師門下參學，尤其是對邦達妙善海的著作最爲精通。在這兩位弟子的穩固和專注帶領之下，札什瞿塘寺的光輝持續閃耀至今，並成爲了數百僧眾的家園。

自喇嘛龍程展開活動的消息傳開後，就有數以上千的群眾到來尋求幫助和指引。有人求他幫作星相推算，亦有人爲求治癒奇病頑疾而來。往往有許多受到病痛折磨多年的人只須被他看過數次，就奇蹟般地完全康復起來，故此他亦以治療師的名聲而享譽四方。結果有人就算沒病也要前來求見，爲的純粹就是能夠親自獲得他的加持。

然而不論喇嘛龍程的名氣變得多麼的響亮，他卻總是一如既往地過著簡樸和避世的生活，對世間名聲或社會地位毫不在乎。就算曾被多間著名佛學院邀請前往任教，他卻仍然將修行放在首位。就在眾多寺院都忙於修復被共產黨士兵破壞多年的門庭之時，其寺院清規似乎亦見墮壞。因此之故，且出於對時輪密法的深厚敬意，他亦只將金剛瑜伽傳授給那些熱誠和不僞的眞正修行人。

我最初去到瞿塘寺的時候是一九九一年，我還記得看到那種儉樸的環境時心裡著實吃了一驚。跟我之前所接觸過的其他寺院很不一樣，那裡既沒有堂皇的佛堂也沒有任何華麗裝飾。對外人而言所看到的或許只有簡陋甚至乎有些破落而已，但這裡的僧侶看上去卻是非常知足，並且會為佛法奉獻一切，而這方面亦是我從來未曾遇見過的。

第一次見到我的珍寶上師是在一個公開的慶祝場合，當時喇嘛正為大家進行他空中觀課題的教示。我很慶幸可以在那個時候親自跟他見面，然後又用了一個小時坐在一起談論佛法。第二天，我便已被他的教學方式所深深打動。他與弟子們之間的互動非常頻繁，會向他們提出許多問題並力求他們對佛法的理解做出更加深入的探索。那個時候我便明白到喇嘛並不僅僅只是要求眾人能夠熟讀典籍而已，而是希望我們都能夠全面地理解到其箇中意義，因為亦只有如此才會將之融入於實修當中。

在同一年的稍後時間，藏哇的金剛上師功德賢邀請了我們去遊訪當時最新完成重建的贊塘藏哇寺。喇嘛在那裡住了一個月，並且為超過兩千名僧眾傳授教示。在教授的現場中便常常會有許多即興的討論出現，而喇嘛亦會用上很多時間去回應我們的問題以及明釋我們的困惑。有一天晚上我向他呈示了一位格魯學者所提出的一連串反對他空觀見的論點，喇嘛隨即大為歡喜，並要求我在第二天亦將這部著作帶到課堂之上。於是之後也就以這部書做爲當天的課材，他對書中的每項反對論點也都會做出清晰解說，故此亦讓人對他空觀見的所有疑惑一掃而空。

在瞿塘寺的時候，我很幸運能夠在皈主喇嘛處領受到覺囊法統的完整時輪法道傳承。他首先爲我們教授了共同前行修法，接著便是參修不共前行所需的所有灌頂和口訣。我們用了數月精進修持，好讓自心能夠爲進一階段的圓滿次第參修做好準備。

當喇嘛爲我們傳授時輪灌頂時，讓我感到驚歎的是他竟然能夠明確地指出光明時輪壇城，以及其六百三十六本尊的所有微妙細節的意義所在。在那個時候整個寺院好像都變成了淨土一樣，任何煩惱心識皆不復生起。

在完成所有前行修法之後我們便進入了三年閉關，去做六支金剛瑜伽的參修。這段時間喇嘛龍程要求我帶領兩個小組，能夠擔當這個責任對我來說實在是極大榮幸，故此也就下定決心必定要完全理解所領受到的教法以求能夠帶領組員。在這三年當中我們都日以繼夜，精進不懈地進行刻苦參修。

直至一九九七年，我們終於完成了閉關以及其相關的薈供儀式。之後喇嘛便進入了閉關房並向眾組長講了一些鼓勵的話。而當時讓我和所有人都意料不到的就是，喇嘛唯獨只叫了我一個人出去並賦予了我堪布的名銜。儘管他在一生當中亦曾賦予多名弟子同樣名銜，但以這種公開方式進行的

喇榮五明佛學院

卻還是頭一次。他更將兩件非常特殊的禮物交給了我，分別是每次當他傳法時都會戴上的一頂法冠，以及由喇嘛福德海親手書寫、屬於他個人專修阿彌陀佛法門的一部評釋。喇嘛便是如此將上師資格傳予了我，並且要求我秉持他的傳承。

緊接在閉關完成後不久，當時我覺得還不需著急馬上就開始任教，而選擇去遊訪當地的不同寺院並且繼續學習。在此期間我亦獲得了能夠在喇榮五明佛學院這座偉大不分教派寺院做進修的難得機會。喇榮最初是由利美大

覺囊章達寺

師晉美彭措所創建的，現在已經是屬於中國和西藏地區最大型的寺院據地，有常住僧侶、僧尼和居士人數約爲一萬，能夠留在喇榮學習絕對是我的極大榮幸。在這裡我接觸到了很多來自不同法統的上師，而彼此間亦在佛法方面做了許多深入討論。縱然之前已曾經在多間寺院做過參學，唯獨在這裡最終能夠讓我眞正地將之前所學融會貫通。

我亦曾經在覺囊章達寺接受過喇嘛龍程同儕堪仁波切盛喜般若顯明的指導。堪布般若是智慧稱的弟子，曾領受過完整八大實修傳承的深入教法。就跟喇嘛龍程一樣，當宗教限制在一九八〇年被解除時，堪布般若也是先將精力放在振興教法之上，並且不單只是著重覺囊，而是亦顧及到其他法統。堪布般若算是近代第一位曾經遊訪印度和尼泊爾，並爲第十四世達賴喇嘛和噶瑪巴導師波卡仁波切示法的覺囊高德上師。自一九九二年起，他的主要弟子堪布智賢法稱便已開始爲章達寺的僧眾傳授覺囊教法了。在跟隨堪布般若和堪布羅秋學習的那段時間，我亦撰寫了我的第一本著作，那是一部講述他空觀見之基、道和果的短篇論著。

一年後我受到了贊塘藏哇寺的邀請。當時喇嘛功德賢給了我一些禮物和一件白色儀肩，並且想請我留下以及擔任教職。功德賢是喇嘛睿智稱的心子，在過去的數十年間也是其上師的近身助手。在限制解除之後，憑著其不懈努力和堅毅決心，功德賢最終亦成爲了贊塘寺的金剛上師以及覺囊法統的眞正領袖。

做爲一九八〇年代文化回暖的一部分，第十世班禪喇嘛邀請了所有不同法統爲各自宗派的獨有見地和修法做出講示，而喇嘛龍程則是被邀請前往北京的覺囊法統代表，然而喇嘛龍程卻推卻了並請功德賢代表他出席會議。經過功德賢的講解和演示之後，覺囊亦被確立爲獨有的藏傳心靈法統之一。在總體上中國政府正式確立了六大藏傳法統，分別爲苯教、寧瑪、薩迦、噶舉、覺囊以及格魯。過了一段時間，功德賢更在中國的佛教社群當中逐漸爲人所識。在其藏人和漢人弟子的協助之下，他一步步地修復了贊塘寺的多座建築，同時也贊助了整套多波巴和多羅那他著作專用印板的刻造工作。毫無疑問，功德賢為保育傳承而所擔當的重要角色，絕對無人能以替代。

功德賢的繼任人為藏哇寺主轉世額旺無畏金剛。這位藏哇祖古的轉世體系已是從未間斷地承接了數個世代，而最早的第一世則可追溯至該寺的創建人克主睿智南界。無畏金剛在很年幼時便已受到了認定，並由導師們負責訓練以確保他所接受到是最好的教育和心靈指導。他在額旺至寶盛和偉大學者喇嘛睿智稱那裡領受到了如海教法。就跟很多高證德上師一樣，在受到限制的時期他也是祕密地在進行參修，並且嚴格守持戒律以及專注佛法。到了一九八〇年代，無畏金剛亦受到了孜郎寺的邀請並成為了該寺的金剛上師。在一九九〇年代中，他受到了功德賢的委託並接任了贊塘藏哇寺的法座。從那段時候開始，無畏金剛便將全副精神都投放在教導新一代的覺囊僧眾之上。

功德賢在世時一直想建造一座符合實物大小比例的光明時輪壇城。直到最近，他的其中一名弟子祖古妙音智在所有因緣都具足下，終於將他的夢想變為了真實。在過去的幾年之間，相關的建築工程已在贊塘藏哇寺的外圍開始進行。該建設預計會在二〇一七年完工，而如此獨一無二的佛堂相信亦將會成為一處重要的朝聖熱點，能夠令使人們跟香巴拉的和平與和諧連繫起來。

儘管能夠獲得邀請去贊塘任教絕對是一種很大的榮幸，但是當時我卻不知道究竟是否應該接受，於是我便請求功德賢先讓我請示喇嘛龍程。當我在瞿塘寺見到喇嘛時，他好像已經看透了我的

贊塘藏哇寺

心事一般，知道成爲一名身居高位的學者始終並非我的目標所在。他告訴我不用擔心，可以先去做一做、看一看，而不要想著必須長期擔任這個教職。

在接著的幾個月當中我亦爲贊塘寺的僧眾教授了各項基礎科目如戒律和因明等，然而在這段期間，我的心裡卻生起了一股想要跟隨喇嘛龍程另一名弟子姜額貢珠做同樣修行的強烈渴望。姜額是一名已經完全捨棄世間安逸的山林瑜伽士。當機會到來時，我便選擇退下了教職並開始過著一段短暫的流浪行僧生涯。我去到了一處樹林然後找到一個可以讓我安靜參修的洞穴，我在那裡待了約莫七個多星期，直到有一天我的心中突然冒起了各種異常徵象，彷彿是在提示我是時候應該要回家了。而這樣亦

隆加明就德千林

讓我明確得知，原來做爲隱世瑜伽士最終也並不是我的目標所在。

就在我開始思考該在餘生做些什麼的同時，我亦遊訪了隆加明就德千林這座果洛寺院，並在瑞無邊老師和幾位僧侶那裡領受了密集金剛教法。隆加寺是由一位名叫祈願賢的偉大修學行者所建立的，他和我都來自同一村莊。最初這裡只有由數個牧民營房所組成的一座集合式流動寺廟，但最終卻正式在此處扎根並成爲了修學時輪金剛的主要中心。在二十世紀的大部分期間，隆加寺的金剛上師亦即著名的瑜伽士額旺蓮花南界，他曾經獲得祈願賢的卓越指導，亦領受了所有無上密續法系的深入灌頂、教示和口訣，然而當中卻只有覺囊法統的時輪金剛才被他視爲是自己的專修法門。

蓮花南界的心子是一位異常謙虛和慈悲的人，名叫勝現妙音施。他在很年幼的時候便已示現出很多不凡之舉。儘管對出家有著極大渴望，他的父母卻一直都希望他能夠成家立室。在經過多番嘗試之後他最後終於達成所願，離開了雙親並在隆加寺成爲了僧人。接著他便開始修學時輪金剛，並且精進投入參修所有的共同和不共前行。當他開始進行六支瑜伽的修行時，據稱就曾於禪定中對上師生起淨觀以及感驗到了各種妙象。在他母親過世之後，妙音施便開始侍奉蓮花南界並成爲其近身助理。蓮花南界在過身前召集了所有人並爲大家做出了許多教示，其間一直緊握著妙音施的手，最後他正式宣告妙音施將成爲他的代管人。而妙音施亦不負所望，盡顯不凡導師榜樣，並負責引領數百專志行者走上了時輪修道。

在跟瑞無邊學習的那段期間，我亦生起了想要前去印度的意向。雖然我並不清楚將來的路向會是怎樣，但我卻知道安多的境外有更多的事物在等候著我，我深切希望能夠對那個未知世界以及居於其中的人們了解更多。

在我要將此意向付諸實行之前，忽然間卻有一股不安心緒在我的心中冒起，讓我覺得必須要去見喇嘛龍程一面，於是我便立即出發。在抵達瞿塘寺時我才知道我的珍寶上師已在三天前進入了般涅槃。他們告訴我喇嘛龍程原來早已預料到自己會在這一年內離開，並在臨走前的三個月內爲寺院裡的所有人傳授了許多教示。

在他離世的數年之前，瞿塘寺的僧眾便已在興建一座佛堂，用以日後保存皈主喇嘛在走後所遺留下來的舍利和書籍。原本的打算是想派遣兩名僧人在那裡做一年閉關，之後再讓另外兩名僧人做輪流接替。就在喇嘛臨走的幾天之前，他便宣告自己的所有書籍都要存放在佛堂裡面，然而他的舍利卻應該被送往拉薩的布達拉宮。他的決定當時在覺囊社群內引起了一番巨大爭議，但是喇嘛卻告訴眾人箇中自有其原因所在，並且應對他的決定有所信任。他還召集了當地的所有社區領袖，告訴他們絕對不容許去尋找他的轉世靈童。最後他更預示了自己的離去日期，並且要求藏哇寺主在十天後回寺並開始進行醒覺慶典，亦即能夠讓瑜伽士心識從臨終光明定境當中甦醒過來的一種儀式。

當皈主喇嘛智賢佛業準備要穿上慶袍和做好禪定坐姿之前，他還特地逐一向每名弟子凝望片刻然後告訴大家：「我現在就要去彌陀淨土了。所有對我或對阿彌陀佛充滿信心的人都會投生該處。」接著他先是輕輕吸了口氣，然後又深深呼了口氣。之後他便在臨終光明的境界當中安住了五天左右。

喇嘛去後，他的遺體依照傳統方式進行火化。根據他的意願，在其事後所得的舍利皆全部送去拉薩。瞿塘寺的僧眾接著又爲他舉行了七七四十九天的祈願法會，而喇嘛的很多弟子也是在這段期間過後便立誓要出離一切世間追求以及奉獻一生去投身修行。當時我亦立下了在未來七年間會跟家人斷絕聯絡並且不會留在家鄉的誓言。在西藏，家人可以說是一個人的全部所有，故這項對我而言絕對是一個極爲難守的誓言。然而不論如何，我都決定了要前往印度和拜訪當地的眾多佛教聖地。

當東方遇上西方

當達賴喇嘛在一九五九年逃出拉薩之後，他和同伴們亦在印度獲得了政治庇護和人身保障。感謝尼赫魯總理的包容，藏人難民們自此也就有了機會和一處地方可以建立起屬於自己的流亡社區。而之後便約有十五萬藏人（總人口估計約爲六百萬）選擇了從西藏移徙過去。

這個移徙過程並非全部都在同一時間發生，亦不是完全涉及至整個藏地的每一角落。選擇加入藏人流亡社群的人大多數都是來自於現今的藏族自治區，亦即傳統上被稱爲衛藏的地區。這個區域的大部分屬地，之前亦爲達賴喇嘛的拉薩政府所擁有。

第一波難民潮正是在西藏暴動之後出現的。當時有很多人從衛藏湧至印度、尼泊爾以及不丹等鄰國避難。之後的難民人數也就陸續增加，到最後的總人口便大約有八千名左右，正值此段期間也是文化大革命造成最廣泛破壞的時候。幸好此時亦見達賴喇嘛和眾社群領袖們已在達蘭薩拉建立起擁有基本所需的行政架構，西藏流亡政府便曾先後協助將新難民安置到印度不同地方的藏人聚居之處，有些難民甚至會被邀請而移居至西方國家。

在藏傳六大法統當中，只有覺囊是唯一一個完全隱伏在中國青海和四川兩省的法統。在過去的三百多年間，其跟衛藏之間幾乎已經是毫無連繫，對於大多數的前藏人而言，他們都覺得覺囊早就已經消失了。縱然其他法統都有很多高階上師跟達賴喇嘛一樣流亡至周邊國家，而唯獨覺囊的上師們仍然留在原地而沒有出走。

在接著的數十年間，其他主要法統的領袖們都陸續在所屬的流亡社區裡設立了學院。新的寺院亦都建了起來，而人們也付出了極大努力去保育藏傳的豐厚文化和心靈遺產。在上世紀的六〇和七〇年代，便有很多西方人開始遊訪印度和尼泊爾等地，並成為尊者達賴喇嘛以及勝王噶瑪巴等上師的弟子。藉著這種連繫以及眾多歐洲和北美難民社群的帶入，藏傳佛教亦逐漸在西方普及起來。然而當時的這些弟子們大多數都只知道有四大法統而已，分別為寧瑪、薩迦、噶舉和格魯。

到了八〇年代，隨著西藏大部分地區所享有的自由度越來越高，這時便出現了第二期的藏人湧入印度浪潮。有許多家庭都歷經艱辛旅程越過喜馬拉雅群山，為的便是希望下一代可以在流亡社區內獲得更好的生活。然而這些父母往往都在孩子們被安置妥當之後便返回西藏。為了應付大批兒童的湧入，西藏流亡政府亦於多處興建了西藏兒童村，這些大型寄宿校舍為年輕的難民們提供了基本教育以及安全的成長環境。

而當時便有許多覺囊僧人亦開始從安多流入印度。藉著行動自由日益增加的優勢，很多人亦趁機啓程前往印度朝聖。有些會在抵達後決定留下並且選擇進入那些新建成的寺院繼續學習。譬如在我去到印度的時候，便發現有幾位屬於這種情況的僧人已經留在南部的格魯寺院如哲蚌和色拉等並繼續進行學習。

在跟這些僧人談過之後，我才得知覺囊信眾在當地會有格格不入的情況出現。每當向流亡政府進行登記時我們便需要說出自己的法統所屬，而在回答「覺囊」的時候卻往往會讓工作人員感到非常迷惑，皆因他們對該法統原來是一無所知。這種反應在整個流亡社區裡面似乎也很普遍，如此亦令使那些覺囊僧人感覺自己好像是二等公民一樣。人們需要很長的時間才明白到原來覺囊法統還沒消失，而是在很偏遠的安多和康區一帶繼續茁壯留存。

針對這種狀況，達賴喇嘛亦做出了相當重要的一步。他在西姆拉爲覺囊僧人提供了一座名爲達丹彭措秋林的小寺院，是跟多羅那他在後藏所興建的一間寺院同名以做紀念。達賴喇嘛接著便委任了蒙古的精神領袖第九世至尊丹巴爲流亡社區的覺囊主持和法主，當他在二〇一二年離世之後，寺院便改由喇嘛功德賢的弟子法光輝仁波切接任領導。差不多在同一時間，一位名爲吉祥海仁波切的上師亦在美國創立了第一個覺囊社群，然後又在尼泊爾興建了一座叫作達丹卸竹秋林的寺院。

隨著覺囊僧人在流亡社區裡面安定下來，有很多異議亦開始從那些在文化主導上較爲占優勢的衛藏難民圈子中冒現出來，這些意見幾乎跟十七世紀那時的教派分裂觀點沒有什麼分別。縱然大多數人都只是對覺囊歷史一無所知，卻有一些人開始散播覺囊乃異端宗派以及並非佛陀教法的扭曲看法。話說有一位覺囊僧人曾被邀請幫流亡政府撰寫一份關於共產黨入侵前後的寺院狀況報告，他很自然便把六大法統的所有寺院全都納入了報告的範圍當中。然而在他遞交報告的時候卻被人告知覺囊並不屬於已獲承認的法統，因此也就必須從報告中剔除出去。這件事情亦讓人頭一次清楚看到原來在西藏流亡政府的眼中，覺囊一直以來都沒有被視為是跟其他法統一樣對等。

迴避介入政治一向都是覺囊上師們所秉持的傳統，他們總是傾向不持歧見的取態，更選擇專心修持佛法而不是捲入權力鬥爭之中。他們大致上都不曾留意西藏流亡政府的作法原來會是如此令人困惑，在覺囊流亡社群得知流亡政府的立場之後，有一些人就開始向議會代表發信請願，希望覺囊的地位亦能夠獲得官方確認。

然而議會方面卻是愛理不理，並且只會將該議題推卸至宗教事務部門。他們曾經承諾會做出一份報告以釐清覺囊究竟應該算是一支完整的獨立法統，抑或是藏傳佛教的其中一個次要旁支。然而這個過程卻拖拖拉拉了很多年，政府方面的回應則是不能夠找到自願人士去進行研查。據稱他們所接觸過的許多學者都拒絕參與，認為針對整個前提的疑問都是荒誕的。他們都一致認定自多波巴般若勝幢時期開始，覺囊便已經是一支既獨立而又特殊的藏傳法統了。

儘管流亡政府已經收到過千百封信，但這個議題也就如此被帶出了超過十年卻仍然沒有得到解決。有些覺囊信眾便開始直接向達賴喇嘛提出申述，想請求他運用其影響力並代表覺囊法統主持公道。在二〇一一年，寧瑪、薩迦、噶舉、格魯以及苯教這五個受獲認法統的法主們聚在一起談及各類課題。達賴喇嘛在是次會議期間便請眾人嚴肅考慮覺囊的認受訴求，而在場的所有高階上師們都一致表態支持。

縱然有著眾多精神領袖的承認本應足以讓覺囊獲得官方法統地位，但是流亡政府卻宣布有關方面的改動仍然有待決定。在接獲到官方的提案之後，他們便決定會在接著的數年裡對該事項做出進一步的討論。直到二〇一五年，該項議題終於在議會中完成了表決。所提出的改動建議最終卻因沒有取得多數票數而未獲得通過，據稱導致動議失敗的原因主要是會內有人認爲假如讓覺囊獲得確認的話，就會被新加入的安多地區代表分薄票權。於是便有一些來自其他地區的議會成員表示反對，同時亦不想現有的權力分布產生任何改變，故此也就選擇不去投票以做抗議。在得出這種讓人極度失望的結果之後，覺囊信眾亦不打算放棄，仍然會繼續向西藏流亡政府提出需要重新考慮承認其地位的訴求。

在我著寫這本書的時候，覺囊已在爭取被承認爲獨立藏傳佛教法統的道路上走了二十多個年頭，但西藏流亡政府卻始終未就此給予覺囊教派應有的基本認受。或許你會問道：「這一點爲何如此重要呢？」而最終所帶出的則是關乎於身分的問題，譬如人們會因爲擁有護照或專業身分而獲得認同。對於覺囊信眾而言，他們的身分亦是通過其心靈法統而獲得。但當一個應該是代表著「所有」西藏人民的政府卻不承認這一個組別的存在時，這個組別在其文化當中的身分無疑亦等同是遭到剝奪，而這樣也同時會爲藏族人民的團結帶來實質障礙。

我很希望大家都能夠帶著誠意並以人道觀點去看待這件事情。不論文化所屬，我們都應該無懼去承認自己曾經犯過的任何錯誤，也只有如此我們才能夠面對自身的歧見以及眞正地成長起來。隨著我們踏入二十一世紀，我亦眞心相信覺囊法統的智慧必定會讓世人受益更多，更希望見證到西藏流亡政府與整個世界有更大互動，並從而產生出更多的成果。

＊　＊　＊

假如能夠細看這個深遠以及古老法統是如何演進的話，我們便會開始認識到爲何時輪教法在想要以參修而獲得更大和平與和諧的人心中會是如此重要。在香巴拉，時輪金剛提供了讓人能夠克服一切歧見以及深入實相了義的智慧。在印度，儘管時輪金剛的流傳日子相對較短，然而其所展示的卻是一套綜合了完整佛陀教法以及緊密有序的全方位修法體系。去到西藏，時輪法道更因有歷代無歧見上師們的穩固護持而得到了確立。這些大師們不單只是傳播教法而已，他們更爲世人清晰地啓現了其本身所擁有的超凡潛能。

但不幸的是，僅僅只是有著教法的存在卻並不表示任何人都可以對其進行參修。儘管時輪金剛已在世間流傳長達數百年，而能夠眞正做好準備並參修此法的人卻是寥寥可數。對於很多人而言，他們心中的歧見實在是太過強大了。就如我們從之前數百年間的無謂爭端中所見到的一樣，這些歧見到現在似乎仍是在日益蔓延。我們似乎不太重視那些能夠讓心靈得以發展的文化，而是將焦點都放在世間事物如名利和權力的追求之上。但結果呢？我們可曾從這些追求裡面獲得任何眞正裨益？假如能夠從歷史當中學懂什麼的話，那便是如果我們容許自己被這些煩惱心態所影響，那麼結果便總是紛亂和受苦。

而現在的問題就是，究竟我們是否願意爲修正這些問題而做出任何行動。我們絕對不必再繼續行走這條自毀之路，我們可以改變自己的方向，我們可以選擇另外一種生活方式。不論其他人在做什麼，我們總是會有自己的選擇，因此要做出改變的話，始終也不會太遲。

| 第三部 |

塑造我們的將來

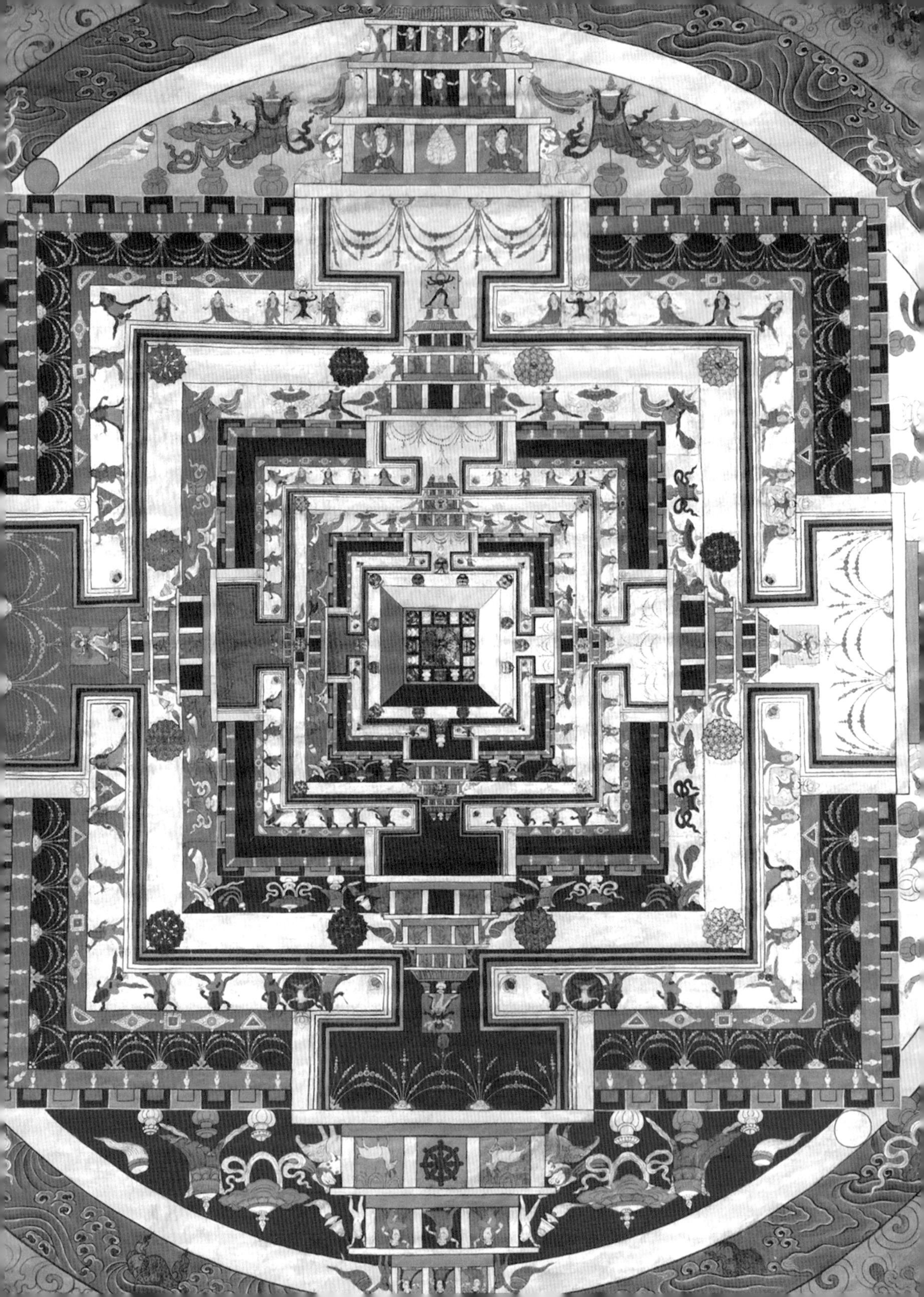

13 在生活中感驗香巴拉

| 右頁

時輪金剛壇城

當我們證悟實相時的呈現象徵。

時輪教法自一千多年前被引入這個世間之後，其金剛瑜伽法道最終卻是在西藏開始冒現。在過去的五十多年間，有許多大德如十四世達賴喇嘛等都曾透過傳授時輪灌頂以喚起我們的覺性和跟香巴拉的連繫。單是尊者本人便已先後做過三十多次的灌頂儀式，而受益的人數則有二百多萬。

這些偉大上師們的無私舉措亦爲我們的心識奠下了基石，就如經驗豐富的農夫深知該如何去培育土壤以及播下種子一樣。接著我們將要做的便是去護持種子以及施予灌溉，從而在最終能夠感驗到這般努力的成果。然而就算我們可以跟這些教法建立起連繫而踏出良好的第一步，但僅僅只是單憑這種連繫卻也並不足夠。我們此時更應進一步將這些教法付諸實修，因爲只有通過實修我們才得以創造出能夠讓種子成熟的眞正因緣。

或許你會覺得時輪金剛對你來說太過高深，因此亦難以讓你得到眞正裨益，但是這種想法並不正確。假如你能明白到香巴拉背後的基本原理的話，那麼你亦將會看到時輪金剛原來是可以從多個不同層面而切入的，並且可以在你人生的各個方面創造出和平與和諧。無可否認，這個法系的確包含有如寶庫一般的高階修法，但那卻只是當中的一部分而已。不論你所處是哪一個心靈發展階段，你都可以找到跟你相應和可行的修法。

在本章節我會爲大家講述三種讓你可以與時輪金剛相應，並從而現見到香巴拉不同面向的方式。而當中每種取向所代表的乃是不同的行爲範疇，讓你可按照自己目前的人生重點所在而做出相符調整。請記著這些分類並不是要你只去局限在某單一選項，請不妨將它們視爲一組多功能工具，讓你可以在個人感驗當中取得眾多機會的優勢。就在你的感驗層面逐步改變的同時，你的人生重點亦然。假如你懂得如何善用這些工具的話，那麼你亦無時無刻都將能夠爲自己和身邊的人們帶來裨益。

擊破阻障以證悟香巴拉

在本書之前的章節當中曾經談及過，我們的心裡其實都是在被希望感驗快樂以及擺脫痛苦的渴望所驅動著。這種最爲基本的意向每每潛伏於我們的每個行爲之後，並且無時無刻都在塑造著我們的個人感驗。這種渴望同樣亦把我們做爲個人與所處世界當中的每個人物以及每件事物連結起來，並將我們這些獨立個體連成無際網絡。這也就是我們日復一日所感驗到的實況，我們亦可在此層面開始爲自己修出更加和平與和諧的人生。

按照時輪金剛教導所示，我們的究竟本性亦與無窮之愛和慈悲沒有分別。要感驗到眞正的和平與和諧，我們便必須先將那些阻擋著眞性展現的障礙清除乾淨。不論是身居何處以及信仰爲何，我們同樣都擁有著能夠感驗這種奇妙實相的非凡潛能。然而又是什麼在妨礙著我們的呢？

簡單地說，答案便是歧見。歧見亦即我們執持某些方面爲眞實不虛，並繼而將自己的價値觀投射成爲自身感受的結果。我們在自己的感驗領域中爲所有事物都設下了間隔，對某些方面會過於緊執，但對其他方面卻是甚爲抗拒。這種處世方式會將實相扭曲並把我們與眞實本性分隔開來，導致我們無可避免地都必定會感驗痛苦。歧見亦將逼使我們分離，而不會讓我們彼此間的連繫加強起來。

故此，如欲在你的人生中開始感驗香巴拉的話，你亦必須先把重點放在盡量清除歧見之上。這樣並不表示你要去過一種沒有喜好或判斷的生活形式，而是應該學會將分辨智慧放到自身感驗的全面領域，並且以此做爲你與世間彼此互動的指引。這時你的視野亦不會只是局限在某些狹小和固有的實況之上，而是會從那些特定的境況當中尋找得到眾多機會而深感恩惠，並且更會學懂如何去配合時機並將之加以善用。擺脫歧見實際上也可以說是擺脫局限的另一種形式。

歧見的八種形式

接著問題便出現了。到底我們的感驗是受到哪些方式所局限的呢？要回答這條問題的話，我們或許可以先將焦點放在代表著這個世間主要歧見的八大分類之上：

1. **性別（男性—女性）**：自出世的一刻開始，我們的身體亦會按照某一個性別定型，並以不同的方式成長起來。根據生活文化的不同，我們或會依照其對男女行爲的準則界定而將自己套入至特定的角色當中。這種歧見形式會讓個人所認知的特質範圍受到局限，故此亦會令其潛力的發揮受到限制。儘管我們的肉身形態皆是各有分別，但我們的心性卻不會受到非此即彼的形式所限制。在發展出多樣平衡的特質方面，我們全部都擁有同等能力並亦能夠以更具深度的方式去將彼此連繫起來。

2. **種族（相同—不同）**：因受業力以及成胎時的啓動基因制約，一個人所展現出來的生理和心理特質亦會極爲多樣和不同。而當我們對自己與別人的相同或不同之處過於緊執時，所產生出來的歧見便會變成種族歧視。若將自己分隔爲某一群組並與其他不同群組對立起來的話，我們亦便等於是把跟自己相處在同一個世間的人們的連繫切斷。我們所需要的是一條截然不同之道，要慶幸大家不但都有其可統合性，更是因爲每個人都各有其獨特風采。故此積極去面對社會內的多元化發展的話，亦有助於我們彼此尊重，而這樣亦是讓我們互相理解和包容的基礎。

3. **年齡（年輕—年老）**：自出生的一刻開始我們亦無可避免地在同時步向死亡。我們一生當中會有許多不同的發展階段。有些人或會緊執某一段年齡爲其人生中的唯一黃金時期，並且更會在此基礎上生起想要盡一切可能一直停留在這個階段的欲求。這類歧見所產生出來的影響，會讓我們對已經過去或者未知的虛幻未來緊抱不放。如此的話我們最終亦只會活在一個虛假的幻想世界，而不是活在當下。而當我們越是脫離現實的話，也就會越難獲得眞正的和平與自足的感驗，故此我們應要知道人生的每個不同階段都有著其獨特的機遇。假如能夠對當下生起更大覺知，我們亦將可以從這些特有的境況中獲取優勢，並爲我們的一切行爲帶來意義。

4. **地域（近距—遠距）**：一般而言，我們一生中的大部分時間或許都是待在某一特定的地方範圍之內。我們每天都會接觸到各式各樣的人，當中有大多數都是屬於同一地方，而少數人則是來自別的地方。但是卻有一些人或會過於執著於同屬一個環境的觀念。不妨去想一想你對家人、朋友乃至陌生人在親近感覺上的分別所在。這種歧見的性質會導致我們的視野縮窄，並只會對近身的一切有所在意。假如可以消除這種歧見的話，我們的行爲亦將會跟那廣闊的心靈景觀更加切合。這樣的話我們便不會只是短淺地看到自己以及近身的人和事物，而是會開始去想及自己在一個更加廣闊層次的所處位置。縱然身受地域所限，但此心的包容性卻是跨越環球千里。

5. **文化**（**熟悉**—**陌生**）：在我們的成長路上，所處環境當中的人一般都會以某種共同的方式做事。我們所指的文化其實便是一種遵從某種特定行爲準則的強大習氣形式。假如我們太過執著於自身文化的話，也就會生起一種只重視自己所熟悉事物，而對任何嶄新或陌生事物有所忽略的歧見。若將焦點太過放在慣熟事物之上的話，便會令我們故步自封以及停滯不前；然而若過於著重全新事物的話，亦會導致我們如無根浮萍般隨波逐流。故此我們應在這兩個方面取得平衡，亦即既對自身所屬的傳統有所覺知，但同時亦對不同的文化抱有好奇和開放態度。如此我們的社會亦得以穩步前進而又不會讓傳承智慧有所缺失。

6. **知識**（**感驗性**—**概念性**）：我們身爲人類的最大特質，便是能夠運用抽象概念去形容自身感驗。這些概念固然有助我們去得出對多種隱象的知識，但若過於執著，我們便往往會忘卻需要實實在在地去感驗生命。這類歧見會將我們封鎖至單一的認知方式上面，並且會使我們感驗更深遠層面的能力受到局限。然而若能夠加以善用的話，這些概念亦有助於我們把注意力投放在實相的不同方面，並爲我們提供能夠眞正地感驗到實相本質的機會。

7. 信仰（個人—群體）：有很多人會被同樣世界觀的人圍繞在身邊而感到舒服和心安。不過如此亦很容易會使我們只是執於自身觀見較爲優越，而將其他持不同見解的人拒於千里。假如不能夠認識到觀見多元化所帶來之得益的話，那麼我們亦同樣會被封鎖在一種狹小的實況觀見之內。若能學會把自身體系融入至一個多元體系的範疇當中，我們亦必定可以免於陷入死守教條的泥潭，並且能以別人的智慧做爲取鏡。

8. 階級（低層—高層）：在社會群體當中存有不平等亦是令使歧見生成的主要原因。每當一個群體之內有部分人具備著較多優勢、資源和特權的話，那麼他們亦較易生出壓倒其他不如自己之人的優越感。假如讓這些階級差別不斷增加，則社會當中的隔閡也會隨之變大，而人與人之間亦會失去彼此和諧相應的能力。要克服這種歧見形式最重要的便是培養一顆謙遜之心，並且能夠從別人的行爲當中得益而心生感恩。而當我們了解到大家都是互有關連並且以多種形式互相依存的話，那麼我們亦會對身邊的人心生感激，並使彼此間的連繫自然增強。

縱然我們或會找到更多的歧見形式，就以上這八種便已能夠提供出一個基本的架構，讓我們可將之運用於日常生活當中。我亦相信只要能夠對這些歧見形式生起更大的覺知和理解，那麼我們便會在爲自身人生的更大和平以及與他人關係的更大和諧之上邁向更加重要的一步。

時輪金剛如何明確地去除歧見

基本上所有的歧見都是源於一種誤見，乃對某種形式的分別假象太過執著之故。譬如假設我們執持觀點認為自己的膚色或鼻形較其他人優越的話，我們似乎便是認為這些特徵在客觀上較為優良。但若深入細看這類想法的話，就會發現其實這種觀點都是毫無根據以及不符現實的。因為原本是由無明而產生，故此歧見亦可透過智慧的開展而得到消除。而以對治歧見做為前提本身，也就是時輪金剛的焦點所在。

在最基本的層面上你並不必對實相的了義本質太過在意，只要能夠先建立起足以讓自己不會生起上述歧見形式的智慧便可以了。這樣的話你也就會把妨礙著全面感驗到愛和慈悲的最基本障礙清除掉。而當愛和慈悲開始綻放之時，你亦將會為了能夠更深入地探索到自身的感驗本質，而創建出一個更加穩固的基礎。

故此，若要踏上時輪法道的話，我們便會先從外在時輪開始，如此只是針對你那平凡和日常感驗境域的一種標示而已。你可以通過開展出以下特質而學會如何去跟這類境域產生相應：

1. **心識穩定**：我們所感驗到的一切事物皆是依於自己的心境而生，故此若要探求這種關係是如何運作的話，必須先透過禪定而讓自心得到調伏。如果能夠練就到讓心變得放鬆、靜止以及清晰，那麼你亦將可以更加有效地專注於你的不同感驗面向上，而這種適中的穩定基礎也是生起更深入洞見的最佳起點。

2. **分辨智慧**：當自心固守於某類顯相並將之跟好、壞或中性概念摻合的話，那麼歧見亦便會生起。若要知道這到底是怎樣發生的話，我們首先便要知道究竟業力是如何制約以及塑造我們的感驗的。當明白業力的基本原理之後，你便能夠去思考這種認知的涵義所在。在你開始看到自身潛在感驗的全譜之時，你便會更加清楚知道到底什麼才是生命當中眞正最重要的事物。這裡的目的並不是為了學習而學習，而是要對實相建立起一種清晰見解，讓你能夠做出適當選擇並創造出所欲達至的成果。

3. **無歧取態**：通過禪定參修以及認識因果的分辨智慧，你現在已擁有主動尋求清除歧見以及與自身內在本性連結之方法的所需基礎。而能夠做到這點最容易方式便是去參修心靈法道。為了避免讓自身的法道成為生起更多歧見的基石，我們便必須要以正確的心態切入。若能具備包容、接納、好奇以及靈活這四種特質的話，則對我們而言亦會幫助甚大。如此也就能為建立起不偏不倚的態度而提供基礎，以致保證不論我們所決定追隨的是哪條法道，最終則都將會從中獲得最大裨益。

由於外在時輪主要是針對一般感驗的緣故，故此如能加以精通的話亦必定會讓你擁有一段能夠邁向無僞快樂感驗，以及更具意義和無悔的人生。對於很多人而言這樣或許便已經足夠了，但對某些人來說這卻也是通往更具潛力感驗的一道門戶，亦即踏上更廣闊的自我發現旅程的重要第一步。

增強你和香巴拉的連繫

人類最獨特的其中一面便是懂得去展望將來。因爲對未來抱有希望，於是我們常常會從現在便開始行動，以求所期望的成果能夠就在稍後獲得。譬如我們會在接受教育方面用上很多年的時間，目的就是要爲日後的工作崗位做好準備。我們或許也會爲了退休或於困難時有所保障，而用很多年的時間去做投資或投保。由此可見，我們總是會爲了將來的某種成果而於現在便開始努力去塑造其相應因緣。

但是我們所看到的會有多長遠呢？有些人會早在數十年前就已做好計畫，而有的則純粹只是過一天便算一天。只具備短視目光的話，往往沒有時間迎合因緣的改變，故此也就等於是在爲將來的可能性設下局限。而較有長遠目光的話，便會對事物生起更爲全面的觀景。至於這種視點將會幫助我們做出更有智慧的選擇，以及更加相應的行爲。

現在不妨讓我們想一想那無始無終之心續的意義所在。當我們所面對的是自身存在性的無限延續時，假如單單只是爲現世今生做計畫的話則似乎太過短視了。就跟閃電一樣，這段生命在一轉眼間便已完結，而我們很快就會投入至另一個嶄新的環境以及生命當中。就在一瞬之間一切看似重要的事物都將會永遠消逝，而唯一能夠留下並伴隨我們的便只有那自身的業向而已。

因於這個緣故，時輪教法亦會促使我們要超越自身平凡體驗的表淺層面。我們不應該讓自己迷失於世俗種種無止繁務之上，而是可以將焦點轉向內並且主動生起相應業向，如此便會令未來的生命充滿快樂而不是痛苦。相對而言這亦可算是一項長遠投資，能夠保證你的生命將是具有眞正意義，而所帶來的得益亦不只限於某少數人而已。

能夠做到這一點的其中一種有力方式，便是運用業力連繫將你的業力網絡跟你所渴求的和平與和諧連結起來。透過修習時輪金剛會使自己跟香巴拉的連繫增強，並會爲現在和將來建立起能夠感驗到更大和平與和諧的因緣。至於香巴拉將可展現至什麼程度，則要視乎你爲修得此善因而付出多少努力而定。

參與時輪灌頂固然是讓你心續與香巴拉產生強大連繫的一種特殊方式，但到最終你仍然會受到期限所制。在灌頂儀式的某幾天裡你固然算是參與了一場值得紀念和富啓發性的活動，但在儀式完畢之後你亦會回家並且繼續過日常生活。不久之後你所種下的善因也會被深埋在那如山一般的世俗習氣和疑惑之下，而之前所得感驗的正面影響亦會隨之而消逝於無形。

若能經常讓自己和香巴拉保持緊密連繫的話，那麼你將會令自身的業向發生轉移，並且會讓香巴拉更加成爲你生命中的主導影響。假如是在理想的情況之下，你每天最少需進行一次思及這些善德的坐修，即能夠獲得和平與和諧的更大感驗。

為心性證悟做準備

然而不幸的是，使用這種形式的所需時間和努力也會相對較多。過得越久，你或許會越容易便墮回至原有的舊習裡面。故此我們便必須要生起耐性和決心，以克服在該過程中所將會面對到的重重阻障。

至於時輪法系中專門以此做爲對治的便是內在時輪，亦即對自身粗糙意識的主觀感驗。通過特地去針對這個層面的自心特質，你亦將會創造出能夠深入至更加微妙層次感驗的所需因緣。而這個階段的修法則會著重於以下幾項特質的開展：

1. **信心**：信心是一切行動所依的先決條件。假如你不相信能夠達至所望的話，那麼你亦不會做出相應的行動。故此我們必須先用點時間去認清楚，爲何要依附某條法道而不是另外一條的理由。在時輪金剛裡信心是以理由爲基礎的，並且也只有在理由具足的情況下我們才會生起不受動搖的信任之心，以及相信自己的所作會帶領自己走向一個正確的方向。不然的話你在修行道上便會充滿迷思和疑惑，而你的進度也將會是非常緩慢。

2. **無私發心**：在開始一段漫長旅程之前，我們總會想知道到底是要去哪裡以及爲何要去。假如沒有良好方向感的話，我們便很容易會迷失和走錯路。知道你爲何要做一件事情的目的，無疑會有助你去克服那些在道上將要出現的種種障礙。因於和平與和諧的根源是無條件的愛和慈悲，故此我們亦需要一段時間去生起以此爲根本的廣大和具備深義的發心，亦即稱爲菩提心的非凡證悟心識。由於只有這種發心會是完全擺脫歧見的緣故，因此也就能夠帶領我們到達自身佛性的了義境界。

3. **決心**：在無盡生世當中，你的心識已經深深習慣透過無明鏡片去感驗世間了。依止心靈修道在實際上便等於是要嘗試以智慧去替代無明，而把這種習氣加以扭轉。就如同在激流中游泳一樣，假若自心不夠強大的話，那麼便往往只有被激流吞噬的份兒，故此你亦必須先身具足夠技巧才行。通過時輪法道之內部前行的參修，你將可以清除心靈發展道上的阻障並且使趨向善業的習氣有所增強。如果懂得善用的話，這些修法更加能夠讓你獲得初步的感悟成果。

在你開始踏上法道的時候，你的眞正自性本是被深深隱藏著的，有如烏雲之後的太陽一樣。通過心靈修行的實踐，你便可清除掉部分烏雲並讓陽光得到展現的機會。至於能夠看到多少陽光則視乎烏雲到底有多厚，以及你已經清除了多少而定。而內在時輪此時也就爲你提供了能夠揭開你感驗底層之實相的方法。

有些人或許會需要用盡餘生才能達至，而某部分人則可能會較快一點。這完全要視乎個人心識的業力因緣，以及他們的決心有多大而定。假如只是偶爾隨作即興參修的話，那麼你的進度會相對較慢；但是若能夠專心致志去做密集參修的話，則你的進度也會相對較快。

直接切入心之本性

不論是慢是快，這個階段的修行目的完全在於最終能夠一窺自身的證悟本性。這種短暫的感驗能夠爲你提供在之後生起更加熟悉的參修平台。當你知道到底要尋求什麼之後，你將會如入一座藏有強大和深奧法門之寶庫，能夠以此迅速除去心識中的所有遺留阻障。而獲得這種感驗亦是領受時輪灌頂的眞正目的所在，在某方面我們可以認爲這是一次讓金剛上師向成熟弟子引介其心識微細層面的機會。這種感驗的力量究竟是大是小，也就直接視乎你之前所做準備的多少而定。

在你被金剛上師正式引介之後，你已準備好可以開始去進行證悟時輪的參修。剛開始時這所標誌的是對你自身二元分別覺知的微妙感驗。在你得知目標是要完全超越這種覺知形式之後，你必須要去練就自心，從而令使那些蒙蔽著你究竟本性的微細習氣和業向能夠得到淨化。而你則可以透過修起以下特質而達至：

1. **淨觀**：人們不能直接感驗到實相的一個主要原因，便是由於他們一直都在對其如何存在投射著扭曲觀見。這種凡庸覺受將令我們以非常固守的方式跟此世間產生相應，而結果則是我們的眞正潛力也將會受到蒙蔽。爲了消除這種深植習氣，我們有必要先以一個順應實相的概念模型去替代現有的「不淨」見地，這種「清淨」見地隨後則會成爲讓我們感驗到實相如是的清晰基礎。由於這種修法所針對的是微妙層次之上的概念，故此在本質上仍然不算是屬於了義。然而直到能夠完全超越所有概念性的投射爲止，修習淨觀將有助我們免於重墮舊有的習氣當中。

2. **無念覺性**：只要心識還是站在二元分別覺知的角度去運作的話，那麼我們仍然會繼續受到局限而不能夠對實相生起直接感驗。爲了生起對了義的直接感驗，我們首先便要停止繁衍所有的概念。在時輪法道裡，這是透過參修一種專門用於斷除概念執著的極效禪定方法而達至的。投入這種修法的益處便在於能夠讓你練就非凡程度的專注定力，接著也就可以藉此而向心識的極微層面做出對治。

3. **感驗串續**：在剛開始時，淨觀和無念覺性通常都是必須透過正式禪修而生起的。縱然這些技巧提供了控制的法門，造出心識所求的境界，但要行者一直都留待在坐禪狀態的話似乎也是不太可能。當我們知道其目的是要安住於持續的證境之後，這時候也就必須要學會如何有技巧地將禪定感驗融入至出座間的時段當中。依從眾多大瑜伽士的甚深口訣，你將學會應該如何去運用所有感驗形式，以助你放開對凡俗顯相的執著。

至於是要將焦點放在時輪法道當中的內在時輪或證悟時輪之上，則取決於你所處的是心靈發展道上的哪個階段。不論你參修哪種法門，只要它們都是屬於時輪法道範圍之內的話，那麼你便不單只是在鋪下賢善業向，更會透過其傳承力量而增強你與香巴拉的連繫。這亦表示每個行爲都會創造出強大的因緣，而可以讓你感驗到香巴拉的各個不同面向。假如你能夠以極大決心去做參修的話，那麼你更會有機會可以投生至香巴拉的極致淨土，或至少將會生於這個世間的黃金時代當中。

在此生中體驗香巴拉

對於會把時輪教法銘記於心並且竭盡所能將其融入生活的人而言，他們的愛和慈悲善質亦會變得越來越強。當這兩者在我們心中逐漸成長起來時，我們或許也將留意到會有種變化正在發生。我們將發覺從前以自我爲中心去支配種種決定的心態，會慢慢以眾生福祉比自己利益爲先的意向取替。假如能夠將這種以眾生為重的見地加以培育的話，我們亦必定會自然而然地做出與之相應的行為。

當看到眾生仍然受痛苦和折磨時，我們不免亦會問起自己：「我到底能夠為他們做些什麼呢？」我們或許會從參與一些簡單的活動開始，譬如會自願花費時間去當義工或布施財物以做捐輸。這些固然都是好的開始，但究竟而言卻還是相當有限。儘管如此或有助於減輕某些粗大層次的苦痛，然而我們卻沒能消除令他們受苦的那些主要原由。要真正地幫到眾生的話我們便需要像醫術高明的醫師一樣，能夠提供精確診斷以及開出可以實質去除病因的處方。為了做到這點我們就必須要對他眾的心識和業力有所了解，要完全得知一個人的業力因果，我們必須先去除所有會阻礙到我們感驗深層隱象的感知局限。簡單地說，我們必須要先成為全知。

現在不妨去想一想你目前所會參與到的活動所及範圍。對於我們大部分人而言，能夠騰出一點時間並幫助到一小眾人的話便已經是很不錯的了。就算我們是這世界上最富有的大慈善家，最多也只能間接地令數十億世人當中的一小部分人受益。那麼其他所有的人類或動物又會是如何呢？至於那些我們無法看得見又或者是生存在其他星體上的眾生又會是如何呢？當我們開始想到眾生的所及範圍，就會發現到其遍及的層面實在是超乎想像。我們又怎麼可能可以幫助到他們全部呢？做為一名人類，這基本上是完全不可能辦到的。我們全都受到時間和空間所限，如要真正地為所有眾生帶來裨益的話，我們亦必須要以能夠順應眾生所需的任何形態做出示現。

要做到這點，我們便必須要捨棄個人心續中所有執著。簡單地說，我們必須要移除掉自身的所有業力制約。

擺脫掉一切形式局限並體現出所有賢善功德的人，便是我們所稱的覺者或佛陀。只有覺者才是智慧與能力兼備，並能夠為所有眾生帶來長久的裨益。而這也就是時輪法道的終極目標所在，亦即達至完全圓滿證悟。不是為了個人的自身利益，而是為了仍然受困於自身所作惡業而導致無盡輪迴的無量眾生的裨益。

那麼我們又要如何才能做到這點呢？假如只是專注在外在時輪的話，我們的確可以移除掉自身生命當中的一些歧見，但我們卻仍然不算針對問題的根源所在。如此我們便只是在表面上做飄移，純粹只能夠控制徵狀的改變而已。若單單只是專注於參修內在時輪的話，我們固然是在朝著正確方向邁進並為達至目標而布下所需業向，然而這種取向的唯一問題卻是，我們將不知道會需要多長時間才能使那些種子成熟。可能會需要幾個生世，又或者是需要幾十億世甚至更長而不定。我們只知道假如所需時間越長，那麼我們和所有的人都將繼續感驗更多的痛苦。

因於這個緣故，我們便要好好地把握這個難能可貴的機會。我們能夠獲取如此珍貴而又難得之人身，並且更有幸遇上時輪金剛法道的甚深教法，基本上可以說是已具備一切所需條件而能夠在此一生達至證悟。就和閃電一樣，這段生命很快也就會消失不再，而機會同樣亦會流失而去。假如能夠將精力專注在參修證悟時輪的話，那麼成就佛果將會是有可能實現的。

先前所提到的證悟時輪，實際上是特別針對意識微細層面的一種修法，通過這些修法我們能夠將自己帶至世俗諦的極致邊緣。然而微細意識卻因受到二元分別心識，亦即以主體與客體爲基礎之顯相所局限之故，所以仍然未能算是眞正地達至了義境界。

透過參修六支金剛瑜伽，我們便會將非了義放下而揭示實相的究竟本性。以此範疇而言，證悟時輪所表示的便是非二元對立之本始覺性的感驗。而只有這種極爲微細層面的感驗，才能讓你完全斷絕自身業風。如此會是透過精通三種特質而成就到的：

1. **空色**：第一和第二支瑜伽會是專注在非二元對立之覺性感驗的展現，然後便安住其中。當概念心識被完全斷除後，你將學會如何止息於完全擺脫任何執著形式的境界當中。當熟習這種感驗之後，你會懂得該如何去將這種感驗與一切的覺受形式融合起來，並實際察看到所有顯相皆是空色不二。

2. **不變喜樂**：第三和第四支瑜伽會是透過穩續強化所生起的大喜樂受，而讓你的非二元覺性得到精煉。在你的心識完全放開對顯相執著的習氣之後，其喜樂本質亦會得到自然彰顯。之後若以善巧方便法門對你的微細能量身做出整治的話，那麼便有可能會使這種感驗放大，而你的心識也會變得越來越微妙和集中。

3. **樂空不二：**到最後，透過參修第五和第六支瑜伽，你將會運用到這種奇妙專注覺性的力量，而逐步斷絕所有業風，並於最終斷除掉一切受到制約的存在循環。

就跟所有心靈修行一樣，金剛瑜伽亦需要用上很多時間去進行參修。若要眞正通達該瑜伽的話，我們更加需要依靠精誠以及無窮毅力。因應於這一點，故能否投入整部前行修法亦變得尤爲重要。假如沒有透過這些修法生起基本特質的話，那麼你亦將無法聚合一切所需因緣去按部就班地進行六支瑜伽參修，而要成就證悟境界也就更加不用說了。

另一方面，假如能夠藉著精勤而累積到所有讓你達至證悟的因緣的話，可以保證會從這些修法當中獲得非凡裨益。最終你不單只會開啓終極佛性，更會因爲通達自心而讓你在臨終時仍然能夠保持完整覺性。如此你的心識亦將融入至香巴拉的終極境界，而所處的臨終過程也會停止對你產生出任何效用，相反地，更有機會成爲讓你成就圓悟的強大助力。不然的話最起碼你也將保證能夠投生香巴拉極致淨土，並在該處繼續進行參修以及盡快達至你的究竟目標。

* * *

我希望可以透過這個章節去說明不論你的處境如何，總是有著能夠在此生命中生起更大和平與和諧的潛力。我們所有人毫不例外地以及無容置疑地都擁有著可以展現這些特質的能力，然而最終究竟能否做到，則便要看我們有沒有好好地把握機會，並且將之付諸實行。

有時純粹只是生起要去修行的發心並不足夠。有很多時候你或許會感到一切人和事都不是那麼如你所願，於是也就讓你覺得在修道上似乎難有任何實際進展。當遇上這類阻力之時，有一些人很輕易便會感到灰心和放棄，然後又會再回到舊有的習氣當中。故此不論你所具備的發心是屬於哪個層次，你應該先從創造那些有利於修行的條件做為開始。以下有一些值得讓我們去認真思考的因素：

1. **導師：**當你準備要踏足一個未知的領域時，最好先有一位具備資格的引領者爲你指示路向。儘管時輪法道能夠爲你提供一幅如何成就和平與和諧的超凡地圖，但是你仍然會需要一位導師，爲你指示出能夠最具效益地走上這條修道的方法。故此是否能夠跟一位正統上師建立起一段穩固和長遠關係，會變得極爲重要。而當在修道上遇到障礙時也只有這種上師才有能力幫助你調整合適路程。

2. **社群**：要獨自在修道上行走的話絕對不容易。而能夠助你克服種種困難的其中一個方法，便是讓自己的身邊都有著具備相同願景、能夠讓你受到啓發而變得更好的人在。尋找合適的心靈社群或許並不是一件容易的事，但卻是非常值得讓你去付出努力。請記著你並不是要去尋找純粹讓你感覺良好的人，而應該是可以給予你眞正關懷並且願意助你度過難關的人。這類有如家人一般的互助動力往往會需要長時間去建立而得，並且亦不可缺少耐心。

3. **環境**：另外一項重要的條件便是修行的實際環境。如果可以找到一處能夠讓你專門用於心靈修行的特有空間的話，那麼你將可在修道上用上更多的時間，而這樣則有助你由凡庸的思維格局轉移至更內在和深入的反思模式。假若不能夠在自己家裡建造出這種環境的話，那麼不妨試找一處可以讓你至少每星期去一次的地方做為開始。若覺得自己需要進行更加密集的參修的話，那麼你或許會需要到具備所需配套的地方去進行短期或長期閉關。

4. **時間**：相信對於生活在現代繁忙世界的人們而言，最具挑戰性的便是要克服「沒有時間去做心靈修行」的這種心念。而事實上你總是可以爲你所認爲重要的活動騰出時間的。不幸的是，人們往往會將心靈修行放在活動清單的最後一行。假如你眞的想在生命中獲取更大和平與和諧感驗的話，那麼你必須要去認眞分析到底應該如何善用自己的精力。

在最後，我更希望你能夠盡最大努力去從你所具備的條件中獲得最多。當然我們皆想要擁有全部的有利因素，並且希望所有都能夠得到盡善盡美的編排，但同時卻亦不應讓不完美的現實情況阻撓我們生起善質，更應該將任何時刻都視爲難得的機會。假如你懂得有技巧地善以運用的話，則任何狀況最終都可以轉化成爲你的修行助力。

14 邁向黃金時代

我完全相信若是以時輪密續這類眞正智慧法統所開展而出的愛和慈悲做爲基礎的話，其實我們全部都有能力改變我們看待世界，以及轉變跟身邊之人相應的方式。我們可以選擇去重視哪些特質，可以選擇以什麼活動教導我們的孩子，更加可以選擇將注意力放在何處。要令身處的世界得到轉變，並不是只有在未來才會發生的遙不可及的事情，我們可以在當下便將此變爲現實，但這完全視乎我們所做出的是什麼樣的選擇而定。

在每一天我們都會面對到各種各樣的不同處境，而當中的每一刻亦總會爲我們帶來做選擇的機會。我們可以選擇以智慧或無明做爲任何行動的基礎，假如我們仔細回望自己一生的話，不免會察覺到是哪一個在支配著我們的決定。然而可幸的是，事情並不總是非黑即白。儘管有的時候我們會感到疑惑，但無論如何總是會有以智慧做出行動的潛力。

| 右頁

第二十五代迦爾基法胤猛輪

將會引領世人步入黃金時代的轉輪聖王。

就此範疇而言，無明會將我們對實相的感受加以扭曲，並會局限或妨礙我們如是地感驗實相；而在另一方面，智慧則會讓我們不帶扭曲以及不受局限地感驗實相。無明本是痛苦和紛亂的助力，而智慧則有助生起和平與和諧。這兩種特質是水火不容的，並不可能會兩者並存。話雖如此，無明與智慧卻同樣各有甚多不同層次，故此我們的一生當中便經常會感驗到這兩者各自傳續的情況。

正如前章所見，通過修持心靈法道我們便有了可以按照不同感驗層次而有生起智慧的可能。以時輪法系而言我們有三個層次，分別爲外在、內在和證悟，這三種層次各自代表了我們感驗的某一項特有範疇。若懂得有技巧地加以運用的話，則任何一方也都可以用作並成爲擺脫歧見和無明的基石。在此感驗的基礎之上，我們可以做出相應選擇，而爲自己以及眾生帶來和平與和諧。

認識時間循環

這種轉變過程在時輪金剛會被稱爲時間循環，這是一段將教法付諸實修而令致結果自然發生的個人進化時期。然而該循環的週期卻並不是固定的，有的人會需要用上很長的時間，而有的人則所需較短。這種循環的發生形式完全是取決於在每時每刻所示現出的因緣，以及我們從中所能夠善用到的機會而定。

就算我們所感驗到的都是各自不同的時間循環，但是我們卻並不孤獨。假如去回想之前所論及到的有關業力連繫的內容，我們或許也就會記得其實在自身的感驗當中，是有相當多的部分都是與其他眾生在共同分享著的。透過跟這些眾生產生連繫，我們共同組成了更大和更廣的時間循環。譬如像一個家庭是如何歷經一代又一代的繁衍，又或者是社區如何由一個小村莊擴展成爲一座大都會。我們亦可以去想一想一個國家的進化過程，是如何由孤立的王國逐漸地演變成爲一個龐大的帝國。這些都是時間循環的例子，亦即一個充滿著無盡生滅時段的持續變化過程。

當我們對這些不同的循環有所覺知之後，便會看到其中有一些格式很明顯地不斷重複發生。儘管所有事件當中的特定細節或許會各有不同，但其前後的基本建成形式卻是一而再地重複又重複。至於能夠對這些格式感受至什麼程度，則要視乎我們自身的見地所及而定。若我們能夠讓自心變得更闊更廣，那麼能夠領略到的境觀則亦會隨之變得更加廣大。

不妨去想像一下到底這個宇宙在全知佛陀們的眼裡會是什麼樣子的。眾佛陀皆已擺脫了所有的局限，並不再固守於任何的時間與空間，他們能夠在同一時間得知一切維度的感驗可能。透過這種無窮廣闊的視野，他們亦可以察看到完整的時間循環，而所見到的不只是某單一類型眾生的進化而已，更會是包括整個社會甚至是整個宇宙本身在內。

根據佛陀傳授的時輪教法所述，宇宙是由無數感驗的業力境域，如互相交疊的汪洋形式所構成。這些境域之眾生所建立起來的業力連繫實在是非常強大，而按照其感驗的相似程度以及心識特徵，便可找出不同的性質組別。在整體上我們可以將之分成六大組別，分別爲地獄、餓鬼、畜生、人類、修羅以及天神。有關這些境域的詳細描述則可參閱《見證你的佛性》（*Unveiling Your Sacred Truth*）一書，故在此不贅。而在目前我們最感興趣的當然就是現今所身處的人類境域了。

正如之前所述，並非所有人類境域都是相同一致的，端視個人業力而定，不同的感驗境域亦會以不同的微妙程度做展現存在。在全譜的一端會有像我們現在所身處世間的這樣粗糙的感驗境域，而另一端則會有像香巴拉極致淨土那樣的微妙境域，其性質便有如夢境一般。這些不同境域分別會與不同的心識頻率相互對應，而粗糙層次的心識也不可能會感驗到那些較爲微細的境域。但如透過參修禪定而學會將自心調整至不同微細層次的話，那麼要在不同境域之間做「來回」亦並不無可能，而這也就是之前所提及到的眾多瑜伽士能夠在定境中遊訪香巴拉，並跟當地覺者會面的背後原理。

很多人或許會對這類宇宙解說感到難以理解，爲了幫助我們解開對此概念的困思，佛陀便經常會使用到人們所熟悉的用字以做說明。譬如若將所有人類境域做綜觀概括的話，我們就會看到有四大類型，分別爲微妙人類境域、粗糙人類境域、由粗糙過渡至微妙的人類境域，以及由微妙過渡至粗糙的人類境域。皆因我們都已習慣以時空概念去想像這個世界，因此佛陀以分別各屬四個方位的「四大洲」去解說整個人類境域，這些大洲之間均有「汪洋」所隔，而其代表著的便是這些境域所能夠依附到的心識空間。

然而去到此處卻必須要認清一點，那就是當我們要描述這個感驗宇宙的廣大潛能時，其實是沒有可以代表其不同特點的固定方式可言的。佛陀會運用善巧方便，將這類概念以一種包含文化內涵的方式做出教示，而這樣亦令擁有不同理解能力的人，都能夠從其教法當中以不同的方式獲得裨益。對於那些能夠理解其教法背後意向的人而言，這些描述也就成爲了用於了解實相究竟本質的強大助力；而對其他還未做好準備的人來說，其描述則是一種非常有用的呈示，能夠讓人得到啓發並且超越自身對實相的固有看法。

在時輪金剛的涵義當中，佛陀會看到這四大洲的情況其實並不是固定不變的，就如萬事萬物一樣，它們亦都是處於一種持續變化的狀態。假如是以一段宏觀時域去做觀察的話，身處這些境域的眾生心識亦會以週期性的形式在智慧或無明做爲主導之間不停搖擺，而驅使這種變化的主要因由，往往便在於有無正統智慧教法的存在所致。

每一大洲在完整的單一循環當中都會經歷四個階段，分別爲圓滿期、三份期、二份期和頹末期。在圓滿期的階段裡，處處皆見佛陀教法並且普遍有人參修，致使智慧會成爲主導而堪稱得上是黃金時代。經過一段時間之後，佛法則會開始衰微並直至到最終不復存在爲止。這種逐漸頹失的過程則會另分三個階段做爲代表，假如我們將每個階段再細分爲前段、中段和尾段的話，則總共會得出十二個分段。如此解說的話，我們便可以認為其實每一大洲都是由一個主洲以及周邊的兩個小洲所組成，故此亦即大小共十二個洲。

在這個時間循環當中，佛陀觀察到不論在任何時段都只會有一大洲在經歷頹末期階段。當有大洲到達這個最終階段時，亦即表示佛法已經將近沒落，而身處鄰邊大洲的大士亦必定將做出示現，並會為該世界重新引入和復興正統教法。如此亦是標誌著新黃金時代的到臨，以及另一段時間循環的開始。而這位大士也就是我們所稱的轉輪聖王。

在這裡我們先看一下轉輪聖王與轉輪佛陀（如釋迦牟尼）之間的分別究竟是在於哪裡。轉輪佛陀的責任在於將一環全新的教法帶到一個從未見有佛法的世界，而轉輪聖王的責任則是在於「復興」這些教法，會週期性地從一處境域轉至另外一處。在某方面我們或者可以把轉輪聖王看作是擔當著一種令使清淨教法得以延續的角色。

針對熟悉佛教宇宙觀的人而言，我們更可進一步講及所提到的特定時間循環其實亦是隸屬於其他更加廣大的時間循環之內。這裡所指的可以是屬於形成和分解一個世界體系的時間循環，又甚至乎是對應著一個宇宙生滅而更加巨大的循環。而於某些時間循環當中則會見有圓覺佛陀在此世間做出示現。所有的這些循環都是平行發生的，故此我們便等於是處於某一循環的某一階段，但同時也是處在另一循環的不同階段。相信就算是從我們的自身生命裡亦不難看得出這種原理。我們現今正是全部都處於生死的循環當中，然而卻可能也處於一段戀愛關係的循環裡面，又或者是做爲父母正處於養育小孩的循環之中。時間循環純粹只是概念上的建構之物，而實質上卻並不會以任何方式讓彼此之間產生局限。

下任轉輪聖王的降臨

若能以一個宏觀角度去認識不同時間循環的話，當然會對找出一些巨大格局甚有幫助，然而隨著時間流逝它們卻彷彿會跟我們的處境對應不上。故此我們亦必須要將焦點帶回至現在所身處的這個時間和世界之上。在上述的十二個洲當中，我們是身處於最南面的南贍部洲。這樣在感驗層次上算是屬於一個較爲粗糙的境域，而該處的人類亦較爲執著於物質爲眞實存在。

在該層次之上，我們尤其會對生活在地球的眾生感驗抱有興趣。至於時輪教法便是在這裡被佛陀所傳示，而香巴拉極致淨土也更加是在這裡透過時輪教法的實踐而得以形成。皆因我們的業力關係全部都跟這個星球密不可分，乃至也同樣會與時輪金剛和香巴拉有著緊密連繫，而這種連繫力量的大小則是取決於我們個人的業向，以及我們過往所建立的其他連繫而定。不論這些連繫強弱與否，只要它們仍然存在，我們便擁有能夠加以善用的基礎。

那麼香巴拉又是怎樣與黃金時代的循環扯上關係的呢？根據時輪密續所載，轉輪聖王將會由

「鄰邊」境域降臨至我們的世間，並從而揭開黃金時代的嶄新一頁。這便表示當我們的境域來到循環最後階段的末期時，來自於教法仍然興盛境域的高證德賢士也將出現，並會復興我們的教法。做爲鄰邊的境域跟這個世界有著極強的業力連繫，而對於這個星球的人而言，那個鄰邊境域也就是香巴拉了。想知道這個過程是怎樣演進的話，我們便需要以時輪密續裡所記載的內容做爲參考。

時輪金剛預示

時輪簡續總共分成五個章節，依序地爲我們之前所提及的不同層次實相（譬如外在、內在和證悟）做出了描述。在論及外在層次的時候，佛陀便以時輪金剛角度呈示了一個詳細的宇宙敘述，以及其隨著時間演化的方式。簡續內文接著又提到了一些黃金時代將會如何在未來興現的預言。多年以來這些預言便曾讓人有很大的疑惑產生，故爲了要讓人清楚明白其背後的意向所在，我會將焦點集中在澄清當中的一些關鍵誤區之上：

反野蠻而非反伊斯蘭

頭一個誤區便是認爲時輪金剛在某程度上是跟亞伯拉罕諸教如猶太教、基督教以及伊斯蘭教等做對抗的。若純粹以字面表述去理解時輪原文的話，會有這種想法出現實在不足爲奇，皆因當中明顯地列出了所有的伊斯蘭先知們並繼而稱之爲惡魔。若以當今角度去看的話這無疑是一段頗富煽動性的聲明，看似跟時輪金剛的和平與和諧的核心信息直接有所違背。那麼我們又應該怎樣去理解這種具敵對性的表達呢？

就跟所有佛陀教法一樣，我們應該都先從其涵義方面去做思考。首先預言的開頭是一場由香巴拉君主夥同其印度教盟友一起對抗穆斯林「野蠻」部落的史詩式戰役。以此做爲篇首或會看似不太尋常，然而若細想這些教法是以何者爲對象的話，那麼我們會對爲何是如此表述而能夠理解。婆羅門領袖日護曾經請求文殊稱撰寫一篇能夠總結月賢王根本原文的著作，故這裡的目標對象主要也就是那些吠陀信眾了。在吠陀典籍裡經常都會使用到史詩式故事去傳達哲學乃至道德規範等極廣範疇的概念，把預言以眾婆羅門所熟悉的形式做出包裝，實際上亦便是文殊稱爲了傳達佛陀意向而使用到的一種善巧方便而已。

在這段期間（大約是公元前二世紀）穆罕默德還未開始教授《可蘭經》。故此預言中所指的穆斯林部落在實質上便是位於中東並且是潛在威脅來源的眾多戰鬥族群。預言又進一步列出了五位將出現的先知稱呼，以及會成爲他們首都的城市名字。這些徵示更把焦點縮窄至某個特定時間和地點，指出了某組人群將出現，並會持有跟和平與和諧有所衝突的見地。這個組群（有人認爲所指的是伊斯瑪儀派別）實際上只代表了穆斯林當中的一小部分人而已，並不是泛指該法統內的所有伊斯蘭教徒。向印度教信眾們呈示這種特殊見地，也是爲了要提供一個清楚例子去説明什麼就是被佛陀標籤爲「野蠻」的見地。

接著便又產生了怎樣才算「野蠻」見地的問題。由原文翻譯後得出「野蠻」之意的本來是「拉羅」一詞，眞正的意思爲「欠缺教法」，該詞會特別用於形容人們所抱持的某種見地而不是人們本身。正如我們在本書的最初部分曾經論及，當某見地被歧見所支配時，便會導致極端主義者的激進行爲冒現。任何組群的人們若抱持這類極端見地的話亦便可被界定爲蠻族。

儘管穆斯林帝國進入中亞地區的侵略和破壞性擴張也可視作爲預言所指的例子，但這卻絕對不是我們歷史當中僅有的唯一例子。同樣的極端歧見亦見於基督教的十字軍，以及蒙古眾汗國之內。單是在二十世紀我們便有希特勒及其納粹德國的暴行，亦見有美國的反共產主意狂潮、史達林在共產蘇聯所進行的滅絕清洗，以及毛澤東的災難性文化大革命。所有的這些例子都反映了野蠻心識到底會爲我們的世界帶來怎樣的毀滅性影響。

由此可見，文殊稱便是透過將其論述以講授對象所熟悉的概念做爲包裝，並從而達至能夠傳遞其甚深要點的目的。我們全部都有成爲蠻人的機會，只要是被自身歧見所淹沒的話我們便會變成惡魔。假如不對這種負面的潛在力量有所警覺的話，那麼我們也就會身處被其征服的風險當中。要知道人們並非怨敵，而眞正的怨敵則是被無明和歧見所支配的煩惱心識。

強橫法門對治強橫煩惱

至於另一個誤區便是認爲因爲時輪金剛裡有使用到暴力和挑撥性的言詞，故此在某種程度上便等於是在宣揚暴力。單看字面上意思，便是迦爾基法胤猛輪將會從香巴拉降臨，並會將任何擋在其道前的人消滅掉。密續當中甚至有段落描述該如何去建造戰爭機械以摧毀敵方防衛。那麼我們又應如何去理解這類看似黷武以及帶有侵略性的描述呢？

這裡的關鍵要點便是要認清楚這場戰爭並不是發生在外在世界當中的，這個戰場實際上會是出現在我們的自心裡面。故此密續當中所用到的比喻亦只是一種強而有力的善巧方便而已，爲的就是要傳達需要以什麼心態才可贏得這場戰爭。請想一想我們要去對抗的到底是什麼，自無始以來我們就已被自身偏向於歧見的習氣所支配。這些無明心識狀態一直以來都在扭曲著我們的感驗，並且令我們深受紛亂和痛苦所制。長久以來這些習氣更加在我們的社群當中有所增強，並在社會裡變得根深柢固。

那麼我們又該怎樣才可戰勝這種敵人呢？假如可以及早面對這類怨敵的話，我們或許亦能夠先以和平手段解決。通過愛和慈悲我們可讓別人得到啓發並繼而帶來改變，故此也就有希望可以得出我們所追求的結果。然而不幸的是，這樣卻也只能夠延續一時而已。隨著煩惱不斷增大，我們所需的對治處方亦需要變得更加強烈。儘管以愛和慈悲做爲發心仍然保持不變，但我們所使用到的方法在本質上卻是需要變得更加直接和強而有力。它們一定要能夠深深切入至無明的最底根源，並且必須要能夠完全地消滅我們煩惱的最初根本。

這也是爲何時輪金剛會用上甚多時間將焦點放在實相的究竟本質上。因爲只有具備這種本質的知識才能夠眞正地斷絕我們的歧見，而猛輪法胤所代表的也就是屬於這類證悟。他所示現的是安住於了義的甚深智慧，故此亦是最終讓我們得以戰勝自身煩惱的力量。

縱然因要培育和平與和諧而使用到這類言詞看似有點奇怪，但其實卻可將之視爲一種提醒我們需要具備勇氣的有力方式。能夠使我們達成目標的方法往往亦會需要憑藉極大的努力和決心，故此我們絕對不該袖手旁觀又或者只是祈求問題能夠自己得到解決，而是必須要去積極採取行動。

一時一心

最後一個誤區便是認爲黃金時代只是某一時段之內所出現的單一事件。一般的想法便是在今後的四百年之內將有一場大型的末日啓示式戰役發生，而由猛輪法胤所率領的龐大軍隊則會從香巴拉降臨，並且會向蠻族施以重擊，然後黃金時代也就宣告誕生。這種過於簡單化的演繹並沒有把整個過程的眞實本質也包含在內。

黃金時代的呈現將會是所有生活在這個世間的全體眾人的行爲結果。這種轉化只會在我們個人都能夠朝了義著手，獲得力量去克服自身的煩惱時才會出現。故此這也就是猛輪法胤與蠻族之間戰事的意義所在。

通過正統心靈修行的實踐，我們會增強智慧的力量並從而能夠克服無明的力量。經過一段時間後，我們的努力將成爲眞正的動力並會使怨敵敗走。我們的行動將不再被無明和歧見所操控，我們會以更具智慧的觀點去擁抱這個世界，以及做出引導和平與和諧的選擇。

就跟我們一樣，其他人也將會經歷類似的過程。相信只要能夠給予適當的幫助，那麼他們也將可以克服自身的煩惱。如此一時一心的話，則無明與智慧之間的比重會發生轉移，而我們所共享的感驗境遇也會隨之出現變化。

從這個角度去看的話，則黃金時代的到臨和延續便並非如預言所述的那樣，只會發生在某個特定時期，且並非固定不變的。黃金時代的出現完全是按照相關業力因緣所產生的結果，而我們的行爲則是創造這些因緣的其中依據。假如我們會爲了達至這種結果而投入精神的話，那麼成果亦會很快地出現。相反地，若我們繼續漠視問題的話，則產生這個結果所需要的時間就會相對較長。

當所依據的是預言的意義而不是純粹字面上的意思時，我們便能夠認清其所呈示的背後智慧所在。若不將其鎖定在單一時間和地點，並且不預先設下善惡構想的話，則我們也就會看到原來黃金時代的格式在實際上是超越時間限制的，故此也可以套用至很多不同的範疇當中。便是如此，時輪預言便成爲了能夠讓整個社會造就心靈轉化的一幅強大藍圖。

據說當黃金時代得到彰顯之時，其所標誌的將是一個嶄新循環的開始，而這個循環則會歷時長達兩萬一千六百年。該個時間循環會是代表著轉輪聖王再次重返這個大洲的過程，而這個期段也能夠跟另一個較小的循環對應得上，亦即一個人在一天當中的呼吸次數，約爲兩萬一千六百次。每當到這個循環的最後一次呼吸時，流經中脈的內風亦會生起一次讓你證悟究竟本性的機會，透過這種證悟我們便可能在當下感驗得到黃金時代的來臨。

＊ ＊ ＊

時輪金剛在超過二千五百年來一直都是無數眾生的指引和啓發泉源。我亦眞誠地希望這部關於香巴拉隱義的簡略引介，能夠讓你品嘗到我們一直都擁有著超凡潛能的一點細味。在如此容易讓人感到悲觀和困惑的年代，我更希望大家都能夠掌握住這個非凡的機遇境域。我也眞心相信若可以向內開發這種超凡潛能的話，則我們各自也將會找到能夠實現內心最大希求的力量。

每當回看眾多覺囊香巴拉法統傳承上師們的那些故事時，我總會被他們敢於面對混局以及排除萬難的能力所震撼。就算是被不明其教法的疑惑眾生所刻意中傷，他們卻仍然繼續不偏不倚地專注了義。我相信便是這種長流不息的智慧最終令他們的教法能夠綻放至今，同時也對每位盡心盡力令教法得以發揚的上師們深表感激。

做爲總結，我會敦促你不要讓這種智慧只被當作傳說看待，變成只是在喝咖啡時所會談到的有趣故事而已。我們亦不應將之約束在純粹的學術研究範圍，只是把無窮的猜度和理論塡滿於你的腦袋之中。若要繼續讓這個法統保持生命力，我們便必須將之護持在心以及將其原理付諸實修。眞正的傳承便是讓這些教法能夠得到眞正流傳，即透過實修而做出毫不間斷的感驗流續。只有這種甚深證悟才會令使我們的眞實本性得到展現，並在最終完全釋放我們達至和平與和諧的無窮能力。

第四部

香巴拉答問錄

前言：輪迴六道的形成和體現形式

輪迴六道分別爲地獄界、餓鬼界、畜生界、人界、非天界和天界。眾生在世時基本上只會生起三種性質的業向，亦即惡業、善業和無記業。惡業是所有不利於自己和眾生的身口意行爲，無記業則沒有善或惡的定向，譬如像休息和飲水等。而眾生三種業向當中的善業一般來說多數則是屬於有漏善業，意思亦即雖然在表面上會是有利於自己和他人，但其背後的出發點卻仍然離不開以貪瞋癡做爲基礎。故此惡業、無記業以及有漏善業此三者也就是令致我們不斷在輪迴中流轉的原因。在另一方面我們卻知道還有一種稱爲無漏善業的，同樣亦是有利於自己和其他眾生，但則是以無我、空性和佛性的證悟做爲基礎。

在這裡我們需要先有一個基本概念，那就是我們所身負的業向在整體而言並不是單純的非善即惡，而是像一棵樹一樣有著主幹以及眾多枝葉的，譬如以六道當中的地獄界、餓鬼界、畜生界爲例，此三者亦即一般所謂的三惡道，而令使眾生流轉此三道的根本主業（樹的主幹）便是因於貪瞋癡的惡性業向。當中以瞋爲主要惡業（例如殘害其他眾生）的話便會投生至地獄界，而以貪（例如待人吝嗇刻薄）或癡爲主要惡業的則會分別投生至餓鬼界或畜生界。然而在主要業力之外，眾生亦會受到次要業力（樹的枝葉）的影響，這種次要性質的業力性向則是有善有惡，皆因眾生在生前也總會有行過小善或小惡的情況。以畜生道爲例，儘管同屬畜生，但有的畜生在環境或條件上卻比其他畜生爲優，就如養殖場和屠宰場的豬隻跟家裡所養寵物貓狗的分別一樣，完全是因爲次要業力的善惡比例不同所致。

接著便是上三道的人界、非天界和天界了。跟下三道的主業純粹是由惡業所組成並不一樣，能夠成爲人類的主業則是由惡業和有漏善業混合而成的，至於當中之主業以及次業的善惡比例，亦決定了同樣是做爲人類、但先天條件以及所處環境和際遇卻有著天淵之別的情況。若是非天或阿修羅的話，其主業便是以有漏善業爲主再加上很少部分的惡業，而天界眾生的主業基本上則全是有漏善業。當然天界亦分爲三類，分別是欲界天、色界天以及無色界天。假如純粹只以無漏善業做爲主業而考慮的話，則投生至天界的眾生亦都只會是處於欲界天的層次，仍然會有明顯的肉身存在。而能夠投生至色界和無色界的話，則除了要依靠無漏善業做爲主業之外，更需要眾生本身已有四禪八定的成就。去到色界天時眾生的肉身雖仍然存在，但相對於欲界天的話卻已經是非常微細的了，而去到無色界的話更會是達至世間的最微妙層次。

我們剛剛談過了輪迴六道的形成原因。那麼六道又是如何體現出來的呢？譬如像地獄和天界是一處具體的地方嗎？這裡其實會包含兩個方面。譬如我們做爲人類有的會生於或身處一些環境較優以及資源較爲豐富的地方，而有些則是處於整體客觀情況較爲差劣的地方。故這也就是六道的第一方面，亦即做為一處地方去理解的那個面向，是由眾生的共業所造就而成的。至於第二方面，我們跟不同界別的不可見眾生其實亦會共處於同一地方，但卻是有著完全不同的感驗性質。譬如我們現所身處的這個教室就有舒適的空調，而我的桌上則有可以讓人解渴的水以及美麗的鮮花；但若是地獄眾生的話則在此同一地方卻不會有著相同感驗，而可能感到寒風凜冽而身如刀割；又假如是餓鬼的話則會感覺四周極為貧乏而有如荒漠一樣。故此這第二方面所涉及到的也就是眾生自業的心識投射部分。於是我們便不應將六道單純地認為只是某一地方又或者是某一種眾生形態而已，而是應該將之視為心的投射或心的境域去理解。

問：淨土跟天堂有分別嗎？

通常人們對淨土的感覺會是一處充滿歡樂、不用受苦的國度，因此或許會生起像「淨土不就是等於天堂嗎？」的這種疑問。首先要清楚知道的便是淨土並不等於其他法統或宗教所謂的天國或天堂。當中最大的分別便在於「天堂」或我們所認為的「天人界」，是透過眾生自身之有漏善業所造就而至的。按照一般人的想法，當你能夠投生至天堂之後，你也就可以享受到永恆的世間福報了。然而淨土卻並不一樣，能夠讓人投生於淨土的最基本條件便是其已發起想要成就菩提的願心。而不論任何類型的淨土都只是適合讓投生者去做進一步參修的臨時國度而已，因為投生者最終是為了要成就圓悟而去依靠淨土的，並不是爲了要以享受天堂福報做爲目標。當然所有淨土的環境對投生者而言始終會是非常美好、理想以及跟所謂的天堂相當類似，但這些在意義上卻並不是投生者所要追求的福報，而僅僅只是有利於他們去做進一步修行的條件而已。

問：什麼是香巴拉淨土？

對於一般漢土信眾而言，最爲耳熟能詳的可能就是阿彌陀佛淨土或極樂世界了。而有一部分的漢傳佛教徒更有可能會聽過藥師佛陀的琉璃淨土。而實際上淨土的種類非常繁多，在藏區普遍較爲人所知的除了有以上三者之外，則更有普陀淨土、文殊淨土、空行淨土、銅色吉祥山以及兜率天內院等。至於香巴拉也就是屬於這些淨土的其中之一。正如我在之前對輪迴六道所做的解說一樣，我們亦不應將淨土單純地視爲只是一處地方，而是應以因有善業（包括有漏或無漏）和發心所造就而成的投射境域去做理解。

問：為何會有各種不同的淨土？

接著的疑問便是爲什麼會有各種各樣的不同淨土存在。若單純是以想要成就菩提而投生淨土的話，則似乎不需要有那麼多淨土去供人選擇對嗎？但要知道這只是造就淨土的其中一個因緣而已，能夠創造出淨土的更重要主因其實是出於佛陀或菩薩的願力。故此我們便可以將淨土視爲是由這種願力跟其有緣眾生所結合而成就得出的結果，至於這種緣繫的形式亦會是有不同方面。有的人僅僅只是透過強大信念便已經跟某位佛陀或菩薩特別投緣，但有的則是因爲本身正在參修某個特定法道而生起這種特殊緣繫的。譬如大多數人都會透過念誦「南無阿彌陀佛」去跟阿彌陀佛淨土結緣，但像銅色吉祥山以及空行淨土則是針對某一類特定的密續修行法門，如大圓滿或勝樂金剛而出現的，而香巴拉在此便是時輪金剛法道的專屬淨土。

問：香巴拉跟其他淨土又有何分別？

眾生因爲本身對某位佛陀或菩薩的特有信念以及其所修持的相關法門，而會跟某一淨土產生特別緣繫，剛剛便提及到香巴拉也就是跟時輪金剛法道直接相應的淨土境域。然而正因爲某特定法道會讓投生者前往某一專屬淨土之故，人們通常也會先要知道不同淨土的本質所在，然後才會決定應該去修持哪種法道，在此我只會將極樂世界淨土跟香巴拉這兩個最具代表性的淨土進行比較以做簡單說明。首先極樂世界或阿彌陀佛淨土是屬於佛陀淨土，這類淨土基本上是由該位佛陀的願力所生起的，是由佛陀本人的無漏善業做爲建立基礎。然而香巴拉卻是屬於菩薩淨土，在未成爲淨土之前香巴拉其實跟我們的這個娑婆世間沒有分別，但之後卻是透過眾多菩薩的願力而逐漸將香巴拉轉化爲淨土的。至於香巴拉這類菩薩淨土在本質上亦不像佛陀淨土那樣純粹是由無漏善業所建立，而是也會帶有有漏善業的部分，故此也就跟我們這類還沒有獲得證悟、不帶無漏善業並最多只是身具有漏善業的眾生特別接近。

問：為什麼要推崇香巴拉淨土呢？

自古以來除了《無量壽經》等會有極樂世界的詳細描述外，其他淨土的內容卻是相對較少甚至完全欠缺的。至於整個香巴拉淨土之演進過程的記載其實亦見於時輪密續當中，只是相對於阿彌陀佛淨土而言較少被人認識。那麼接著的問題就是，爲什麼我們要選擇去香巴拉呢？不論是在漢地或藏地都已經普遍知道極樂世界或阿彌陀佛淨土了，並且相關的修法也很簡單和普及了，因此要去香巴拉的話又有什麼特別意義呢？根據多年以來對時輪密續的研究學習、深入思惟以及實際參修所獲得的感驗結果，我從中而得出了以下兩個重點供大家做爲參考。

第一點便是香巴拉對於我們這個娑婆世間的人會是較易去到的。關於這一點我可以再細分成三個方面以做說明：

1. **香巴拉淨土跟娑婆人間最爲接近：**正如之前所述，香巴拉在很久以前其實也是我們這個世間的一部分，但自時輪教法傳至該處，有多位登地菩薩發願，以及多代香巴拉君主做出示現和傳法後，整個國度亦因所有人的業力得到轉化而變得越來越微妙，並在最終成爲了淨土。故此香巴拉雖爲淨土，但卻是所有淨土類型當中唯一仍跟現世連繫最爲緊密的。

2. **前去香巴拉所需的創造緣繫方法亦較爲具體和清晰**：就以阿彌陀佛淨土爲例，有很多人都認爲要前去的話好像會較爲容易，其一是因爲念修阿彌陀佛法門比較容易入手，其二則是覺得只要具足毫不動搖信心的話就足以讓人去到。然而這裡的所謂「毫不動搖」信心是否就眞的那麼容易做得到呢？在當今這個越來越複雜的社會裡，人們好像變得越來越多迷思和懷疑，而就在知識以及思惟能力越來越提高的同時，單純依靠信心的法門便也就變得不太容易，因爲人們已經很難單憑這種不足的信心以做爲前往淨土的因素了。至於香巴拉淨土的話則不然。除了基本信心之外，更爲重要的前去方法便是要透過參修時輪金剛而結下前往香巴拉的強大緣繫。透過其前行乃至到六支金剛瑜伽的修法，你會因有心靈得到轉化的證悟基礎，而對香巴拉的感驗生起更大信心，而我相信這樣也是較爲適合現代人去接受香巴拉淨土的原因。儘管在表面上會讓人覺得好像不太容易，皆因人們認爲時輪金剛極爲難修之故，但我卻可以告訴你，這就像是一本教導你如何去前往香巴拉的詳細手冊，雖然看似複雜但卻是清清楚楚。

3.屬於不同法道層次的人亦可前往：這是因為香巴拉的專屬門道，亦即時輪金剛本身便已包含了由最簡易乃至最深奧的法門所致。若以法道的簡易或深奧性質去做分類的話，則人們一般都會認為阿彌陀佛之念佛法門會是屬於簡易，而無上密法則是屬於最深奧的，因而要進入無上密法或其所屬淨土（如銅色吉祥山以及空行淨土）的門檻話相對甚高，譬如能夠領授這些密法灌頂的所需標準便不是人人皆可符合。但時輪金剛的情況卻很明顯地非常不同。大家不妨看看在過往數十年間，就有達賴尊者以及眾多持傳承大師們舉辦過多次大型的時輪灌頂並且來者不拒。要知道時輪金剛是被公認為密續之王的至尊法道，但其灌頂卻是如此地公開，這便說明了尊者等人亦都深知香巴拉淨土跟現代世人的關係，故此也就極力為大家播下如此的善緣種子。

而第二點就是去到香巴拉的話則會較快獲得菩提成就。若本身已經是專修無上密法，並是屬於生圓次第層次的話那就不用說了，此時不論你是因參修大圓滿而去到銅色吉祥山也好，或因參修勝樂金剛而去到空行淨土也好，在那處能夠迅速成就圓悟的機會亦是相當之大。但若是去到阿彌陀佛淨土的話便不一定了，因為那裡並不是讓投生者專修密法之處，故此若是繼續修學顯乘的話，則仍會需要非常漫長的時間才有獲得圓悟成就的可能。至於香巴拉則是屬於時輪法道的專屬淨土，而投生者亦會專注於該無上密法的參修之上。若在現世便已有相當的時輪修行基礎的話，則在香巴拉便會因爲可以更加集中於六支金剛瑜伽，而能夠極快獲得圓滿證悟的成就。就算在當今人世時的時輪修行基礎可能是相對較低，但去到香巴拉時儘管未必能夠在一生中證悟菩提，卻仍然可以再投生至香巴拉並繼續深入參修，故此在第二次投生之後也就可以迅速獲得成就。

要知道我並不是在說香巴拉會比極樂世界更好。假如在不考慮任何因素而只是按照高低級別去選擇其一的話，我會毫不猶豫地選擇極樂世界，就像如果只能選擇價值一億和價值八百萬的房屋而又沒有任何其他參考因素時，人們當然會選擇那間價值一億的房屋了。但若將更多不同的因素加以考慮的話，則我們可能會得出原來那間價值八百萬的房屋，才是最切合我們現代人的需要的結論。

問：要投生至香巴拉淨土的話需要具備什麼條件呢？

想要投生至香巴拉淨土便要盡力去建立起能夠與其產生相應的業力緣繫。我們應該要讓自己觸及以下三個要點，若能盡量做到的話則投生至香巴拉的機會亦會相對較高，甚至乎有可能在此生當中便已能夠獲得香巴拉的境域感驗。

1. **發菩提心並以利美做爲處世取向：**要知道整個香巴拉都是以愛和慈悲爲形成基礎的。若要在業向方面與香巴拉建立連繫的話，則我們的心性亦要跟此基礎有所相應，故此也就必須以發大悲心以及菩提心去實質做到這一點。相信如此是生起無漏善業之因以及前往各個不同淨土的所需條件。接著便是要去了解利美不持歧見的處事取向，皆因如此亦是令致香巴拉成為淨土的基本特質，而自香巴拉的第一代法王開始直至當世的時輪金剛大師們，也都是以利美做為取態的，故此我們的自心應朝這方面做出調整以更加趨向香巴拉的特質。

2. **深入去認識香巴拉時輪傳承**：除了要在心的取向方面下功夫外，我們應多去參閱或聽聞香巴拉以及時輪傳承歷代先賢們的典故和經歷。深入了解跟香巴拉有著極厚淵源的聖賢們，我們的心續也會埋下跟香巴拉連結起來的種子，而這樣是讓我們更容易投生至香巴拉的善巧助緣。

3. **學習以及參修時輪金剛**：香巴拉之所以能夠成為淨土，最根本的原因便是歷代本為登地菩薩化現的君王們不斷地將時輪法道弘傳推廣，故此時輪金剛亦是能夠讓心靈得到轉化而直接趨向香巴拉的最強大因素。我們最起碼便應先從其前行修法開始，這樣也就自動會為我們開啓出前往香巴拉的具體路向。假若能夠進一步參修至六支金剛瑜伽的話，則不但在往生時極有保證能夠去到香巴拉淨土，而就算是身處現世，也會有機會能夠親身感驗到香巴拉淨土就在人間當中。

【附　錄】

【附錄一】

༄༅། །ཞིང་མཆོག་ཤམྦྷ་ལའི་སྨོན་ལམ་འཆི་བ་རང་གྲོལ།།

香巴拉淨土臨終自解脫祈願文

ཨོཾཿཨཱཿཧཱུྃ་ཧོ།

嗡啊吽吙

འཛམ་གླིང་ལྟེ་བའི་བྱང་གི་ཕྱོགས་མཚམས་ན།།

南贍部洲中心北方界

ཕྲ་གསང་དག་པའི་ཐད་ཡུལ་ཤམྦྷ་ལ།།

微密清淨完地香巴拉

གཡབ་གཟུགས་ཆུ་སྐྱེས་པདྨ་འདབ་བརྒྱད་པ།།

如水生蓮八瓣扇形地

གངས་རིའི་ཕྲེང་བའི་ཕྱོགས་མཐའ་ཀུན་ནས་བསྐོར།།

雪峰連綿邊方盡圍繞

ཆུ་མཚོ་ལྗོན་ཤིང་མེ་ཏོག་འབྲས་བས་བལྟམས།།

湖泊叢林花果皆盈滿

མཛེས་སྡུག་ཡིད་འོང་ལྷ་ཡུལ་དཔལ་ལ་འགྲན།།

絢麗賞心如吉祥天域

པད་འདབ་སོ་སོར་གནས་པའི་ཡུལ་དང་གྲོང་།།

各蓮瓣地有城鎮鄉邦

རེ་རེ་ལ་ཡང་བྱེ་བ་བཅུ་གཉིས་རེ།།

數目每有一億二千萬

པད་འདབ་བརྒྱད་ལ་བྱེ་བ་གོ་དྲུག་གྲོང་།།

八蓮瓣地九億六千萬

སྤྲུལ་པའི་རྒྱལ་པོ་དགུ་བཅུ་དྲུག་གིས་སྐྱོངས།།

九十六應化郡王守護

སྔགས་ཀྱི་ཞིང་མཆོག་ཁྱད་དུ་འཕགས་པའི་ཞིང་།།

咒音淨土至妙殊勝林

ཆོས་རྒྱལ་རིགས་ལྡན་བྱང་སེམས་ཆེན་པོའི་སྲུང་།།

法主佛種摩訶菩提佑

ལྟེ་བར་ཀ་ལ་ཤ་ཡི་རི་བོའི་སྟེང་།།

於中心處岡仁波切頂

ཤམྦྷ་ལ་ཡི་གཙོ་བོ་ཀ་ལཱ་པར།།

見香巴拉首城迦拉波

ངོ་མཚར་སྐྱེད་མོ་ཚལ་དང་པདྨ་མོའི་མཚོ།།

奇觀園林與蓮花湖泊

དུས་ཀྱི་འཁོར་ལོའི་སློས་བསླངས་ངོ་མཚར་ཅན།།

尊稀實相時輪壇城現

རྣམ་དག་ཞིང་དེར་སྐྱེ་བར་བྱིན་གྱིས་རློབས།།

願得加持生於此淨土

ཞིང་མཆོག་དེ་ན་དགྲ་དང་ནད་ཡམ་མེད།།

無仇怨敵及無疾病苦

རྩོད་དང་མྱ་ངན་སྡུག་བསྔལ་འཇིག་པ་མེད།།

無諍無憂無痛苦災難

རིགས་རུས་ཐོག་དམན་རྒྱ་ནོར་ཕྱོགས་སློན་མེད།།

無有貴賤亦無私財積

རྟག་ཏུ་ཡང་དག་དམ་པའི་ཆོས་ལ་སྤྱོད།།

真實勝妙正法恆常修

རྒྱུད་རྒྱལ་དུས་ཀྱི་འཁོར་ལོའི་སྔགས་ལ་སྤྱོད།།

密續之王時輪咒亦然

ཕྱི་ནང་གསང་བའི་བར་ཆད་ཀུན་དང་བྲལ།།

外內密之障礙皆遠離

རྟག་ཏུ་ངང་གིས་དམ་པའི་ཆོས་ལ་སྤྱོད།།

勝妙正法恆常自然修

རྣམ་པར་དག་པའི་ཞིང་དེར་སྤྱོད་པར་ཤོག།

願得受用於此清淨域

རིམ་གཉིས་ལམ་གྱི་འབྲས་བུ་མངོན་གྱུར་ཤོག།

生圓次第道果亦令顯

ཚེ་གཅིག་ལུས་གཅིག་ལམ་ལྔ་ས་བཅུ་མ་ལུས་ཀུན་བགྲོད་སྟེ།།
當生當世五道十地無餘全達至

སྐུ་བཞི་ཡེ་ཤེས་བཞི་ཡི་རྫོགས་པའི་སངས་རྒྱས་ས་ཐོབ་སྟེ།།
證得四身四智圓滿覺悟佛境地

སྤྲུལ་པས་འགྲོ་བ་ཀུན་ལ་ཕན་བདེ་མ་ལུས་བསྐྲུན་ནུས་ཤོག།
以應化身眾生一切利樂願能創

ཆོས་ཉིད་གདོད་ནས་དག་པའི་བདེན་པ་དང་།།
法爾本來清淨真義諦

ཆོས་ཅན་རྟེན་འབྱུང་བསླུ་བ་མེད་པ་དང་།།
萬象緣起性空實無欺

ལྷག་བསམ་རྣམ་པར་དག་པའི་དགེ་ཚོགས་ཀྱིས།།
以妙意樂清淨善資糧

སྨོན་པ་ཇི་བཞིན་མྱུར་དུ་འགྲུབ་གྱུར་ཅིག།
如所祈願求迅速成就

【附錄二】

歷代香巴拉君主之梵文與藏文對照

在上個世紀有針對時輪金剛原文文獻的研究指出，按照當時藏譯版本而得出的傳統香巴拉君王名號列表的確存在著一些問題。在一九八五年有西方學者大衛雷高（David Reigle）寫了一篇題爲《已失傳時輪金剛根本續內的香巴拉君王》的論文，其中就對《無垢光》內的梵文原文做了分析。

他對藏譯版本所提出的第一點便是，第十八代法胤的名號「獅鎮」（Harivikrama）因被誤分拆開而變成了「獅子」（Hari）和「鎮攝」（Vikrama）這兩個名號。在仔細分析過梵文定名的文法結構之後，雷高相信「獅鎮」本應就是一個名號，而印度大師毗布提燦德拉亦對該結論發表了註釋做爲補充。在某些名號列表當中更見有把第二十三代法胤「無際勝」（Anantavijaya）分拆成爲「無邊」（Ananta）和「凱旋」（Vijaya）這兩個名號。如該兩項錯處便曾經向當時的西藏學者提及過，但卻普遍遭到漠視。

雷高提出的第二點則認爲，梵文原文本來是將「聲威」（Yashas）列爲第二十四代法胤的，但當初的西藏譯者爲了解決先前所出現的一個名號變成兩個名號的問題，而被棄於名號列表之外，並且由此而得出了總共二十五代的君王名號。可幸的是透過撥亂反正，「聲威」這個名號最終得以復現及在原本位置重新列出。

因於這些論點我亦選擇了按照梵文定名準則做爲本書當中的名號依據。我同時也對這些梵文名號及其對應藏文名稱做了查證，以確保所得出的翻譯版本是正確無誤的。

以下名表列出了按照傳統以及修正之後的名號分別：

七法王

傳統稱號			更正後稱號		
梵文	藏文	中文	梵文	藏文	中文
1. Suchandra	Dawa Zangpo (ཟླ་བ་བཟང་པོ།)	月賢	1. Suchandra	Dawa Zangpo (ཟླ་བ་བཟང་པོ།)	月賢
2. Sureshvara	Lhawang (ལྷ་དབང་།)	天權	2. Sureshvara	Lhawang (ལྷ་དབང་།)	天權
3. Taji	Ziji Jan (གཟི་བརྗིད་ཅན།)	基耀	3. Taji	Zijipa (གཟི་བརྗིད་པ།)	耀顯
4. Somadatta	Dawijin (ཟླ་བས་བྱིན།)	月施	4. Somadatta	Dawijin (ཟླ་བས་བྱིན།)	月施
5. Sureshvara	Lha'i Wangchuk (ལྷའི་དབང་ཕྱུག)	天自在	5. Sureshvara	Lha'i Wangchuk (ལྷའི་དབང་ཕྱུག)	天自在
6. Vishvamurti	Natshok Zug (སྣ་ཚོགས་གཟུགས།)	衆色	6. Vishvamurti	Natshok Zuk (སྣ་ཚོགས་གཟུགས།)	衆色
7. Sureshana	Lha'i Wangden (ལྷའི་དབང་ལྡན།)	天帝	7. Sureshana	Lhawang Gyal (ལྷ་དབང་རྒྱལ།)	天帝

二十五法胤

傳統稱號			更正後稱號		
梵文	藏文	中文	梵文	藏文	中文
1. Yashas	Drakpa (གྲགས་པ།)	聲威	1. [Manjushri] Yashas	[Jamphel] Drakpa ([འཇམ་དཔལ་]གྲགས་པ།)	文殊稱
2. Pundarika	Padma Karpo (པདྨ་དཀར་པོ།)	白蓮	2. Pundarika	Padma Karpo (པདྨ་དཀར་པོ།)	白蓮
3. Bhadra	Zangpo (བཟང་པོ།)	善賢	3. Bhadra	Tsenzang (མཚན་བཟང་།)	賢名
4. Vijaya	Namgyal (རྣམ་རྒྱལ།)	尊勝	4. Vijaya	Namgyal (རྣམ་རྒྱལ།)	尊勝
5. Sumitra	Shenyen Zangpo (བཤེས་གཉེན་བཟང་པོ།)	賢友	5. Sumitra	Shenyan Zangpo (བཤེས་གཉེན་བཟང་པོ།)	賢友
6. Raktapani	Chagmar (ཕྱག་དམར།)	赤手	6. Raktapani	Marpu Chakden (དམར་པོའི་ཕྱག་ལྡན།)	赤手
7. Vishnugupta	Khyapjuk Bipa (ཁྱབ་འཇུག་སྦས་པ།)	遍入藏	7. Vishnugupta	Khyapjuk Bipa (ཁྱབ་འཇུག་སྦས་པ།)	遍入藏
8. Arkakirti	Nyima Drakpa (ཉི་མ་གྲགས་པ།)	日稱	8. Arkakirti	Nyima Drakpa (ཉི་མ་གྲགས་པ།)	日稱
9. Subhadra	Shintu Zangpo (ཤིན་ཏུ་བཟང་པོ།)	極賢	9. Subhadra	Rabzang (རབ་བཟང་།)	極賢
10. Samudravijaya	Gyatso Namgyal (རྒྱ་མཚོ་རྣམ་རྒྱལ།)	海勝	10. Samudravijaya	Gyatso Namgyal (རྒྱ་མཚོ་རྣམ་རྒྱལ།)	海勝
11. Aja	Gyalka (རྒྱལ་དཀའ།)	難勝	11. Aja	Makyepa (མ་སྐྱེ་པ།)	未生
12. Surya	Nyima (ཉི་མ།)	太陽	12. Surya	Nyima (ཉི་མ།)	太陽
13. Vishvarupa	Natsok Zug (སྣ་ཚོགས་གཟུགས།)	衆峰	13. Vishvarupa	Natsok Lu (སྣ་ཚོགས་ལུས།)	衆身

二十五法胤（續）

傳統稱號			更正後稱號		
梵文	藏文	中文	梵文	藏文	中文
14. Shashiprabha	Dawai Öd (ཟླ་བའི་འོད།)	月光	14. Shashiprabha	Dawai Öd (ཟླ་བའི་འོད།)	月光
15. Ananta	Thayé (མཐའ་ཡས།)	無邊	15. Ananta	Thayé (མཐའ་ཡས།)	無邊
16. Mahipala	Sakyong (ས་སྐྱོང་།)	護地	16. Mahipala	Sakyong (ས་སྐྱོང་།)	護地
17. Shripala	Palkyong (དཔལ་སྐྱོང་།)	護祥	17. Shripala	Palkyong (དཔལ་སྐྱོང་།)	護祥
18. Hari	Sengé (སེང་གེ)	獅子	18. Harivikrama	Sengé Namnön (སེང་གེ་རྣམ་གནོན།)	獅鎮
19. Vikrama	Nampar Nönpa (རྣམ་པར་གནོན་པ།)	鎮攝			
20. Mahabala	Tobpoché (སྟོབས་པོ་ཆེ།)	巨力	19. Mahabala	Tobpoché (སྟོབས་པོ་ཆེ།)	巨力
21. Aniruddha	Magakpa (མ་འགགས་པ།)	無礙	20. Aniruddha	Magakpa (མ་འགགས་པ།)	無礙
22. Narasingha	Miyi Sengé (མི་ཡི་སེང་གེ)	人中獅	21. Narasimha	Miyi Sengé (མི་ཡི་སེང་གེ)	人中獅
23. Maheshvara	Wangchuk Chenpo (དབང་ཕྱུག་ཆེན་པོ།)	大自在	22. Maheshvara	Wangchen (དབང་ཆེན།)	大自在
24. Anantavijaya	Thayé Namgyal (མཐའ་ཡས་རྣམ་རྒྱལ།)	無際勝	23. Anantavijaya	Thayé Namgyal (མཐའ་ཡས་རྣམ་རྒྱལ།)	無際勝
			24. Yashas	Drakpa (གྲགས་པ།)	聲威
25. Raudra Chakri	Dragpo Khorlojen (དྲག་པོ་འཁོར་ལོ་ཅན།)	猛輪	25. Raudra Chakri	Tumdrak Khorlo (གཏུམ་དྲག་འཁོར་ལོ།)	猛輪

【附錄三】

覺囊—香巴拉時輪傳承

本源

梵文	藏文	中文	時期
Adibuddha（自性身）	Dangpu Sangye (དང་པོའི་སངས་རྒྱས།)	本初佛	—
Vajradhara（法身）	Dorje Chang (རྡོ་རྗེ་འཆང་།)	金剛持	—
1. Kalachakra（報身）	Dukyi Khorlo (དུས་ཀྱི་འཁོར་ལོ།)	時輪	—

三十五香巴拉君王

七法王

梵文	藏文	中文	時期
2. Suchandra	Dawa Zangpo (ཟླ་བ་བཟང་པོ།)	月賢	—
3. Sureshvara	Lhawang (ལྷ་དབང་།)	天權	—
4. Taji	Zijipa (གཟི་བརྗིད་པ།)	耀顯	—
5. Somadatta	Dawijin (ཟླ་བས་བྱིན།)	月施	—
6. Sureshvara	Lha'i Wangchuk (ལྷའི་དབང་ཕྱུག)	天自在	—
7. Vishvamurti	Natshok Zuk (སྣ་ཚོགས་གཟུགས།)	衆色	—
8. Sureshana	Lhawang Gyal (ལྷ་དབང་རྒྱལ།)	天帝	—

二十五法胤

梵文	藏文	中文	時期
9. [Manjushri] Yashas	[Jamphel] Drakpa ([འཇམ་དཔལ་]གྲགས་པ།)	文殊稱	約於公元前 150 年
10. Pundarika	Padma Karpo (པདྨ་དཀར་པོ།)	白蓮	約於公元前 50 年
11. Bhadra	Tsenzang (མཚན་བཟང་།)	賢名	約於公元 50 年
12. Vijaya	Namgyal (རྣམ་རྒྱལ།)	尊勝	約於公元 150 年
13. Sumitra	Shenyen Zangpo (བཤེས་གཉེན་བཟང་པོ།)	賢友	約於公元 250 年
14. Raktapani	Marpu Chakden (དམར་པོའི་ཕྱག་ལྡན།)	赤手	約於公元 350 年
15. Vishnugupta	Khyapjuk Bipa (ཁྱབ་འཇུག་སྦས་པ།)	遍入藏	約於公元 450 年
16. Arkakirti	Nyima Drakpa (ཉི་མ་གྲགས་པ།)	日稱	約於公元 550 年
17. Subhadra	Rabzang (རབ་བཟང་།)	極賢	約於公元 650 年
18. Samudravijaya	Gyatso Namgyal (རྒྱ་མཚོ་རྣམ་རྒྱལ།)	海勝	約於公元 750 年
19. Aja	Makyepa (མ་སྐྱེ་པ།)	未生	約於公元 925 年
20. Surya	Nyima (ཉི་མ།)	太陽	約於公元 1150 年
21. Vishvarupa	Natsok Lu (སྣ་ཚོགས་ལུས།)	衆身	約於公元 1250 年
22. Shashiprabha	Dawai Öd (ཟླ་བའི་འོད།)	月光	約於公元 1350 年
23. Ananta	Thayé (མཐའ་ཡས།)	無邊	約於公元 1450 年
24. Mahipala	Sakyong (ས་སྐྱོང་།)	護地	約於公元 1550 年
25. Shripala	Palkyong (དཔལ་སྐྱོང་།)	護祥	約於公元 1650 年

二十五法胤（續）

梵文	藏文	中文	時期
26. Harivikrama	Sengé Namnön (སེང་གེ་རྣམ་གནོན།)	獅鎮	約於公元 1750 年
27. Mahabala	Tobpoché (སྟོབས་པོ་ཆེ།)	巨力	約於公元 1850 年
28. Aniruddha	Magakpa (མ་འགགས་པ།)	無礙	約於公元 1950 年
29. Narasimha	Miyi Sengé (མི་ཡི་སེང་གེ།)	人中獅	約於公元 2050 年
30. Maheshvara	Wangchen (དབང་ཆེན།)	大自在	約於公元 2150 年
31. Anantavijaya	Thayé Namgyal (མཐའ་ཡས་རྣམ་རྒྱལ།)	無際勝	約於公元 2250 年
32. Yashas	Drakpa (གྲགས་པ།)	聲威	約於公元 2350 年
33. Raudra Chakri	Tumdrak Khorlo (གཏུམ་དྲག་འཁོར་ལོ།)	猛輪	約於公元 2450 年

黃金時代三君王

梵文	藏文	中文	時期
34. Brahma	Tsangpa (ཚངས་པ།)	梵天	—
35. Sureshvara	Lhawangwa (ལྷ་དབང་བ།)	天權	—
36. Kashyapa	Öd Trung (འོད་སྲུང་།)	飲光	—

那爛陀時輪法統

梵文	藏文	中文	時期
20. Manjuvajra (Kalachakrapada the Elder)	Drupchen Dushapa Chenpo (གྲུབ་ཆེན་དུས་ཞབས་པ་ཆེན་པོ།)	妙金剛（大時輪足）	約於公元 950 年
21. Shri Badra (Kalachakrapada the Younger)	Drupchen Dushapa Nyipa (གྲུབ་ཆེན་དུས་ཞབས་པ་གཉིས་པ།)	吉祥賢（小時輪足）	約於公元 980 年
22. Bodhibadra	Gyaltse Nalendrapa (རྒྱལ་སྲས་ན་ལེན་དྲ་པ།)	那倫札巴	約於公元 1000 年
23. Somanatha	Panchen Dawa Gonpo (པན་ཆེན་ཟླ་བ་མགོན་པོ།)	月怙	約於公元 1015 年

卓派六支瑜伽傳承

藏文	中文	時期
24. Drotön Lotsawa (འབྲོ་སྟོན་ལོ་ཙཱ་བ།)	卓敦羅札瓦	約於公元 1035 年
25. Lama Lhaje Gompa (བླ་མ་ལྷ་རྗེ་སྒོམ་པ།)	喇嘛拉節貢巴	約於公元 1035 年
26. Lama Drotön Namseg (བླ་མ་སྒྲོ་སྟོན་གནམ་བརྩེགས།)	喇嘛卓敦擎天	約於公元 1050 年
27. Lama Drupchen Yumo (བླ་མ་གྲུབ་ཆེན་ཡུ་མོ།)	喇嘛竹千優摩	約於公元 1075 年
28. Séchok Dharmeshvara (སྲས་མཆོག་དྷརྨེ་ཤྭ་ར།)	斯卓達美梳拉	約於公元 1100 年
29. Khipa Namkha Öser (མཁས་པ་ནམ་མཁའ་འོད་ཟེར།)	學賢虛空光	約於公元 1125 年
30. Machig Tulku Jobum (མ་ཅིག་སྤྲུལ་སྐུ་ཇོ་འབུམ།)	瑪姬祖古覺本	約於公元 1130 年
31. Lama Druptop Sechen (བླ་མ་གྲུབ་ཐོབ་སེ་ཆེན།)	喇嘛成道薛千	約於公元 1150 年
32. Chöje Jamyang Sarma (ཆོས་རྗེ་འཇམ་དབྱངས་གསར་མ།)	秋傑蔣揚薩瑪	約於公元 1175 年
33. Kunkhyen Chöku Öser (ཀུན་མཁྱེན་ཆོས་སྐུ་འོད་ཟེར།)	全知法身光	公元 1214-1292 年

覺囊時輪傳承

藏文	中文	時期
34. Kunpang Thukje Tsondru (ཀུན་སྤངས་ཐུགས་རྗེ་བརྩོན་འགྲུས།)	袞榜悲精進	公元 1243-1313 年
35. Jangsem Gyalwa Yeshe (བྱང་སེམས་རྒྱལ་བ་ཡེ་ཤེས།)	強森如來智	公元 1247-1320 年
36. Khetsun Yonten Gyatso (མཁས་བཙུན་ཡོན་ཏན་རྒྱ་མཚོ།)	克尊功德海	公元 1260-1327 年
37. Kunkhyen Dolpopa Sherab Gyaltsen (ཀུན་མཁྱེན་དོལ་པོ་པ་ཤེས་རབ་རྒྱལ་མཚན།)	全知多波巴般若勝幢	公元 1292–1361 年
38. Chögyal Choklé Namgyal (ཆོས་རྒྱལ་ཕྱོགས་ལས་རྣམ་རྒྱལ།)	法王措利南界	公元 1306-1386 年
39. Tsungmed Nyabön Kunga (མཚུངས་མེད་ཉ་དབོན་ཀུན་དགའ།)	無等涅溫盛喜	公元 1285-1379 年
40. Drupchen Kunga Lodrö (གྲུབ་ཆེན་ཀུན་དགའ་བློ་གྲོས།)	竹千盛喜智	公元 1365-1443 年
41. Jamyang Konchog Zangpo (འཇམ་དབྱངས་དཀོན་མཆོག་བཟང་པོ།)	蔣揚至寶賢	公元 1398-1475 年
42. Drenchok Namkha'i Tsenchen (འདྲེན་མཆོག་ནམ་མཁའི་མཚན་ཅན།)	引勝虛空具名	公元 1436-1507 年
43. Panchen Namkha Palzang (པཎ་ཆེན་ནམ་མཁའ་དཔལ་བཟང་།)	班禪虛空吉祥賢	公元 1464-1529 年
44. Lochen Ratnabhadra (ལོ་ཆེན་རཏྣ་བྷ་དྲ།)	洛千寶巴札	公元 1489-1563 年
45. Palden Kunga Drolchok (དཔལ་ལྡན་ཀུན་དགའ་གྲོལ་མཆོག)	巴丹盛喜解尊	公元 1507-1566 年
46. Kenchen Lungrik Gyatso (མཁན་ཆེན་ལུང་རིགས་རྒྱ་མཚོ།)	大智教理海	約於公元 1550 年
47. Jetsun Taranatha (རྗེ་བཙུན་ཏཱ་ར་ནཱ་ཐ།)	至尊多羅那他	公元 1575-1635 年
48. Ngonjang Rinchen Gyatso (སྔོན་སྦྱངས་རིན་ཆེན་རྒྱ་མཚོ།)	宿慧珍寶海	約於公元 1600 年

贊塘藏哇傳承

藏文	中文	時期
49. Khidrup Lodrö Namgyal (མཁས་གྲུབ་བློ་གྲོས་རྣམ་རྒྱལ།)	克主睿智勝幢	公元 1618-1683 年
50. Drupchen Ngawang Trinlé (གྲུབ་ཆེན་ངག་དབང་འཕྲིན་ལས།)	竹千額旺佛業	公元 1657-1713 年
51. Ngawang Tenzin Namgyal (ངག་དབང་བསྟན་འཛིན་རྣམ་རྒྱལ།)	額旺掌教南界	公元 1691-1738 年
52. Ngawang Khetsun Dargé (ངག་དབང་མཁས་བཙུན་དར་རྒྱས།)	額旺克尊盛	約於公元 1700 年
53. Kunzang Trinlé Namgyal (ཀུན་བཟང་འཕྲིན་ལས་རྣམ་རྒྱལ།)	普賢佛業南界	約於公元 1725 年
54. Nuden Lhundrub Gyatso (ནུས་ལྡན་ལྷུན་གྲུབ་རྒྱ་མཚོ།)	具力自成海	約於公元 1750 年
55. Konchok Jigmé Namgyal (དཀོན་མཆོག་འཇིགས་མེད་རྣམ་རྒྱལ།)	至寶無畏南界	約於公元 1775 年
56. Ngawang Chöphel Gyatso (ངག་དབང་ཆོས་འཕེལ་རྒྱ་མཚོ།)	額旺法增海	公元 1788-1865 年
57. Ngawang Chökyi Phakpa (ངག་དབང་ཆོས་ཀྱི་འཕགས་པ།)	額旺法聖賢	公元 1808-1877 年
58. Ngawang Chöjor Gyatso (ངག་དབང་ཆོས་འབྱོར་རྒྱ་མཚོ།)	額旺法通海	公元 1846-1910 年

札什瞿塘傳承

藏文	中文	時期
59. Ngawang Chözin Gyatso (ངག་དབང་ཆོས་འཛིན་རྒྱ་མཚོ།)	額旺法持海	公元 1823-1900 年
60. Ngawang Tenpa Rabgye (ངག་དབང་བསྟན་པ་རབ་རྒྱས།)	額旺教無邊	公元 1875-1951 年
61. Ngawang Lobsang Trinlé (ངག་དབང་བློ་བཟང་འཕྲིན་ལས།)	額旺智賢佛業	公元 1917-1999 年
62. Khentrul Jamphel Lodrö (མཁན་སྤྲུལ་འཇམ་དཔལ་བློ་གྲོས།)	堪祖妙祥智 （堪祖嘉培珞珠）	公元 1968 年至今

#【附錄四】覺囊他空傳承

本源

梵文	藏文	中文	時期
Adibuddha（自性身）	Dangpu Sangye (དང་པོའི་སངས་རྒྱས།)	本初佛	—
Vajradhara（法身）	Dorjé Chang (རྡོ་རྗེ་འཆང་།)	金剛持	—
Vajrasattva（報身）	Dorjé Sempa (རྡོ་རྗེ་སེམས་དཔའ།)	金剛薩埵	—
1. Shakyamuni Buddha（化身）	Gyalwa Thupai Wangpo (རྒྱལ་བ་ཐུབ་པའི་དབང་པོ།)	釋迦牟尼佛陀	—

龍樹大中觀法統

梵文	藏文	中文	時期
2. Bodhisattva Vajrapani	Chakna Dorjé (ཕྱག་ན་རྡོ་རྗེ།)	金剛手菩薩	—
3. Nagarjuna	Lu Drup (ཀླུ་སྒྲུབ།)	龍樹	—
4. Shavaipa	Shawari (ཤ་ཝ་རི།)	夏瓦利巴	約於公元 350 年

無著瑜伽行中觀法統

梵文	藏文	中文	時期
2. Bodhisattva Maitreya	Jetsun Jampa Gonpo (རྗེ་བཙུན་བྱམས་པ་མགོན་པོ།)	彌勒菩薩	—
3. Arya Asanga	Sasum Nyepa Pakpa Thokmé (ས་གསུམ་བརྙེས་པ་འཕགས་པ་ཐོགས་མེད།)	無著	約於公元 350 年
4. Vasubandhu	Sangyé Tenpi Nyinjé Jignyen (སངས་རྒྱས་བསྟན་པའི་ཉིན་བྱེད་དབྱིག་གཉེན།)	世親	約於公元 350 年
5. Dignaga	Chokyi Langpo (ཕྱོགས་ཀྱི་གླང་པོ།)	陳那	公元 480-540 年
6. Sthiramati	Lodrö Tenpa (བློ་གྲོས་བརྟན་པ།)	安慧	公元 510-570 年
7. Chandragomin	Tsandra Gomin (ཙནྡྲ་གོ་མིན།)	月宮	約於公元 600 年

彌勒觀法統

印度

梵文	藏文	中文	時期
5. Maitripa	Gangametri (གངྒཱ་མཻ་ཏྲི།)	梅紀巴	公元 1007-1085 年
6. Ratnakarashanti	Jungné Zhiwa (འབྱུང་གནས་ཞི་བ།)	寶手寂	約於公元 1025 年
7. Anandakirti	Gawa Drakpa (དགའ་བ་གྲགས་པ།)	樂稱	約於公元 1025 年
8. Sañjana	Sadzana (སཛྫ་ན།)	桑札那	約於公元 1050 年

西藏

藏文	中文	時期
9. Lotsawa Gawa'i Dorje (གཟི་ལོ་ཙྪ་བ་དགའ་བའི་རྡོ་རྗེ།)	羅札瓦喜金剛	約於公元 1050 年
10. Tsen Kawoche Drimé Sherab (བཙན་ཁ་བོ་ཆེ་དྲི་མེད་ཤེས་རབ།)	振卡沃切無垢智	公元 1021-1100 年
11. Dharma Tsondru (དར་མ་བརྩོན་འགྲུས།)	法精進	公元 1117-1192 年
12. Yeshe Jungné (ཡེ་ཤེས་འབྱུང་གནས།)	智慧源	約於公元 1150 年
13. Jangchup Kyap (བྱང་ཆུབ་སྐྱབས།)	菩提護	約於公元 1175 年
14. Zhonnu Jangchup (གཞོན་ནུ་བྱང་ཆུབ།)	童菩提	公元 1179-1250 年
15. Monlam Tsultrim (སྨོན་ལམ་ཚུལ་ཁྲིམས།)	祈願戒	公元 1219-1299 年
16. Chomden Rigpé Raldri (བཅོམ་ལྡན་རིག་པའི་རལ་གྲི།)	有壞明慧劍	公元 1227-1305 年
17. Kyiton Jamyang Drakpa (སྐྱི་སྟོན་འཇམ་དབྱངས་གྲགས་པ།)	基敦妙音稱	約於公元 1250 年

覺囊他空傳承

藏文	中文	時期
18. Dolpopa Sherab Gyaltsen (དོལ་པོ་པ་ཤེས་རབ་རྒྱལ་མཚན།)	多波巴般若勝幢	公元 1292-1361 年
19. Nyabön Kunga Pal (ཉ་དབོན་པ།)	涅溫盛喜祥	公元 1285-1379 年
20. Chöjé Pal Gonpo (ཆོས་རྗེ་དཔལ་མགོན་པོ།)	秋傑吉祥怙	約於公元 1325 年
21. Lodrö Gyatso (བློ་གྲོས་རྒྱ་མཚོ།)	睿智海	約於公元 1375 年
22. Donyöd Pal (དོན་ཡོད་དཔལ།)	不空祥	約於公元 1400 年
23. Panchen Shakya Chokden (པན་ཆེན་ཤཱཀྱ་མཆོག་ལྡན།)	班禪釋迦具尊	公元 1428-1507 年
24. Donyon Drubpa (དོན་ཡོད་གྲུབ་པ།)	不空成就	約於公元 1475 年
25. Jamgön Drubpa Pawo (འཇམ་མགོན་གྲུབ་པའི་དཔའ་བོ།)	蔣貢竹巴勇士	約於公元 1500 年
26. Kunga Gyaltsen (ཀུན་དགའ་རྒྱལ་མཚན།)	盛喜勝幢	約於公元 1550 年
27. Drakden Drubpa (གྲགས་ལྡན་གྲུབ་པ།)	札登成就	約於公元 1575 年
28. Jetsun Taranatha (རྗེ་བཙུན་ཏཱ་ར་ནཱ་ཐ།)	至尊多羅那他	公元 1575-1635 年
29. Rinchen Gyatso (རིན་ཆེན་རྒྱ་མཚོ།)	珍寶海	約於公元 1600 年

贊塘藏哇傳承

藏文	中文	時期
30. Lodrö Namgyal (བློ་གྲོས་རྣམ་རྒྱལ།)	睿智南界	公元 1618-1683 年
31. Ngawang Trinlé Namgyal (ངག་དབང་འཕྲིན་ལས་རྣམ་རྒྱལ།)	額旺佛業南界	約於公元 1725 年
32. Konchok Jigmé Namgyal (དཀོན་མཆོག་འཇིགས་མེད་རྣམ་རྒྱལ།)	至寶無畏南界	約於公元 1775 年
33. Ngawang Chöphel Gyatso (ངག་དབང་ཆོས་འཕེལ་རྒྱ་མཚོ།)	額旺法增海	公元 1788-1865 年
34. Ngawang Chökyi Phakpa (ངག་དབང་ཆོས་ཀྱི་འཕགས་པ།)	額旺法聖賢	公元 1808-1877 年
35. Ngawang Chözin Gyatso (ངག་དབང་ཆོས་འཛིན་རྒྱ་མཚོ།)	額旺法持海	公元 1823-1900 年
36. Kunga Khedrub Wangchuk (ཀུན་དགའ་མཁས་གྲུབ་དབང་ཕྱུག)	盛喜哲自在	約於公元 1850 年
37. Rinchen Zangpo (རིན་ཆེན་བཟང་པོ།)	珍寶賢	約於公元 1875 年
38. Rinchen Öser (རིན་ཆེན་འོད་ཟེར།)	珍寶光	約於公元 1900 年
39. Ngawang Lodrö Drakpa (ངག་དབང་བློ་གྲོས་གྲགས་པ།)	額旺睿智稱	公元 1920-1975 年

覺囊章達傳承

藏文	中文	時期
40. Khenchen Kunga Sherab Saljé (མཁན་ཆེན་ཀུན་དགའ་ཤེས་རབ་གསལ་བྱེད།)	堪千盛喜般若顯明	公元 1936 年至今
41. Khentrul Jamphel Lodrö (མཁན་སྤྲུལ་འཇམ་དཔལ་བློ་གྲོས།)	堪祖妙祥智 （堪祖嘉培珞珠）	公元 1968 年至今

【附錄五】西藏地圖

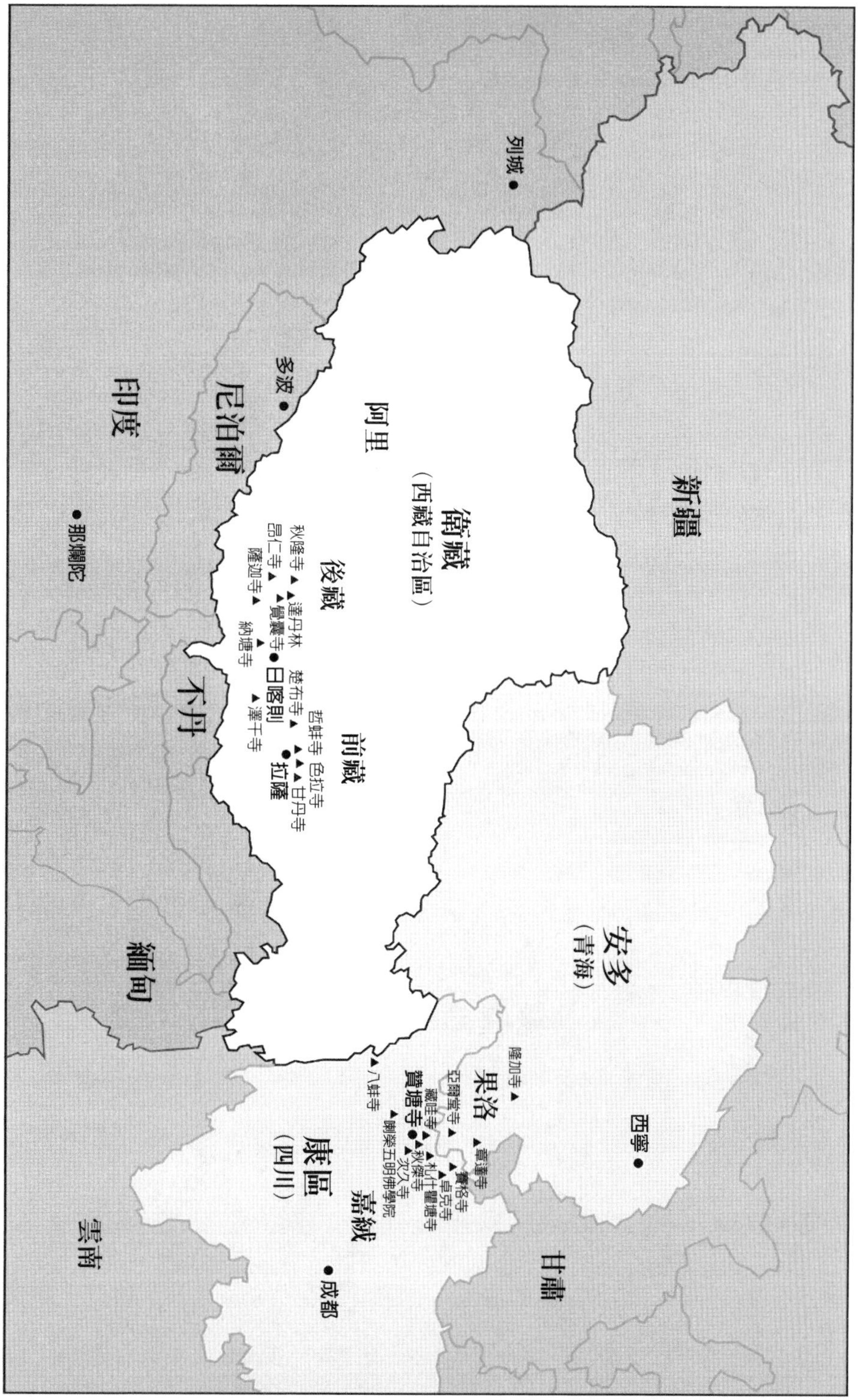

列城
多波
印度
尼泊爾
阿里
衛藏
（西藏自治區）
新疆
那爛陀
後藏
秋隆寺
昂仁寺
薩迦寺
達丹林
覺囊寺
納塘寺
日喀則
楚布寺
澤千寺
前藏
哲蚌寺
色拉寺
甘丹寺
拉薩
不丹
緬甸
安多
（青海）
西寧
果洛
隆加寺
藏哇寺
贊塘寺
八蚌寺
秋傑寺
卓克寺
喇榮五明佛學院
康區
（四川）
嘉絨
成都
雲南
甘肅

關於作者

堪祖仁波切是一位藏傳佛教不分教派的大師，一生從二十五位不同教派的大師處領受了各類教法傳承，深諳藏傳各大教派教法精髓。作爲一位不分教派的大師，仁波切極爲珍惜各類法教傳承和實修法脈。然而，仁波切與覺囊香巴拉時輪金剛最爲相應，具甚深實修證量，對覺囊香巴拉時輪金剛擁有極大的信心。

對於仁波切的學生們來說，仁波切有容納百川的心胸和透徹的洞見力。仁波切極爲重視將佛法用於實踐而非停留在語言上，所以仁波切在傳法時總是會用異常精準明晰，並且通俗易懂的語言闡述深奧的法義，單刀直入，使學生們茅塞頓開，瞬間與佛法產生親近，法喜充盈。在過去的幾年間，針對學生們的需要，使他們更有效地學習佛法，並給予他們正確的實修指導。仁波切完成了多部佛法著作，其中，仁波切最爲重視的是將殊勝的時輪金剛漸修次第法本翻譯成中英文，並爲法本逐字逐句地做了周詳的解釋。

在努力保護生態環境和人文環境的同時，仁波切毫不懷疑我們的世界還具備了發展眞正和平與和諧的潛能。仁波切確信通過聞思修時輪金剛體系，香巴拉黃金時代是可以到來的。爲了實現這個目標，仁波切已經將這珍貴的、無宗派偏見的傳承帶到了世界很多國家和地區。

仁波切的願景

藏傳佛教聯合教派學院旨在幫助實現堪祖仁波切對世界和平與和諧的願景。以學院爲核心的修行團體正在逐日擴大，越來越多的人參與聞思修並努力實現仁波切的願景。

仁波切的八個願景可以從長遠和短期兩個方面來分類：

短期目標

從根本上來說，眞實不衰的快樂只能通過徹底有效的修行而來。如今我們最需要的就是能夠開發我們的智慧、從而可以幫助我們彰顯本俱巨大潛能的修行方法。因此，仁波切將異乎尋常的巨大精力投入了護持覺囊時輪金剛傳承之中。仁波切希望通過以下四個方面來充分實現這個目的。

1. **與藏地大修行士密切合作，創造各種殊勝機緣，承續完整純正的時輪金剛法脈：**覺囊時輪金剛有千年連續不斷的傳承歷史，我們的目標是遵循傳承祖師們歷來保持的實修傳統，爲實修時輪金剛創造一切如法的條件：請製如法的二十四臂時輪佛像和兩臂俱生時輪佛像、繪製各類供修行使用的唐卡、著書以及翻譯覺囊祖師的各類論著和實修精髓。尤爲強調的是，所有佛像、唐卡，以及著述必須與終生閉關的大修行人的實修驗相吻合。

2. **建立國際時輪金剛研習禪修中心**：完成聞思以後，爲了使佛法入心，深入各種形式的實修是非常必要的。我們計劃爲時輪金剛修行人建立各種可以用於短期集體實修的閉關中心或個人長期實修的閉關設施。購置土地以及開展各項施工建設是實現這一目標的必要步驟。我們的長遠目標是在全球各地建立多個時輪金剛修行中心，更大地利益廣大修行人。

3. **翻譯出版時輪金剛傳承祖師們彌足珍貴的著作**：在千餘年的藏傳佛教傳承歷史中產生了大量的時輪論述，至今只有微乎其微的一小部分翻譯成其他語種，完整的中譯文極爲罕見。儘管教理非常重要，我們的翻譯目標是集中精力翻譯實修精要，正確引導修行人進入甚深禪定，眞正切入教理，達到理事圓融。

4. **建立結構完整的網絡佛教聞思系統**：聞思覺囊時輪金剛的佛法修行人如今遍布世界各地，現代通信科技使遠程教學成爲一種有效的模式。我們的目標是建立一個穩定的佛法聞思平台，提供完整、系統、豐富的文字、錄音以及影像材料。

長遠目標

作爲修行人我們每個人向內心終極的和平與和諧方向努力，然而我們必須清楚這樣一個現實，即我們共同生活在一個複雜而多樣化的世界裡。生活在這個世界裡的每個人由於各自的根性不同，有不同的信仰和修行體系；人與人之間的關係受到多元化信仰和靈修體系的深刻影響。面對相互依賴的現實，如何建立並推動相互之間的包容和尊重就顯得極爲重要。爲此，仁波切提出以下四個長遠目標。

1. **建立與諸佛教傳統以及非佛教的各類傳統智慧和宗教體系的溝通與交流，推動圓融共進不分教派的持續發展：**生活在全球多元文化的大環境裡，我們思考如何面對紛繁迥異的各種文化傳統和不同的信仰，以及如何化解自他之間的差異。爲此，我們的目標是幫助人們開啓心扉，相互尊重，以智慧心超越無明瞋恚的煩惱。

2. **爲專心修持佛法的修行人提供經濟支持，培養具有高度修證境界的修行典範：**高度證悟的修行人是所有如法傳承得以延續的基礎。我們的目標是建立一個資助計劃，爲具備正確發心，並準備進入終生閉關實修的各派修行人提供基本的物質和經濟條件。實修證悟的修行人不僅成爲我們修行的榜樣，而且也是激發、啓迪、和引導後續修行人的力量之源泉。

3. **開啓女性修行人的巨大稟賦潛能，建立一套善巧殊勝的修行體系：**藏傳佛教的傳統一向重視培育根性很高、具備證悟條件的修行人，透過密集的實修而達甚深證悟，遺憾的是進入高級瑜伽實修的人幾乎都是男性修行人。仁波切認爲培養根性極高的女性修行人進入高級瑜伽實修，將對傳播和護持佛法起到非常重要的作用。我們的目標是建立一套多方位適合女性修行人根性的聞思修體系，並在經濟上給予協助，使她們開啓巨大的秉賦潛能，抵達證悟佛性的彼岸。

4. **參與普通教育事業的發展，推動對實相眞理的正確認識：**在一個快速演變的當今世界，我們應該思考如何教育後代。在人心和物質不斷演變的挑戰面前，陳舊的教育制度和結構將無法眞正受益後代。我們的目標之一是建立多種教育計劃，幫助孩子們擁有一顆健康柔和的心靈，使他們從小就有機會接觸內觀，尤其是懂得觀察在日常生活中心靈活動與外在世界的關係。我們的目標之二是利用世間有利條件，推動僧院教育，使寺院的僧侶教育在各個層次有效發展。

橡樹林文化 ❖❖ 善知識系列 ❖❖ 書目

JB0089	本智光照—功德寶藏論　密宗分講記	遍智　吉美林巴◎著	340 元
JB0090	三主要道論	堪布慈囊仁波切◎講解	280 元
JB0091	千手千眼觀音齋戒—紐涅的修持法	汪遷仁波切◎著	400 元
JB0092	回到家，我看見真心	一行禪師◎著	220 元
JB0093	愛對了	一行禪師◎著	260 元
JB0094	追求幸福的開始：薩迦法王教你如何修行	尊勝的薩迦法王◎著	300 元
JB0095	次第花開	希阿榮博堪布◎著	350 元
JB0096	楞嚴貫心	果煜法師◎著	380 元
JB0097	心安了，路就開了： 讓《佛說四十二章經》成為你人生的指引	釋悟因◎著	320 元
JB0098	修行不入迷宮	札丘傑仁波切◎著	320 元
JB0099	看自己的心，比看電影精彩	圖敦・耶喜喇嘛◎著	280 元
JB0100	自性光明——法界寶庫論	大遍智　龍欽巴尊者◎著	480 元
JB0101	穿透《心經》：原來，你以為的只是假象	柳道成法師◎著	380 元
JB0102	直顯心之奧秘：大圓滿無二性的殊勝口訣	祖古貝瑪・里沙仁波切◎著	500 元
JB0103	一行禪師講《金剛經》	一行禪師◎著	320 元
JB0104	金錢與權力能帶給你什麼？ 一行禪師談生命真正的快樂	一行禪師◎著	300 元
JB0105	一行禪師談正念工作的奇蹟	一行禪師◎著	280 元
JB0106	大圓滿如幻休息論	大遍智　龍欽巴尊者◎著	320 元
JB0107	覺悟者的臨終贈言：《定日百法》	帕當巴桑傑大師◎著 堪布慈囊仁波切◎講述	300 元
JB0108	放過自己：揭開我執的騙局，找回心的自在	圖敦・耶喜喇嘛◎著	280 元
JB0109	快樂來自心	喇嘛梭巴仁波切◎著	280 元
JB0110	正覺之道・佛子行廣釋	根讓仁波切◎著	550 元
JB0111	中觀勝義諦	果煜法師◎著	500 元
JB0112	觀修藥師佛——祈請藥師佛，能解決你的 困頓不安，感受身心療癒的奇蹟	堪千創古仁波切◎著	450 元
JB0113	與阿姜查共處的歲月	保羅・布里特◎著	300 元
JB0114	正念的四個練習	喜戒禪師◎著	300 元
JB0115	揭開身心的奧秘：阿毗達摩怎麼說？	善戒禪師◎著	420 元

JB0116	一行禪師講《阿彌陀經》	一行禪師◎著	260 元
JB0117	一生吉祥的三十八個祕訣	四明智廣◎著	350 元
JB0118	狂智	邱陽創巴仁波切◎著	380 元
JB0119	療癒身心的十種想——兼行「止禪」與「觀禪」的實用指引，醫治無明、洞見無常的妙方	德寶法師◎著	320 元
JB0120	覺醒的明光	堪祖蘇南給稱仁波切◎著	350 元
JB0121	大圓滿禪定休息論	大遍智　龍欽巴尊者◎著	320 元
JB0122	正念的奇蹟（電影封面紀念版）	一行禪師◎著	250 元
JB0123	一行禪師　心如一畝田：唯識 50 頌	一行禪師◎著	360 元
JB0124	一行禪師　你可以不生氣：佛陀的情緒處方	一行禪師◎著	250 元
JB0125	三句擊要：以三句口訣直指大圓滿見地、觀修與行持	巴珠仁波切◎著	300 元
JB0126	六妙門：禪修入門與進階	果煜法師◎著	360 元
JB0127	生死的幻覺	白瑪桑格仁波切◎著	380 元
JB0128	狂野的覺醒	竹慶本樂仁波切◎著	400 元
JB0129	禪修心經——萬物顯現，卻不真實存在	堪祖蘇南給稱仁波切◎著	350 元
JB0130	頂果欽哲法王：《上師相應法》	頂果欽哲法王◎著	320 元
JB0131	大手印之心：噶舉傳承上師心要教授	堪千創古仁切波◎著	500 元
JB0132	平心靜氣：達賴喇嘛講《入菩薩行論》〈安忍品〉	達賴喇嘛◎著	380 元
JB0133	念住內觀：以直觀智解脫心	班迪達尊者◎著	380 元
JB0134	除障積福最強大之法——山淨煙供	堪祖蘇南給稱仁波切◎著	350 元
JB0135	撥雲見月：禪修與祖師悟道故事	確吉・尼瑪仁波切◎著	350 元
JB0136	醫者慈悲心：對醫護者的佛法指引	確吉・尼瑪仁波切 大衛・施林醫生 ◎著	350 元
JB0137	中陰指引——修習四中陰法教的訣竅	確吉・尼瑪仁波切◎著	350 元
JB0138	佛法的喜悅之道	確吉・尼瑪仁波切◎著	350 元
JB0139	當下了然智慧：無分別智禪修指南	確吉・尼瑪仁波切◎著	360 元
JB0140	生命的實相——以四法印契入金剛乘的本覺修持	確吉・尼瑪仁波切◎著	360 元
JB0141	邱陽創巴仁波切 當野馬遇見上師：修心與慈觀	邱陽創巴仁波切◎著	350 元
JB0142	在家居士修行之道——印光大師教言選講	四明智廣◎著	320 元
JB0143	光在，心自在 〈普門品〉陪您優雅穿渡生命窄門	釋悟因◎著	350 元
JB0144	剎那成佛口訣——三句擊要	堪祖蘇南給稱仁波切◎著	450 元

善知識系列　JB0145

進入香巴拉之門——時輪金剛與覺囊傳承

Demystifying Shambhala：The perfection of peace and harmony as revealed

作　　者／堪祖嘉培珞珠仁波切
中 譯 者／葉叡
特約編輯／胡琡珮
協力編輯／丁品方
業　　務／顏宏紋

總 編 輯／張嘉芳
出　　版／橡樹林文化
城邦文化事業股份有限公司
104 台北市民生東路二段 141 號 5 樓
電話：(02)2500-7696　傳真：(02)2500-1951
發　　行／英屬蓋曼群島商家庭傳媒股份有限公司城邦分公司
104 台北市中山區民生東路二段 141 號 2 樓
客服服務專線：(02)25007718；25001991
24 小時傳真專線：(02)25001990；25001991
服務時間：週一至週五上午 09:30 ～ 12:00；下午 13:30 ～ 17:00
劃撥帳號：19863813　戶名：書虫股份有限公司
讀者服務信箱：service@readingclub.com.tw
香港發行所／城邦（香港）出版集團有限公司
香港灣仔駱克道 193 號東超商業中心 1 樓
電話：(852)25086231　傳真：(852)25789337
Email: hkcite@biznetvigator.com
馬新發行所／城邦（馬新）出版集團【Cité (M) Sdn.Bhd. (458372 U)】
41, Jalan Radin Anum, Bandar Baru Sri Petaling,
57000 Kuala Lumpur, Malaysia.
電話：(603) 90578822　傳真：(603) 90576622
Email：cite@cite.com.my

封面設計／劉鳳剛
內文排版／歐陽碧智
印　　刷／韋懋實業有限公司

初版一刷／ 2021 年 1 月
ISBN ／ 978-986-99764-0-4
定價／ 450 元

城邦讀書花園
www.cite.com.tw

版權所有・翻印必究（Printed in Taiwan）
缺頁或破損請寄回更換

國家圖書館出版品預行編目（CIP）資料

進入香巴拉之門：時輪金剛與覺囊傳承／堪祖嘉培珞珠仁波切著. -- 初版. -- 臺北市：橡樹林文化，城邦文化事業股份有限公司出版：英屬蓋曼群島商家庭傳媒股份有限公司城邦分公司發行，2021.1
面；公分. --（善知識；JB0145）
ISBN 978-986-99764-0-4（平裝）

1. 藏傳佛教　2. 佛教修持

226.965　　109018589

廣 告 回 函
北區郵政管理局登記證
北 台 字 第 10158 號

郵資已付 免貼郵票

104 台北市中山區民生東路二段 141 號 5 樓

城邦文化事業股份有限公司

橡樹林出版事業部　收

請沿虛線剪下對折裝訂寄回，謝謝！

|橡|樹|林|

書名：進入香巴拉之門——時輪金剛與覺囊傳承　書號：JB0145

橡樹林文化

讀者回函卡

感謝您對橡樹林出版社之支持，請將您的建議提供給我們參考與改進；請別忘了給我們一些鼓勵，我們會更加努力，出版好書與您結緣。

姓名：______________ □女 □男 生日：西元__________年

Email：______________________________

● 您從何處知道此書？

□書店 □書訊 □書評 □報紙 □廣播 □網路 □廣告 DM □親友介紹

□橡樹林電子報 □其他______________

● 您以何種方式購買本書？

□誠品書店 □誠品網路書店 □金石堂書店 □金石堂網路書店

□博客來網路書店 □其他______________

● 您希望我們未來出版哪一種主題的書？（可複選）

□佛法生活應用 □教理 □實修法門介紹 □大師開示 □大師傳記

□佛教圖解百科 □其他______________

● 您對本書的建議：

____

____

____

____

____

非常感謝您提供基本資料，基於行銷及客戶管理或其他合於營業登記項目或章程所定業務需要之目的，家庭傳媒集團（即英屬蓋曼群商家庭傳媒股份有限公司城邦分公司、城邦文化事業股分有限公司、書虫股分有限公司、墨刻出版股分有限公司、城邦原創股分有限公司）於本集團之營運期間及地區內，將不定期以MAIL訊息發送方式，利用您的個人資料於提供讀者產品相關之消費與活動訊息，如您有依照個資法第三條或其他需服務之業務，得致電本公司客服。

我已經完全瞭解左述內容，並同意本人資料依上述範圍內使用。

______________（簽名）

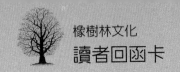